Irmgard Timmermann

Die Seide Chinas

Eine Kulturgeschichte am seidenen Faden

Eugen Diederichs Verlag

Mit 16 Farbtafeln und 68 Abbildungen im Text
Umschlagmotiv: Drachenstickerei;
Foto: Cary Wolinsky © 1985 Stock, Boston

CIP-Kurztitelaufnahme der Deutschen Bibliothek
Timmermann, Irmgard:
Die Seide Chinas: e. Kulturgeschichte am seidenen Faden
Irmgard Timmermann. – 1. Aufl. – Köln: Diederichs, 1986.
ISBN 3-424-00846-X

1. Auflage

Umschlaggestaltung: Roland Poferl, Niederkassel
Satz: Froitzheim KG, Bonn
Druck und Bindung: Clausen & Bosse, Leck
ISBN 3-424-00846-X

Inhalt

Vorwort

Vor uns liegt ein Stoff, so schimmernd, so fein und so glänzend, daß wir ihn fühlen und zart darüberstreichen möchten. Ein unsichtbarer feiner Faden bleibt am Finger hängen, zieht immer mehr bezauberndes Gespinst aus weichen, glatten, knotenlosen Fäden nach sich: Wir halten Edelseide aus China in der Hand, die »Königin der Textilien«.
Weit zurückreichend in legendäre Zeiten berichtet Chinas Überlieferung von der Entdeckung der seidenen Gehäuse des Seidenspinners und von der Gewinnung der Fäden. Weiße, klare, endlose Seidenfäden herzustellen gelang nur den Chinesen, obwohl auch in anderen Ländern die Voraussetzungen dafür bestanden. Nur in China gelang es, das Seide produzierende Insekt *Bombyx mori* zum Haustier zu erziehen und im weißen Maulbeerbaum seine beste Futterpflanze zu kultivieren.
Seide, die Alexander der Große auf seinen Feldzügen gen Osten kennenlernte, Seide, die das Weltreich Rom erreichte, beschäftigte mit ihrem Geheimnis antike Schriftsteller, Dichter und Philosophen. Seide wurde mit Gold aufgewogen, Seide umhüllte schon ein halbes Jahrhundert vor der Zeitenwende die Gebeine fürstlicher Verstorbener in Gräbern Europas. Über Tausende von Kilometern, auf trostlos unendlichen Wüstenpisten, gefährlichen Hochgebirgspfaden und Seewegen spielte sich der Handel mit diesem begehrten, die damalige Welt bewegenden Luxusgut Seide ab, immer bedroht von räuberischen Zwischenhändlern und Piraten.
Antike Schriften übermitteln uns nur vage Vorstellungen über die Seide und ihr Ursprungsland, und den späteren genauen Berichten des großen Weltreisenden Marco Polo über China und seine Seide glaubte man nicht, obwohl das »Seidengeheimnis« bereits damals nach Mittelasien und dann auch nach Byzanz »verraten« worden war.

Missionare wie der Jesuit Adam Schall von Bell berichteten aus dem fernen Kaiserreich und übermittelten geistiges Neuland, das im 17. Jahrhundert den Philosophen Leibniz inspirierte und später Goethe zu west-östlichen Gedanken anregte.

Ost und West kamen sich allmählich näher. Man hörte von Chinas früher Entwicklung entlang des Gelben Flusses, von seiner Ausdehnung gen Westen über das alte Reich der Zhou am Wei-Fluß hinaus, vom Bau der Großen Mauer gegen die Angriffe nomadisierender Reitervölker an Chinas nordwestlichen Grenzen. Noch mehr Aufsehen erregte Chinas Seide in der damals bekannten Welt, als sie – auf dem Umweg über die Suche nach den »Wunderpferden« Ferganas entdeckt – mehr und mehr auch zum Zahlungsmittel und zur Tributgabe wurde.

Seide begleitete die bedeutenden Dynastien durch die Jahrtausende: von den Zeiten der Shang (1550–1030 v. Chr.), durch politische Wirrnisse während der großen Kaiserzeiten, von Zeiten der Fremdherrschaft bis zur Qing-Dynastie (1644–1911) und damit bis zur Ablösung durch die Republik. Bis in eine ferne Vergangenheit, die uns heute durch archäologische Funde zunehmend erschlossen wird, lassen sich rückblickend Wechselbeziehungen von Seide und Politik ablesen. Seide blieb ebenso, wenn nicht noch mehr, mit der gesamten chinesischen Kultur verflochten; sie beeinflußte und regelte das Leben vom Bauernhaus bis zum Kaiserhof, vom täglichen Arbeitskalender bis zu rituellen Zeremonien und Kultfesten.

In einer Darstellung von Chinas Seide muß die Arbeit der Frau im Vordergrund stehen, jedenfalls soweit es sich um Gewinnung und Verarbeitung der Edelseide handelt. Denn nach alter Überlieferung hatte der Mann für den Ackerbau, das heißt für die Nahrung zu sorgen; dagegen die Frau für die Seidengewinnung, das heißt für die Beschaffung der Kleidung. Als Symbole für Yin und Yang, die beiden grundlegenden kosmischen Prinzipien der chinesischen Naturphilosophie, sollten sich beide ergänzen; beider Verantwortung war groß, sind doch Wärme und Nahrung die Bedingungen des Lebens überhaupt. Und einerlei ob von Mann oder Frau – Fleiß und Erfindergeist der Chinesen sind fast sprichwörtlich bekannt.

Die Europäer scheint das Interesse für China in Wellenbewegungen zu ergreifen. Einen Höhepunkt erreichte es um das Jahr 1900. Damals machten die großen Expeditionen entlang der ehemaligen Seidenstraßen, auf denen zugleich mit den Handelsgütern künstlerisches und religiöses Gedankengut ausgetauscht worden war, ihre aufsehenerregenden Entdeckungen. Versunkene Städte und mit ihnen jahrhundertealte Seiden, Malereien, Skulpturen, Fresken kamen ans Licht und wurden nach Materialherkunft, nach Zweck, Epoche und Kulturprovinz erforscht. In derselben Phase wurden von europäischen Sinologen viele der bedeutendsten klassischen Schriften Chinas für den Westen erschlossen. Zu den fünf klassischen Büchern gehören das *Jijing* (I Ging)* – Buch der Wandlungen, *Schujing* – Buch der Urkunden, *Shijing* – Buch der Lieder, *Chunqiu* – Buch der Chronik, *Liji* – Buch der Riten.

In dieser Zeit erschien in Dresden das erste große und umfassende zweibändige Werk von Henri Silbermann über Seide (1897); und 1913 gab O. Franke in Hamburg das alte chinesische Werk über Ackerbau und Seidengewinnung, das *Gengzhitu* mit ausführlichen Kommentaren heraus.

Vermehrt erschienen dann wieder in den zwanziger und dreißiger Jahren Bücher über Chinas kulturelle Entwicklung, auch über Seide, speziell über Edelseide, so die Arbeiten des Wieners Hans Rebel oder der Helen Diner alias Sir Galahad. Gleichzeitig erschienen Bücher über die Zuchtpraxis der Seide, angeregt durch Beamte vom Zoll und vom Diplomatischen Dienst.

Nach dem Zweiten Weltkrieg wuchs das Interesse der westlichen Welt an Fernöstlichem wieder einem Höhepunkt zu, den wir vielleicht jetzt gerade erleben. Davon zeugen die zahlreichen Veröffentlichungen nicht nur über die Philosophien des Ostens, sondern auch zur Lebenspraxis wie Akupunktur, zum Körpertraining des Taichi, zur Seidenmalerei oder zur chinesischen Küche. Bunte Seide wird wieder zu einem Lieblingskind der Mode. Ausstellungen wie die *Kunstschätze aus Gräbern der Han-Zeit* (Köln 1982), *Chinas Erfindungen und seine Wissenschaft seit 7000 Jahren* (Ontario 1983), *Schätze aus der Verbotenen Stadt* (Berlin 1985) oder eine Fernsehserie wie *Die Seidenstraße* (1985) begeistern ein Millionenpublikum.

* Für die Umschrift der chinesischen Namen und Begriffe wurde – mit Ausnahme so bekannter Ortsnamen wie Peking und Taipei – das in der Volksrepublik China gebräuchliche und sich auch im Westen einbürgernde Hanyu-Pinyin-System gewählt.

»Der Name China«, so schreibt W. Speiser am Beginn seiner Kunstgeschichte, »bezeichnet im geistigen Bereich eine künstlerische Kultur großer Würde und hohen Ranges, langen Alters und ungebrochener Lebendigkeit. Sie schenkte der Welt viel: Porzellan und Seide, Lack, Papier und Tee, Weisheit, Poesie und Aufklärung. Kaum jemand besitzt eine Vorstellung davon, wie wenig wir erst von ihr wissen, welche unübersehbar großen Mengen an Kunstwerken wie an Texten zu erschließen sind.«

Um die Seide Chinas zu betrachten, müssen wir einen Zeitraum von mehreren tausend Jahren überblicken, mit einer Entwicklung vom Jungneolithikum bis zur Industrialisierung. Dazu kommt die wechselvolle Geschichte eines zu Beginn kleinen Volkes, das bis zu einem Drittel der Weltbevölkerung heranwuchs und einen ständig wachsenden Lebensraum einnahm in jener riesigen Erdregion, die wir den »Fernen Osten« zu nennen pflegen. Nicht alle »Seidenereignisse« können daher von gleicher Ebene aus und mit gleicher Schärfe betrachtet werden. Wir werden unseren Blick bald aus der Ferne, bald aus der Nähe auf große Abschnitte oder auch nur auf wenige Zentimeter feinster Seide richten.

Nicht einmal ein Teilbereich wie die Seide kann bei der überwältigenden Vielfalt chinesischer Kultur wirklich vollständig erfaßt werden: weder die kultur- und kunsthistorischen, die technisch-praktischen, die wirtschaftlichen oder sozialen Aspekte, schon gar nicht die durch Seide beeinflußten Schicksale einzelner Menschen – aber der Versuch lohnt sich gerade wegen der eindrucksvollen Verflechtung des Stoffes mit nahezu sämtlichen Realitäten des chinesischen Lebens.

Dieser Beitrag zur Geschichte des vornehmsten und schönsten Textilmaterials der Welt möge allen Freunden der Seide gewidmet sein. Mit dem Versuch, die einzelnen Fachgebiete zu einem Porträt der chinesischen Seidenkultur zu vereinigen, sei der Wunsch verbunden, der Seide Chinas neue Freunde zu gewinnen.

Gleichzeitig möchte ich allen denjenigen danken, die mir und meinem Mann die Möglichkeit gaben, das lange gewünschte Vorhaben zu verwirklichen. Dazu gehören unsere chinesischen Freunde vom Festland und von der Insel Taiwan, vor allem Herr Direktor Prof. Dr. Chiang Fu-tsung, der das Nationale Palastmuseum einrichtete, und Prof. Sr. M. Laumann an der Fu-Jen-Universität Taipei, stellvertretend für alle Hilfen von Regierungsseite und anderen Institutionen;

dazu gehören im Inland die Institute für Völkerkunde und für Sinologie an der Universität zu Köln sowie das Kölner Museum für Ostasiatische Kunst.
Besonders hilfreich war vor allem auch die Unterstützung der Deutschen Forschungsgemeinschaft, durch die mein Mann, O.F. Timmermann, und ich die nötigen Forschungen in Südostasien durchführen konnten. Dieser Mitarbeit meines Mannes, durch die Ergebnisse jahrzehntelanger kulturgeographischer Forschung und Beschäftigung mit Fragen und Problemen dieser Region in »Die Seide Chinas« eingebracht werden konnten, soll zum Abschluß mein inniger Dank gelten.

Köln, den 1. Dezember 1985 I.T.

I.
Die Göttinnen der Seide

Niemand kann sagen, ob es überhaupt eine Geschichte der Seide gegeben hätte, wenn sich nicht chinesische Frauen mit unendlicher Ausdauer der Gewinnung des edlen, königlichen Fadens gewidmet hätten. Wie das einmal begann, darüber verliert sich die Kunde ins Reich der Mythen und Legenden, örtlich und zeitlich im »Es war einmal«. Und doch erfahren wir aus ihnen wenigstens ziemlich genau, wie die kaiserliche chinesische Kleidung vor dem Gebrauch der Seide beschaffen war. Im Liji (LiGi), dem Buch der Riten, einem der fünf klassischen Bücher Chinas, heißt es sehr anschaulich:
»In der alten Zeit hatten die Könige noch keine Paläste und Häuser. Im Winter wohnte man in ausgegrabenen Höhlen, im Sommer in Baumnestern. Sie hatten noch nicht die verwandelnde Kraft des Feuers, sondern aßen die Samen von Gräsern und Bäumen und das rohe Fleisch von Vögeln und Tieren. Sie kannten noch nicht den Hanf und die Seide, sondern kleideten sich in Federn und Felle.
Als nun später berufene Heilige auftraten, da erst zähmte man des Feuers Kraft. Man schmolz Metalle und formte Töpferwaren. Man schuf Terrassen, baute baumbestandene Aussichtspunkte, Paläste mit Fenstern und Türen. Man röstete, man erhitzte mit Steinen, man briet im Kessel. Man verwendete Hanf und Seide, um Linnen und Seidenstoffe zu machen zur Pflege der Lebenden, zur Mitgabe an die Toten und zum Dienst der Geister und Götter und des höchsten Herrn. Alle diese Dinge befolgt man noch immer, wie jene sie begannen.«
Noch klarer und eindrucksvoller wurde die Entwicklung der Bekleidung an den drei mythischen Urkaisern dargestellt, deren Statuen sich am schwer zugänglichen Heiligen Berg Taishan in der Provinz Shandong im »Tempel der Drei Erhabenen oder Majestäten« befin-

den. Der Taishan war der geheiligte Berg in östlicher Himmelsrichtung und ein Gegenstück zum Kunlun, dem Berg im Westen. Die mythischen Kaiser stellen deutlich drei Kulturstufen dar, gut abzulesen an ihrer Bekleidung. In der Mitte steht Fuxi (Fushi), er trägt ein »Kleid« aus Blättern. Die Statue des Shennong, die im Osten steht, ist angetan mit einem kurzen Rock aus Stroh und »Gras« und einer »Halskrause«, einer Art Schulterkragen. Der Rock ist vermutlich aus »Chinagras« oder eine Hanfart, wenigstens eine der zahlreich wild vorkommenden verwertbaren Fasern, die auch unversponnen gebündelt, frisch wie getrocknet, ein besseres Bekleidungsmaterial abgaben als Blätter und Gras.
Die dritte Statue verherrlicht den berühmtesten der drei Herrscher, den ersten »Gelben« (=huang) Kaiser (=di), den wichtigsten und bekanntesten der Drei, Huangdi. Diese Majestät nun trägt ein Gewand aus gewebtem Stoff. Das bedeutete eine tiefgehende Veränderung, denn erst mit der Kenntnis und Beherrschung des Webens pflegt der Wunsch nach einem immer vollkommeneren und schließlich edlen Faden zu wachsen.
Die »Drei Erhabenen« vom Taishan symbolisieren über riesige Zeiträume hinweg verschiedene Kulturstufen in geraffter Form. Jeder der drei Kaiser konnte einen eigenen Fortschritt in Tätigkeit und Lehre vermitteln. Sie genießen daher eine gebührende Verehrung als Kulturheroen. Über ihre Herkunft und Symbolik gibt die Legende Auskunft. Fuxi, die Gottheit im Blätterkleid, wird verschiedentlich mit der göttlichen Nüwa als seiner Gattin dargestellt. In älteren Quellen ist Nüwa eine selbständige Schöpfergottheit, die den Menschen erschafft. Vielleicht verbirgt sich hinter diesen »Fuxi-Nüwa«-Darstellungen der Übergang von einer Zeit des Matriarchats zu einer Epoche des Patriarchats. Es sind jedenfalls älteste Darstellungen als Steinabreibungen verbreitet, die dieses menschliche Paar mit schlangenartigen Schwänzen enden lassen. Das Paar hat zwei wichtige Geräte in der Hand: der Mann, Fuxi, hält ein Winkelmaß, seine Gattin Nüwa einen »Kompaß«, eine Kreuzform. Beide Geräte zusammen kann man als Zeichen für yin und yang deuten, dem klassischen Symbol für die duale Harmonie des Kosmos.
Die Entwicklungsstufe, die durch Fuxi symbolisiert wird, läßt jedenfalls Vermutungen über eine eigenständige Tätigkeit der Frau als wichtige Voraussetzung für die spätere geregelte Seidenzucht zu.

Shenonng, der ochsenköpfige »göttliche Landmann« im Grasgewand mit Halskrause aus Blättern

Dem Fuxi ist Shennong als östlicher Nachbar zugesellt. Shennong selbst als ochsenköpfig gedacht, soll die Menschen den Ackerbau gelehrt haben; dazu, so glaubt man, habe er den Pflug erfunden. Ursprünglich galt er als Gottheit des Sengens und des Windes, also auch der Brandrodung und der Urbarmachung des Urwaldes. Schutzbefohlene der Gottheiten, die Wildbeuter und Sammler, hatten den Ackerbau erlernt und damit neue Techniken wie den Gebrauch des Pfluges. Roden und Pflügen war im wesentlichen eine Arbeit für den Mann. Shennong gilt daher als Inbegriff einer »göttlichen Kraft«, die den Menschen durch den Pflug in einen neuen Entwicklungsabschnitt führte.

Für Chinas Seide ist nun der legendäre Urkaiser Huangdi entscheidend. Er soll in der Zeit von 2698–2598 v. Chr. regiert haben. Durch diese nachträgliche Datierung konnte man die Entdeckung der Edelseide auf das Jahr 2698 v. Chr. festlegen, weil nämlich seine Gemahlin Xiling eine zuvor unbekannte Technik der Fadengewinnung entwikkelt haben soll.

Die Kaiserin ging eines Tages mit ihren Hofdamen in den kaiserlichen Gärten spazieren. Man suchte Schatten unter einem dichtbelaubten Baum. Plötzlich entdeckte Xiling helle, runde Gebilde, die sie für Früchte hielt. Als sie das vermeintliche Obst pflücken wollte, schlüpfte ein bepelzter Schmetterling daraus hervor und entfaltete seine Flügel. Die Kaiserin fühlte, wie weich die Hülle des abgelegten

Faltergewandes war und sie erkannte seine einzigartige Schönheit. Vielleicht wünschte sie sich selbst ein so bezaubernd anschmiegsames, glänzendes Gewand? Sie hatte die *Seide* entdeckt. Auch soll ihr der Entwicklungskreislauf vom Schmetterlingsei zur Raupe, zum Einspinnen, zur Verpuppung und wiederum zum Schmetterling klar geworden sein. Damit nicht genug, machte sie die zweite wichtige Entdeckung: die des endlosen Seidenfadens. Neugierig geworden, beobachtete sie eine sich einspinnende Raupe genau und sah durch die ersten, lose am Blatt befestigten Fäden hindurch, wie das kleine Tier in ununterbrochenen Windungen einen Faden um sich herum legte, bis die Hülle zu dicht geworden war, um noch etwas zu erkennen. Sie schloß daraus, daß es gelingen müsse, die von der Raupe gebildeten Fadenschlaufen in umgekehrter Folge wieder zurückzuwickeln. Ihre genaue Beobachtungsgabe und ihre Schlußfolgerung hatten sie nicht getäuscht. Sie setzte ihre Erkenntnisse tatkräftig in die Praxis um und erfand ein neuartiges Arbeitsgerät zum Abhaspeln des Fadens und eine verbesserte Technik, um ihn aufzuwickeln.

Mit diesem genialen Gedanken und seiner Durchführung stand die Kaiserin ebenbürtig neben ihrem Kaisergemahl Huangdi, der als der eigentliche Begründer der chinesischen Nation verehrt wird. Um ihre Entdeckung dem gesamten Volk zukommen zu lassen, erhielt sie von ihrem Gatten den Auftrag, das Volk den tieferen Sinn ihrer umwälzenden Erfindungen zu lehren, »damit das Volk Kleider erhalte und durch die Seide gewärmt, nicht mehr an Hautrissen und Frostbeulen leiden muß«. (O. Franke)

Zurückgehend auf diese frühe Zeit sagt ein Edikt des Kaisers Wendi (178 v. Chr.) »... wenn Scheuern und Kornkammern gefüllt sind, dann kennt man auch die Riten und guten Sitten. Ein Volk aber, das Mangel an Nahrung hat und doch regiert werden kann, davon hat man vom Altertum bis zur Gegenwart noch nicht gehört. Die Alten sagten: ›Ein Mann, der nicht pflügt, soll Hunger leiden, und ein Weib, das nicht webt, soll Kälte dulden.‹ Also zuerst Befriedigung des Nahrungs- und Kleidungsbedürfnisses durch Ackerbau und Weberei, dann werden Zufriedenheit, Wohlhabenheit, Ethik und Religion gesichert sein.« (O. Franke)

Um die Untertanen mit der neuen Textilfaser vertraut zu machen, deren Herstellung erst erlernt werden mußte, soll der Kaiser selbst seidene Kleider verteilt haben. Nach anderen, legendären Berichten,

welche die höchste Herrscherin als Erdgottheit vorstellen, wurden der Kaiserin die Seidenkenntnisse direkt vom Himmel gebracht. Ihre Verdienste empfand man jedenfalls als so unermeßlich groß, daß sie als Göttin in den Himmel aufgenommen wurde. Sie erhielt Titel, die Ehrfurcht und Liebe ausdrückten, wie: Seidengenius, Raupenverehrerin, und man gab ihr den Namen Leizu, Ahnfrau der Fadengewinnung; denn das Schriftzeichen für Lei ist zusammengefügt aus den Schriftzeichen für Frau und Feld und Faden. Das Zeichen Zu bedeutet Urahn (-frau) im Sinne von Entdeckerin der Seidenraupenzucht. Ihr wird das Sternbild Fu an zugeordnet, das einen Henkelkorb, das Gefäß zum Einsammeln des Futterlaubes und der Kokons, als Symbol für die irdische Seidenzucht darstellt. Das Himmelsfahrzeug der Seidengöttin ist das Sternbild des Skorpion, gebildet aus den vier Sternen β δ π ϱ, eine Art Quadriga, womit sie zu den wichtigsten Tierkreiszeichen des Sonnenjahres gehört. Die Stellung ihres Sonnenzeichens war in Verbindung mit dem Mondkalender für die Regelung von Ackerbau, Gartenbau und Seidenzucht äußerst wichtig. Ihr gehörte der vierte der achtundzwanzig »Mondpaläste«. Damit war sie Herrscherin in einer Frühlingskonstellation am Sternenhimmel, gerade wenn die jungen Raupen aus den Eiern schlüpfen sollten.
Als Gottheit führte Xiling oft den Titel Xiancan, die »Raupenförderin«. Man stellte sie sich auch als riesengroße Seidenraupe vor. Ihr wurden zahlreiche Altäre auf Erden geweiht, ihrer wurde in Dankopfern und Dankfesten, in Liebe und Verehrung gedacht. Mehr oder weniger stark ausgeprägt, erhielt sich dieser Kult über mehr als 4000 Jahre. Da er sich im Dunkel vergangener Zeiten verliert, bestand er vielleicht auch schon länger, ob allerdings immer mit dieser legendären, historisierten Gestalt verknüpft, sei dahingestellt. Deren Name erscheint nämlich erst in den Annalen der *Hanshiji* (206 v. Chr.–220 n. Chr.). Die unterschiedlichen Bezeichnungen werden von Chinesen wahlweise verwendet.
Die »Ahnfrau des Fadens« hatte den Menschen die Seidengewinnung gebracht. Woher aber kam die Edelseide selbst? Gleichfalls von himmlischen Wesen? Der Legende nach, deren mythischer Ursprung nicht zu datieren ist, hängt ihre Entstehung mit dem Opfer eines einfachen Mädchens zusammen. Genauso wie die Geschichte von der Kaiserin in schriftlichen Quellen und in mündlicher Überlieferung in vielen Versionen weiterlebt, so lebt auch die Geschichte des Mäd-

chens aus dem Landvolk bis in die heutige Zeit weiter. Und so wird erzählt:

Ein wohlhabender Bauer wurde von Räubern überfallen und an einen unbekannten Ort entführt. Sein Pferd kehrte ohne ihn zurück. Die Frau des Verschleppten, vor allem aber seine Tochter, waren über den Verlust untröstlich. Schließlich tat die Mutter einen Schwur. Sie gelobte, daß wer auch immer ihren Mann zurückbringen würde, die Tochter zur Frau erhalten solle. Das Pferd hatte das Gelöbnis gehört. Fortan benahm es sich ungebärdig, riß sich los und sprengte davon. Was keinem der vielen wagemutigen jungen Männer geglückt war, gelang dem Pferd. Es kam nach einigen Tagen mit seinem Herrn zurück. Von nun an fraß es nicht mehr und benahm sich sehr auffällig, besonders wenn das Mädchen in der Nähe war. Es ließ jedenfalls erkennen, daß es alle menschlichen Worte verstanden und nicht vergessen hatte. Voller Angst vor einer sich anbahnenden Katastrophe erzählte die Mutter ihrem Mann von dem Gelöbnis. Man versuchte das Pferd mit dem besten Futter zu versöhnen, nichts half. Der Mann wurde zornig, spannte seinen Bogen und erschoß das Pferd. »Denn«, so meinte er, »wer hat je seine Tochter einem Hengst anvermählt? Nur unter Menschen ist ein solcher Schwur gültig!« Die goldgelbe Pferdehaut wurde im Hof zum Trockenen aufgespannt und aufgehängt. Als das Mädchen vorüber ging, ließ sich die Haut herab, umschlang die ihr zugesagte Braut und entschwand. Tagelang suchte man beide vergebens. Schließlich fand man sie an einem Maulbeerbaum in der Nähe des Gehöftes. Das Mädchen war dabei, sich als Seidenraupe in einen Kokon einzuspinnen und einen vorher nie gesehenen Faden herzustellen. Die Eltern waren zutiefst betrübt. Sie trösteten sich erst, als sie hoch oben am Firmament die geliebte Tochter auf dem Pferd ihres Vaters reiten sahen, dem sie nun in himmlischen Gefilden angehörte. Sie verkündete ihren Eltern, daß sie wegen ihres Opfers als Göttin in den Himmel versetzt sei.

Auch dieses Mädchen bäuerlicher Herkunft wurde zu einer Göttin der Seidenraupen, zur »Großen Seidenraupe«, zur sogenannten »Pferdekopfdame«. Cannü, so ihr Name, genoß eine besondere Verehrung in der Seidenprovinz Sichuan. Die Grenzen zur Figur der Kaiserin sind also unscharf. Beide werden nicht nur bei Festen, sondern auch im Alltagsleben von Frauen verehrt, ja sogar als Nothelferinnen betrachtet. Cannü scheint die ältere Seidengöttin zu sein;

Drei Göttinnen der Seide mit Dienerinnen. Rechts die »Pferdekopfdame«. Im Vordergrund zwei Kokons und zwei sich paarende Seidenspinner

die legendäre Kaiserin dagegen, die sozial höher stehende, wurde erst später mit der Edelseide in Verbindung gebracht und konnte der volkstümlichen Göttin schließlich den Rang streitig machen. Die Legende der Pferdekopfdame wird der Zeit der Herrschaft Xia (ca. 21.–16. Jh. v. Chr.) zugeordnet; totemistische Züge sind unverkennbar. Von der Pferdekopfdame gibt es eine andere, jüngere Geschichte, welche die Technik der Seidengewinnung schon sehr deutlich beschreibt. Statt von der Mutter ist von einer Nachbarin die Rede, die nach tagelangem Suchen das von der weißen Haut eines Hengstes entführte Mädchen findet. Es hängt in der Pferdehülle in den Zweigen des Maulbeerbaumes und verwandelt sich ganz langsam vor den erstaunten Augen der Nachbarin in eine Seidenraupe. Fein und dicht legt sie ein glänzendes Gespinst um sich herum. Es ist so schön, daß die Nachbarin den Kokon vorsichtig ablöst und mit in ihr Haus nimmt. Sie läßt den Schmetterling schlüpfen und züchtet viele Spinner, die köstliche feine Seide liefern.

Bemerkenswert ist der Wechsel der Farbangabe in den beiden Legenden. Es könnte sein, daß die ganz frühen Seiden – wegen des noch nicht so ausgewählten Futters – eher gelblich als weiß waren. Weiß ist aber bis heute das Kennzeichen reiner Edelseide geblieben.

Es gibt auch eine Version der Geschichte mit moralischen Komponenten: das Mädchen, das den Heiratsschwur selbst getan und gebrochen hat, verspottet nun die noch auf dem Hof trocknende Haut, während sie mit ihren Freundinnen um ihr Opfer herumspielt. Da umschlingt die Haut sie und fliegt mit ihr fort. Man findet die vom ganzen Dorf gesuchte Pferdehülle in einem Baum hängend. Man holt sie nach Hause und wartet auf das Erscheinen des Mädchens. Und es erscheint als Seidenschmetterling. Damit hat sie ihr Unrecht gesühnt und ist zur Wohltäterin der Menschen geworden. Der Baum, ein Maulbeerbaum, an dem man die Pferdehaut gefunden hatte, heißt seit der Zeit *Sang* oder »Baum der Wehklage«.

Bei der Ausbreitung der Seidengewinnung von den nördlichen, den Ursprungsräumen des Alten China, in die südlichen Regionen des späteren großen Kaiserreiches China hinein, gab es nach chinesischen Quellen drei Seidenarten, mit denen vielleicht die Entstehung dreier Haupt-Seidengöttinnen zusammenhängt. Es waren, regional gesehen, der Huanghe-, der Yangzijiang- und der Sichuan-Typ. Die Ausbildung von derartigen Differenzierungen in fast legendärer Zeit könnte darauf hinweisen, daß alle primitiven Anfangsstadien schon in sehr früher Zeit überwunden waren. Ja, man kann annehmen, daß bereits in der Zhou-Zeit (11. Jh.–256 v. Chr.) die Seidengewinnung in bestimmten Landschaften einen jeweils hohen Entwicklungsstand erreicht hatte.

Im *Shijing*, dem klassischen »Buch der Lieder«, wird in einer Ode eine Frau besungen, die im Weihetal in Shaanxi ihre Raupen füttert, und nach dem *Shujing*, dem »Buch der Urkunden«, wurde Seidentribut aus den Hauptzuchtgebieten schon an den »Großen Kaiser Yu« gezahlt. Yu war der erste Kaiser der noch legendären Xia-Dynastie (21.–16. Jh. v. Chr.)

Pferd und Seide gehörten im Alten China sozusagen zur gleichen »Klasse«. Vergrößert man den zierlichen Kopf einer Seidenraupe im Bild, so soll sich eine deutliche Ähnlichkeit mit dem Kopf eines Pferdes erkennen lassen. Schon durch das gemeinsame Sternzeichen Skorpion, das als Frühlingszeichen über die Zeit der Raupenaufzucht herrschte, bestanden enge Beziehungen zwischen Seidenraupe und Pferd; tatsächlich besaß der Pferdetaxator eine gewisse Aufsicht über die Seidengewinner. Unter der Herrschaft der Zhou waren die Behörden für Seiden- und Pferdezucht zu einer Einheit zusammengefaßt.

Das Volk war davon überzeugt, daß ein Pferd wie hypnotisiert mit Fressen aufhören würde, sobald man sein Maul mit »steifen«, d.h. mit im Häutungsschlaf erstarrten Raupen berühre. Rieb man dagegen das Maul mit Blättern des Maulbeerbaumes, so fraß das Pferd weiter. Man weiß von nicht endenden Gelehrten- und Beamtendisputen, was mehr zu fördern sei, Seidenraupen- oder Pferdezucht, da die eine immer auf Kosten der anderen ginge. Es gab auch ernsthafte Überlegungen, ob man Seidenraupenzüchtungen mit mehr als einer Ernte im Jahr dulden solle oder ob man es bei einer einzigen Jahresernte belassen soll, um die Pferdeaufzucht nicht zu gefährden. Als zur Zeit der Song-Dynastie (960–1279) die Seidengewinnung stark forciert wurde, legten hohe Beamte dem Kaiser ein Bittgesuch zur Beschützung der Pferde vor.

In einigen Seidenprovinzen verehrte die Bevölkerung drei Seidengöttinnen – eine von ihnen hieß auch Dritte Dame oder Dritte Tante –, die über die Raupenzucht wachen mußten. Sie übernahmen diese Arbeit jeweils für ein Jahr und wechselten sich turnusgemäß ab. Besonders beliebt war die sogenannte Zweite, die allerdings nicht näher bezeichnet wird. Sie ließ die Seide am besten geraten und war vielleicht identisch mit der Gestalt der »Himmlischen Weberin« aus der Legende von der »Weberin und dem Kuhhirten«. Noch heute ist diese Geschichte lebendig, sei es als Erzählung, als Opernaufführung, oder als Kinderbilderbuch.

Wie die Fadengewinnung in Legenden ausgesponnen wird, so wird auch eine Geschichte vom Verweben erzählt. Jahr für Jahr rührt sie die Herzen der Menschen, die zum Himmel aufsehen, wenn sich am 7.7. des Mondkalenders die Sternbilder Ataïr im Adler und Wega in der Leier am Nachthimmel zu treffen scheinen. Und das kam so:

Im Himmel gab es ein überaus geschicktes Mädchen, die siebente von neun Töchtern des Himmelskaisers. Sie konnte nicht nur Wolkenseide zu zartesten Fäden verspinnen, sondern die feinsten Kleider für die Götter daraus weben.

Auf Erden lebte zur selben Zeit ein Hirt, der eine Zauberkuh mit einem goldgelb-farbenen Fell besaß. Das Fell glänzte wie Seide, man sah der Kuh an, daß sie kein gewöhnliches Tier war. Sie konnte sogar sprechen. Der Hirt sehnte sich sehr nach einer Frau und die Kuh gab ihm den Rat, nach den Himmelstöchtern Ausschau zu halten, die gelegentlich zu ihren irdischen Schwestern auf die Erde herabschwebten, um ein Bad zu nehmen. Der Schönsten, das war die Weberin, solle er die Kleider fortnehmen. Bei nächster Gelegenheit nahm der Hirt die überirdischen, unvorstellbar schönen Seidengewänder des Mädchens an sich und verbarg sich damit hinter einem Baum. Nach dem Bad schwebten alle Schwestern in ihren Gewändern zum Himmel, nur die Weberin mußte zurückbleiben. Auf ihr flehentliches Bitten, vor allem aber auf ihr Versprechen hin, seine Frau zu werden, erhielt sie ihre Kleider zurück. Das Versprechen fiel ihr nicht schwer, denn beide waren über die Maßen ineinander verliebt. Die Zauberkuh erwirkte die Eheerlaubnis bei den Göttern. Mit seinen beiden Kindern lebte das Paar lange Zeit in ungetrübtem Glück, im Himmel jedoch braute sich Unheil zusammen. Niemand hatte dort die Seidenweberin ersetzen können. Der Webstuhl stand still. Die erhabenen Götter mußten in derart unwürdig zerschlissenem Seidenzeug einherwandeln, daß die Höchste Jadekaiserin beschloß, einzuschreiten.

Die Weberin wurde zum Himmel zurückbefohlen. Sie flog mit dem Hirten auf den goldenen Hörnern der Kuh, die sich für diese Reise zum Weberschiffchen formten, zum Firmament zurück. Die Jadekaiserin aber fürchtete, daß sich das Paar mehr der Liebe als der Arbeit an standesgemäßer Kleidung widmen würde. Mit ihrer prächtigen Haarnadel aus Jade zog sie zwischen beiden einen Strich am Himmel, der zur silberflutenden Milchstraße wurde. Zwar wurde von nun an wieder gewebt, aber nur unter Tränen, die auf die kostbare Seide fielen. Das Leid der getrennten Liebenden wurde immer größer. Schließlich gab der Höchste Himmelskaiser seine Erlaubnis, daß Weberin und Hirt sich wenigstens einmal im Jahr sehen durften. Mitleidige, glückbringende Geschöpfe halfen ihnen. Seither fliegen die Elstern, deren Name »Vogel der Freude« bedeutet, jedes Jahr am 7. Tag im 7. Monat des Mondkalenders zum Himmel. Mit ihren Flügeln bauen sie eine Brücke über die Milchstraße, auf der das Paar zueinandergelangen kann. Vorausgesetzt, es regnet nicht, sonst müssen Hirt und Weberin ein ganzes Jahr aufeinander warten.

Der himmlischen Seidenweberin und ihres Hirten, die so deutlich am Nachthimmel zu beobachten waren, wurde jährlich in Verehrung gedacht, und die Weberin-Spinnerin wurde zur Schutzgöttin liebender und handarbeitender Mädchen und Frauen. Wer könnte sonst wie Wega so hilfreich am Schicksal der Frauen teilnehmen!

Die Seidengöttinnen können unter *Cannü* (»Mädchen der Seidenraupe«) zusammengefaßt werden, denn sie verkörpern in chinesischer Sicht mehrere legendäre Gestalten: 1. Göttin der Seidenraupe, 2. Göttin des Seidensterns, 3. den ersten Menschen, dem die Zucht des Edelseidenspinners gelang, 4. die Gemahlin des Kaisers Huangdi, der die Entdeckung der Seide und des endlosen Fadens zugeschrieben wird.

Kaiserin, Pferdekopfdame, Hirt und Weberin symbolisieren die uralten Arbeitsteilungen in der Landwirtschaft, so wie die letztgenannte Legende deutlich dokumentiert: Ackerbewirtschaftung für den Mann mit Hilfe eines gezähmten Großtieres, Seidenzucht und Weben für die Frau mit Hilfe eines gezähmten Kleintieres. Diese Zuordnung von »groß« zu Mann und »klein« zu Frau finden wir bis zur Unterscheidung von Großopfer (bei der kaiserlichen Zeremonie des Pflügens) und Kleinopfer (bei dem Opfer für die Seidenraupenzucht durch die Kaiserin). Im Gegensatz zu vielen Mythen anderer Völker, nach deren Überlieferung Mann und Frau ihren Lebensunterhalt noch durch Jagen und Sammeln suchen müssen, sind hier Mann und Frau bäuerlich seßhaft. Feldbestellung, Spinnen und Weben waren nach Vorstellung des europäischen Mittelalters auch die Aufgaben von Adam und Eva nach ihrer Vertreibung aus dem Paradies. Aber während im Westen die Arbeit als Strafe mit einem Fluch beladen ist, steht sie im Osten als Seidenverarbeitung »von Anbeginn« unter besonderem göttlichen Schutz.

Die Verehrung einer Göttin für die Schaffung und Verwendung der Edelseide unterstreicht die Bedeutung des Anteils der Frau an der bäuerlichen Arbeit in einer auf Vorsorge bedachten Lebensgemeinschaft. Wenn historisch auch nicht belegbar, so schildern Mythen und Legenden über Entstehung und Nutzung von Edelseide tatsächlich eine von uns kaum nachzuempfindende Wohltat, denn die Kleidung bestand vordem aus den geschilderten »Materialien des Zufalls« mit wenig wärmenden Eigenschaften für die Menschen der nördlichen Gebiete und als im Grunde entbehrliches Körpergewand für die Menschen im Süden – doch dies hätte den Wünschen des Urkaisers Huangdi widersprochen (vgl. Kap. VIII).

Seide erfüllte alle Aufgaben, sie konnte überall getragen werden, denn nur sie wärmt und kühlt zugleich. Seide war die beste Voraussetzung für die Bekleidung der Bevölkerung eines wachsenden Reiches: für Reiche und Arme, Kaiser und Volk.

Was ist der tiefere Sinn jener Mythe über die Entstehung der Seidenraupen und der Legenden über das Erkennen des »endlosen« seidenen Fadens? Nicht Götter haben die Erkenntnisse gebracht, sondern Menschen, die als dessen Entdecker in den Himmel versetzt wurden. Das erinnert an eine Stelle im *Liji*:
»Der Herzog von Zhou sprach: ›Was bedeutet der Ausspruch, daß das Volk mit Himmel und Erde eine Dreiheit bilde?‹ Der Meister Konfuzius sprach: ›Am Himmel wird der rechte Weg *sichtbar*, durch die Erde wird der rechte Weg *begehbar*, von den Menschen wird der rechte Weg *durchführbar*. Einen dieser Bereiche zu vernachlässigen, ist der Verlust des Zusammenhangs‹.«
In die große Yin-und-Yang-Polarität »Erde und Himmel« als einer Einheit, die im Gleichgewicht bleiben muß, gehört also nicht zuletzt die wirklichkeitschaffende Tätigkeit des Menschen.

Wie sind diese Menschen in China dazu gekommen, seit unvordenklichen Zeiten ein Insekt als hochgezüchtetes Haustier zu halten? Wir kennen in Europa die Biene als eine Art »Haustier«, ebenso wie sich die Chinesen noch ein drittes Insekt, die Pela Schildlaus, zur Wachsproduktion halten, was aber nicht schriftlich belegt ist.
Das Shang-Volk (ca. 16.–11. Jh. v. Chr.) stand nach heutiger Sicht in der Menschheitsentwicklung am Übergang vom Jungsteinzeit-Stadium zu jenem der Bronzezeit. Als es in das Blickfeld der Geschichte trat, hatten seine Vorfahren die Umstellung in der Lebensweise offensichtlich vollzogen. Das früher ausschließliche Wildbeuten, also in dem ungestörten Naturraum zu sammeln, zu fangen, zu jagen und zu fischen, was der Lebensraum bot, war zunächst ergänzt, dann verdrängt und schließlich abgelöst worden: durch den Anbau ausgewählter, vielfach nutzbarer Pflanzen und die Zähmung ausgewählter Tierarten. Der weitere Fortschritt folgte dann durch planmäßige Zucht von Kulturpflanzen und -tieren.
Bereits das jungsteinzeitliche Shangvolk, vermutlich sogar schon seine Wild jagenden und Pflanzen sammelnden Vorgänger, müssen den Nutzen des Seidenspinners erkannt haben. Aber wie hatte man den Seidenspinner als Textilproduzenten herausgefunden, und was mag dazu geführt haben, ihn als Züchtungsobjekt auszuwählen und zum wichtigsten, wenn auch in hohem Maße pflegebedürftigen Haustier zu machen?

Den in unberührter Natur lebenden Seidenspinner kennen wir nicht genau, nur die jetzt durch mindestens 4–5000 Jahre umgezüchtete Form. Als wilde Stammform des *Bombyx mori* sieht man (nach W. Wagner) den im Himalayagebiet vorkommenden *Bombyx huttoni* an. Eine interessante Regression ließ sich nach der Taiping-Revolte von 1851 beobachten, als Seidenspinner, Schmetterlinge oder Raupen aus verwahrlosten oder verlassenen Spinnhütten ins Freie gelangten. Sie verwilderten einige Spinner-Generationen lang unbeaufsichtigt und brachten jährlich mehrere Generationen hervor. Die späten Nachkommen im Jahr vermochten wegen der dann schon harten, nährstoffarmen alten Laubnahrung, wegen Taus und frühherbstlicher Nebel keinen geschlossenen Kokon zu bilden. Statt dessen wurde ihr Gespinst von Zweig zu Zweig nur eine dicke Seidenwatte. Aus einem Bericht des Jahres 1880 geht hervor, daß am Taihu ganze Baumreihen auf den Deichen mit einer solchen Seidengaze überzogen waren und kein grünes Blatt mehr sichtbar blieb. Der Erdboden unter den Bäumen war mit Millionen frischgebildeter Kokons bedeckt. Ähnliche Bilder konnte man bis zu dem fast 100 km entfernten Hangzhou betrachten.
Ohne erkennbaren Anlaß haben sich im Lauf der Geschichte unzählige spinnreife Raupen gezüchteter, aber in freier Landschaft verwilderter Seidenspinner vorwiegend auf Maulbeerbäumen und Eichen gebildet. Dort hatten sie vliesähnliche, große zusammenhängende Kokondecken gesponnen. Es gibt darüber mehr als ein Dutzend Berichte von verschiedenen, öfter namentlich genannten Orten allein aus dem ersten Jahrtausend unserer Zeitrechnung: zusammengesponnene Kokons von 1,4 bis 6 Quadratmeter. Solche Seidengespinste ergaben ganze Umhänge oder gar übergroße, wenn auch löchrige Decken, federleicht und wärmend: gelblich-weiße »Häute«, verhalten schimmernd wie das Pferdefell eines Falben.
Ein angenehmeres Material ließ sich kaum denken, geschmeidigere Decken anstelle der sonst genutzten Felle waren unvorstellbar. Wie hätten Menschen, dem Wildbeutertum noch nahestehend, ein solches Material unbeachtet lassen können, das sich auch noch zupfen und nachdem der Spinnvorgang erfunden war spinnen ließ? Die Abhaspelung dieses Gespinstes von einem Kokon als einzelner »endloser« Faden erforderte freilich eine weitere wichtige Erfindung: die Züchtung eines hochspezialisierten Seidenspinners.

Die Regulierbarkeit der Seidenernte in Güte und Menge, sowie die Verarbeitung des Kokongespinstes zur Gewinnung eines möglichst feinen ununterbrochenen Fadens, waren Ziele, die nur in nächster Nähe des häuslichen Bereichs erreicht werden konnten – von Frauen, die mit ihren Haustieren unter einem Dach lebten. Mit der Domestikation des Seidenspinners wurde dann auch das Leben aller Chinesen bestimmten Gesetzen unterworfen.

So hielten die Menschen des Alten China früher als andere an ihren Wohnplätzen fest, konnten daher auch immer mehr materielle Güter ansammeln und sich so allmählich kulturell entfalten. Es konnten Paläste, Städte und religiöse Zentren entstehen. Dies alles führte die frühen Chinesen zur Überzeugung, eine den Nachbarn überlegene Kultur zu besitzen. Als dann noch im 3. Jahrhundert v. Chr. ein mächtiger Herrscher Qin Shihuang die Bauernvölker zu einem *Kaiserreich* zusammenfaßte und die Qin-Dynastie begründete, wurden aus unterschiedlichen Ethnien Angehörige des ersten historischen Kaiserreiches. Sie wurden »Vertreter der Qin-Kultur«, wurden Chinesen, nach außen deutlich spürbar durch Einführung einheitlicher chinesischer Maße und Gewichte, Wagenspurbreiten u. a. m., vor allem aber durch eine einheitliche Schrift. Mit diesen Maßnahmen und Errungenschaften war China, »das Reich der Mitte«, begründet: im Norden, Westen und Süden und vermutlich später in den Mündungsgebieten des Ostens von Menschengruppen umgeben, die kulturell keine Qin-Leute waren, in westlicher Ausdrucksweise Barbaren, »Barbaren der vier Himmelsrichtungen«.

Damals lebte auch der Philosoph Xun Zi, von dem folgendes Rätsel *(fu)* überliefert ist: »Im Winter verkriecht es sich und im Sommer begibt es sich auf Wanderung; es frißt Maulbeer und spuckt Seide aus; anfangs ist alles verworren, doch nachher schön geordnet. Es wird zwar im Sommer geboren, aber die Hitzeperiode ist ihm zuwider. Es liebt Feuchtigkeit, aber keinen Regen. Es hat eine Puppe zur Mutter und einen Falter zum Vater. Dreimal legt es sich hin, und dreimal beginnt es wieder, und dann ist sein Werk vollendet.«

So ist in der Qin-Kultur bereits angelegt, was in der anschließenden Han-Dynastie (206 v. Chr. bis 220 n. Chr.), die unser Bild vom *Alten China* dauerhaft geprägt hat, sich in vielerlei Hinsicht steigerte: die Wertschätzung der Seidenraupe. Die glanzvolle Epoche der Han war zugleich eine erste Glanzzeit der Seide Chinas.

II.
Die kleinsten und feinsten Spinner der Welt

»Seidenweich« und »fein wie Seide« sind auch heute noch keine abgenutzten Redensarten. Und wer Seide sagt, denkt alter Tradition gemäß an China und seinen Maulbeerspinner. Warum eigentlich, könnte man mit Recht fragen, nur an China? Gab es auf dem gesamten Erdball nur hier die Möglichkeit zur Entwicklung und Herstellung dieses Wunderfadens?

Tatsächlich kennen wir nicht nur eine ganze Anzahl anderer Seidenspinner, sondern sogar viele spinnende Insekten: vor allem »Spinnen«, aber auch Fliegen- und Ameisenarten. Viele ihrer gesponnenen Fäden wurden in tropischen Regionen von der einheimischen Bevölkerung zur Textilherstellung verwendet.

Greifen wir aus der Vielzahl spinnender Insekten einige Beispiele heraus, um sie später mit dem eigentlichen Seidenspinner *Bombyx mori L.* zu vergleichen.

In den feuchten Tropengebieten Australiens, Afrikas und Asiens gibt es die Smaragdameise *(Oecophylla smaragdina)*, die sich im Laubwerk aus zusammengesponnenen Blättern ein Nest schafft und sofort die seidene Wohnung ausbessert, wenn sie beschädigt wird. Bei den Ameisen haben nur die ganz jungen Tiere Spinndrüsen. Daher wird die Brut von den Arbeiterinnen wie ein Werkzeug von einer Seite des Risses zur anderen gereicht, dann kreuz und quer, bis durch ihre Seidenfadenabsonderung der Schaden behoben und das Seidennetz wieder geschlossen ist. Die webkundigen Ameisen greifen aber Störenfriede mit wütenden Bissen an, so daß eine planmäßige Seidengewinnung ganz unmöglich wäre.

Die Köcherfliegen *(Trichoptera)* spinnen als Larven für sich selbst ein seidenes Kleid, eine schützende köcherartige Hülle, die sie während ihres ganzen Lebens tragen.

Während im allgemeinen die Weibchen spinnen, spinnt bei der Tanzfliege *(Empis vulg.)* das Männchen. Statt ein »Kleid« anzufertigen, spinnt es ein rundes Beutelchen zum Aufbewahren gefangener Beute. Je nach Veranlagung wird dem erwählten Weibchen vor, während oder nach der Hochzeit, vielleicht um das eigene Leben zu retten, der kostbare Inhalt übereignet. Manchmal wird geteilt und gemeinsam gespeist. Das Männchen transportiert seinen Seidenbehälter mit den Klauen der Hinterbeine. Die Seide ist so fest, daß das Männchen mit der wohlverpackten Last sogar zu fliegen vermag.

Wenig Erfolg brachten Züchtungsversuche, die man in Südfrankreich mit Riesenrad- und Kreuzspinnen anstellte, deren weiche Seide besonders begehrt war, um gehobene Ansprüche in der Herstellung von Handschuhen und feinsten Strümpfen zu befriedigen. Aus der stattlichen Anzahl von 12000 Tieren konnte man 1 kg Rohseide gewinnen. Bei den Versuchen zur Domestizierung sperrte man die Spinnen ein. Nach kurzer Zeit stellte sich heraus, daß das ein völliger Fehlschlag war, denn im Käfig überlebte jeweils nur das stärkste und gefräßigste Exemplar.

Trotz aller Schönheit, Feinheit und Elastizität – die Spinnenfäden können sich im Wind bis um ein Drittel ihrer Länge ausdehnen – ließ sich Spinnenseide nicht wie erhofft und angestrebt als Handelsobjekt produzieren.

An die kleinen Prozessionsspinner wurden solche Hoffnungen nicht geknüpft, obwohl auch ihre Fäden »Seide« sind. Sie bevorzugen Obstbäume, spinnen sich ein Nest zum Wohnen und ruhen darin. Nachts gehen sie auf Futtersuche und laufen dabei wie an dem Faden der Ariadne entlang, den sie sich spinnen, um zurückzufinden. In der Regel liegen die Spinndrüsen der Spinnen am Hinterleib, die Fäden werden mit den Hinterbeinen gedreht.

Eine ganz hochwertige Seide, die in bedeutendem Maße im Altertum, und ausklingend etwa bis zur Jahrhundertwende, im Mittelmeerraum gewonnen wurde, stammte von Steckmuscheln wie *Pinna nobilis*. Mit ihr haben wir das berühmte »Wasserschaf« vor uns, wie die Bezeichnung in alten Berichten lautet. Die Muscheln können ähnlich wie Insekten aus einer Spinndrüse Fäden ausscheiden, um sich am 7–8 m tiefen Meeresgrund zu verankern. Die Byssusfäden, wie man die Seidenfäden auch nennt, können die Farbe des Meeresgrundes annehmen. Byssusseide war überaus haltbar, die Stoffe daraus schimmernd, fließend und schön. Als eines der letzten Geschenke aus diesem kostbaren Material wurde im 19. Jahrhundert von Monschauer Webern ein mit feinster Wolle gemischtes Byssuskleid für „Madame mère“, die Mutter Napoleons angefertigt, das »wie das Mondlicht« glänzte.

Bis dieser Glanz erreicht ist, muß die Seide einige Behandlungen über sich ergehen lassen. Sie muß gewaschen, gesäuert, frottiert und geglättet werden. Die einzelnen Seidenfäden sind so fein, daß man zum Gebrauch mehrere zusammenführen muß; hierin gleicht Byssus der Edelseide, was im Altertum gelegentlich zu Verwechslungen führte. Im Mikroskopbild können wir heute beide Seidenarten deutlich unterscheiden. Edelseide ist vollkommen glatt, Muschelseide zeigt die leichte Wellenstruktur des Meeres, aus dem sie kommt. Zwar war die Gewinnung gefährlich, aber einigermaßen lohnend. Aus 1 kg Rohbyssus konnte man ein Drittel des Gewichtes an verwendbarer Textilfaser erhalten.

Das überaus kostbare Gewand der europäischen Kaiserinmutter hatte ein Gegenstück im Fernen Osten, nämlich einen Seidenumhang, den die letzte Kaiserin Chinas Cixi an ihrem Geburtstag trug. Die Seide kam aus dem Pflanzenreich, sie war aus den Stengeln der geheiligten Lotospflanze gewonnen. Nur die »Acht Unsterblichen« trugen diesen Stoff. Zur Herstellung des wohl auf der Welt einmaligen Kleidungsstückes hatte man 500 Arbeitstage, also wenigstens 5000 Stunden gebraucht.

In vielen Gebieten der Erde produzieren auch verschiedene Raupen Seiden, deren Verwertung sich, anders als bei Ameisen und Spinnen, tatsächlich lohnt. Schon das alte Amerika wußte diese Fadenherstellung zu nutzen. Hierüber haben sich aus der Zeit der spanischen Eroberungen zur Zeit Montezumas II (1502–1520) Nachrichten erhalten. Alexander von Humboldt, der noch ein solches Gewebe erwerben konnte, hat darüber berichtet. Die Seide kam von verwandten Arten *(Sangans sapotoza Walk)* des europäischen Prozessionsspinners. Große »seidene Hängematten« sollen als Handelsobjekt eine bedeutende Rolle gespielt haben. Die Europäer wußten anscheinend mit diesem exquisiten Material aus freier Wildbahn nichts anzufangen, und ein ehemals bedeutender Rohstoff geriet in Vergessenheit.

Die meisten afrikanischen Spinner gehören zur Familie der Nachtpfauenaugen *(Saturniden)*. Sie bauen große Gemeinschaftsnester, aus denen sie während der Nacht, ähnlich den Prozessionsspinnern, zur Futtersuche ausschwärmen und am Morgen zurückkehren. Gemeinsam spinnen sich die Raupen ein. Um sich vor Feinden zu schützen, gehen sie dabei geradezu raffiniert vor: Sie benutzen ihren Kopfputz, zwei stahlblaue harte Haarbüschel, als Stacheln. Beim Kokonspinnen, und zwar vermehrt zur Innenseite hin, steckt die Raupe ein Haar von den gefürchteten und gefährlichen Strahlenbüscheln hindurch und zieht sich dann wieder zurück, bis der ganze Kokon wie ein Igel mit Stacheln bespickt ist. Die Seidengewinnung ist daher nur mit einem entsprechenden Schutz möglich, andernfalls werden schwere Allergien ausgelöst. Mit dem außergewöhnlich haltbaren Seidenfaden kann man sogar nähen.

Im Mittelmeerraum gab es eine Raupenseidengewinnung, von der bereits die Bibel und auch antike Schriftsteller berichteten. Gesponnen wurde diese Seide als lockerer Kokon 5–8 cm groß, von dem Spinner *Pachypasa otus Drury*, der äußerst genügsam war. Er konnte von Eichen, Eschen, Fichten und Zypressen leben; selbst mit Wacholder gab er sich zufrieden. Er war fast überall zu finden: auf Sizilien und auf dem Balkan, von der Türkei bis Palästina. Am berühmtesten wurde die Verarbeitung seiner Kokons in der »Koischen Seide« auf der griechischen Insel Kos. Diese Insel, die Heimat des Hippokrates, war im Altertum für Salben, Wein, Amphoren und durchsichtige Gewänder bekannt. Jedenfalls war den dort aus Wildseide gefertigten und auch den »gemischt« gewebten Gewändern ein gewisses erotisches Fluidum nicht abzusprechen. Zu Horaz' Zeiten trugen nur noch Hetären derartige, äußerst kostbare Seiden.

Die meisten wilden Seidenspinner leben aber in Asien. Die Anzahl der Spezies ist fast unübersehbar. Etwa 80 Arten kann man erfolgreich zur Seidengewinnung heranziehen.

Ein Seidenspinner ist nicht einmal überall erwünscht: der größte und schönste von ihnen mit prächtig gezeichneten Flügeln und einer Spannweite von 24 cm ist der Atlasspinner *(Attacus atlas L.)*. Er wurde auf den Sunda-Inseln als ein so schwerer Schädling für die Plantagenkulturen angesehen, daß seine Kokons eingesammelt und vernichtet wurden. In Sri Lanka dagegen, Indien, China und bis hin zu den Philippinen wurde der Atlasspinner besonders geschätzt, denn er liefert die bekannte, sehr hochwertige »Fagara«-Seide. Als genauso

wertvoll galt die indische »Eri«-Seide. Produziert wird sie vom Rhizinus-Spinner, dessen Kokons oben und unten offen sind.
Mit den Tussahseiden kommen wir zu den wichtigsten Wildseiden Ostasiens. Zahlreiche Unterarten sind unter diesem Sammelbegriff zusammengefaßt. Die bernsteingelbe »Moonga«-Seide Indiens stammt von dem indischen Tussahspinner *Antheraea mylitta*, während der wichtigste Tussahspinner Chinas, der Eichenspinner, *Antheraea pernyi* heißt.
Wer könnte oder möchte schon Insekten hüten? Bei uns in Europa gilt »einen Sack voller Flöhe hüten« als ein sowohl jeder Weisheit entbehrendes wie von vornherein aussichtsloses Unterfangen. Es läßt sich kaum erahnen, wieviel Ausdauer, Mühe und Geduld chinesische Menschen aufgebracht haben müssen, um spinnende Raupen zur Erzeugung von Edelseide zu erziehen und zu züchten. Nirgends sind diese frühen, unendlich langwierigen Entwicklungsstadien festgehalten. Als gesichert kann man annehmen, daß die uralten Methoden der Wildseidengewinnung, die sich teilweise bis heute erhalten haben, schließlich zum Ergebnis der makellosen »Edel-Seide« führten.
Da stand z.B. in Nord-Indien ein ganz naher Verwandter des edlen Seidenspinners, gewissermaßen ein Vetter, zur Züchtung zur Verfügung. Aber er war für die häusliche Aufzucht zu temperamentvoll. Man konnte ihn weder auf Futterhürden noch an Spinnreisig halten. Die Raupen schwärmten wieder zurück in die freie Natur. Man mußte sich damit begnügen – und diese Methode gilt auch für die Haltung der chinesischen Seidenschmetterlinge –, die Eier unter Dach mit Hilfe der häuslichen Wärme vorzubrüten und die kleinen Raupen auf geeigneten Futterpflanzen im Dschungel auszusetzen. Die Tierchen waren meist polyphag, d.h. sie fraßen unterschiedliche Laubarten. Man überwachte sie nur wenig und sammelte nach dem Einspinnen an Kokons ein, was sich erhalten hatte und nicht schon als Raupe ein Opfer von Seuchen, Schlupfwespen oder Raupenfliegen, von Ratten oder vor allem Vögeln geworden war.
Bei der ausgedehnten Wildseidengewinnung in Indien hatten sich besondere Raupenzüchterkasten herausgebildet. Die indischen Tussahspinner mit dem Namen *Antheraea paphia L. subspezies* galten wegen ihrer Musterung auf den Flügeln als das Abbild der Sonnenscheibe des Gottes Shiva, denn die Schmetterlinge tragen auf ihren Flügeln große, hellweiße Silberflecken mit einem schwarzen Keil.

Indischer Tussah-Wildseidenspinner mit der »Symbolscheibe Shivas« auf den Flügeln

Wegen dieser Symbolik durfte sich kein »Unreiner«, vor allem keine Frau, in der Nähe der Bäume zeigen, auf denen die Tiere lebten. Wenn jemand gewagt hatte, das Verbot zu übertreten, konnte nur eine besondere Zeremonie (wie Besprengen mit geweihtem Wasser durch einen Yogi) den Schaden abwenden. Die Wärter durften weder Fleisch noch Fisch essen, sie mußten wie die Raupen vegetarisch leben. Als Analogiezauber, um das Wachstum ihrer Schützlinge nicht zu hemmen, durften sie sich weder die Haare, noch den Bart oder die Nägel schneiden, so wie auch in vielen Märchen bis zum Erreichen eines bestimmten Zieles das Gelübde des Nichtwaschens und Nichthaareschneidens abgelegt wird.
Vermutlich aus zwei Gründen hatten die Inder das »Geheimnis« der Edelseide nicht entdecken können, obwohl sie geeignete Schmetterlingsarten besaßen. Erstens durften sie aus religiösen Gründen keine Puppen in den Kokons töten, was eine rationelle Seidengewinnnung unmöglich machte, und zweitens war die Mitarbeit der Frauen verboten.
Die Kultivierung der Wildseiden gestaltete sich einfacher und rationeller, wenn man Raupen hatte, die nur eine einzige Futterpflanze bevorzugten. In China gab es unter den Schmetterlingsarten den Eichenspinner, der als Ahnherr der Tussahseide galt. Zwar frißt er ausschließlich Eichenlaub, findet aber an den unterschiedlichsten Arten Gefallen. Frühe Quellen bezeichnen das alte Land Lai, das Gebirgsland von Ost-Shandong, als die ursprüngliche Heimat des Eichenspinners. In diesen nördlichen gemäßigten Zonen betreiben, so heißt es, die »Lai-Barbaren« seit alten Zeiten eine Wildseiden-

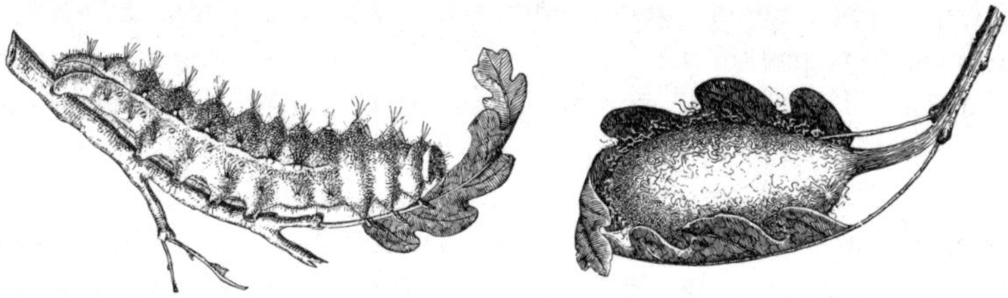

Eichenspinnerraupe und -kokon

zucht. Sie betrieben sie jedenfalls schon, als die Bewohner des Alten China mit diesem Volk die ersten Kontakte hatten. Es kam zu der bemerkenswerten, fast grotesken Regelung, daß »Barbaren« den Chinesen Seidentribute zu entrichten hatten.

Im Ursprungsgebiet der Eichenspinnerseide, in der Provinz Shandong, entwickelten sich Verarbeitung und Handel so stark, daß »Shandong« zum Sammelnamen für Wildseiden wurde. Shandong-, Tussah- und ähnliche Wildseiden werden im Handel und im allgemeinen Sprachgebrauch meist Rohseide genannt, obwohl Rohseide ursprünglich jeglichen unverarbeiteten Seidenfaden, auch den der Edelseide, bezeichnet.

So schnell und in so zahlreichen Arten breiteten sich die Eichenspinner aus, daß in den Zuchtgebieten planmäßig Eichen als Futterpflanzen angebaut wurden. Man ließ Eicheln in besonderen Saatbeeten keimen und zog Setzlinge heran, aus denen sich innerhalb von drei Jahren junge Bäume entwickelten, die derart beschnitten wurden, daß sich kräftige, schirmförmige Exemplare bis zu einer Höhe von zwei Metern bildeten. Um für die Frühjahrs- und Herbsternte genügend frisches Laub zu erhalten, war ein besonderer Schnitt nötig. Bei dreijährigen Bäumen reichte die Laubmenge für sechs bis sieben Raupen, in den zwei folgenden Jahren für etwa 15, erst im siebenten Jahr konnten gut 50 Raupen auf einer Eiche Futter finden.

Der zur Eiche gehörende Seidenspinner, also der Produzent der chinesischen Wildseide, ist ein sehr großer Schmetterling mit einer Flügelspannweite von 15–20 cm. Seine Grundfarbe ist ein fahles Braun, seine Flügel sind mit dunkel umrandeten hellen Fensterflek-

ken und weißbraunen Querstreifen sehr schön gezeichnet. Die Körper sind behaart, die der Männchen wesentlich kleiner als die der Weibchen. Diese Eichenspinner ließen sich verhältnismäßig gezielt züchten. Die Eier, in denen, anders als beim Maulbeerspinner, ein fertiges Räupchen liegt, wurden in den Wohnungen vorgebrütet, zum Schlüpfen gebracht und auf den Eichenkulturen ausgesetzt. Diese Halbdomestizierung war ein großer Vorteil, denn man konnte die Tiere auf Eichenbeständen in gebirgigem, sonst nicht nutzbarem Gelände halten. Futterpflanze und Raupenaufzucht lagen verhältnismäßig nahe beieinander. Der Nachteil war, daß die Raupen draußen eine leichte Beute ihrer Feinde wurden. Schon ein einziger Vogelschwarm konnte sie fast völlig vernichten, so wie eine »Wolke von Staren«, die in einen Kirschbaum einfällt. Vom ersten Tag unter freiem Himmel an wurden sie daher von speziellen Wächtern beaufsichtigt, eine Einrichtung, die sich bis heute bewährt hat.
Jeder Wächter hat seinen abgegrenzten Bezirk. Ringsherum werden Stricke gespannt, mit denen Lärmgeräte wie z. B. Rasseln verbunden sind. Ein Mann kann etwa 5000 Raupen überwachen und betreuen. Von einem Turm in der Mitte der Pflanzung aus kann er das Gelände überblicken und schädliche Tiere, wenn nötig mit Schüssen, vertreiben. Wenn seine Schützlinge einen Baum kahl gefressen haben, werden sie in Körbe gesammelt und auf die nächsten Eichen gesetzt. Die Kokons werden schließlich wie Früchte von den Bäumen geerntet, zu Haufen geschichtet, in der Sonne getrocknet, wobei sie fortwährend umgeschaufelt werden, und schließlich bis zur Verarbeitung an schimmel- und fäulnissicherem Ort in Körben aufbewahrt. In China gilt ein altes Sprichwort: »Raupen können warten, Kokons nicht«.
Als Zuchterfolg zu werten war die Tatsache, daß es gelang, eine Frühjahrs- und eine Herbstbrut aufzuziehen. Trotzdem blieben viele Unwägbarkeiten. Die Witterung konnte zu kalt oder zu naß, die Laubbildung ungenügend und unregelmäßig sein. Nässe und Kälte wirkten auf Qualität, Art und Größe der Kokons. Vom Eischlüpfen bis zum Einspinnen konnten 45 Tage oder gar zwei Monate vergehen. Die 9–10 cm langen Raupen zogen sich bei ungünstigem Wetter auf die Unterseite der verhärteten Blätter zurück und spannen nur noch minderwertige Kokons. Das anfangs durchscheinende Gespinst war nach sechs Stunden so dicht, daß man die Raupen nicht mehr sehen

konnte. Aber erst nach sechs bis acht Tagen war das Gespinst fertig. War die Männerarbeit, die Überwachung der Wildspinnerraupen außerhalb des Hauses, getan, setzte die Arbeit der Frauen ein. Wenn die Schmetterlinge geschlüpft waren – meist an einem frühen Morgen im Monat Juli –, wurden sie paarweise in weichgepolsterte Körbe gesetzt; vorsichtig, um ganz sicher zu gehen, wurden Männchen und Weibchen zart aneinandergebunden. Nach der Paarung wurden die Weibchen zur Eiablage in die Eichenpflanzungen getragen und an einem Zweig mit frischem Grün an einem Beinchen oder Flügel festgebunden. Wenn das Wetter für diese Methode zu unsicher oder zu schlecht war, halfen sich die Frauen mit einer so einfachen wie glänzenden Idee: Sie stellten die »kostbarsten« Sträuße der Welt, so möchte man sie nennen, in ihr Haus. Sie schnitten dafür besonders gut belaubte Zweige ab und befestigten die Weibchen am Grün. Sobald das Wetter es erlaubte, trug man die »Sträuße« auf die Futtereichen ins Freie zurück.

Trotz der Aufzucht unter naturgegebenen Bedingungen und trotz der ständigen Überwachung blieb die Zahl der geernteten Kokons gegenüber der ursprünglichen Raupenzahl gering. Als gute Ernte wurde ein Ertrag von 50% angesehen, oft waren es nur 25%, etwa wenn sich die Herbsternte bis in den kühlen Oktober verzögerte. Von einer Eichenplantage von 1000 m^2, auf die je 6000 bis 8000 Raupen ausgesetzt wurden, erntete man, je nach Verlust, nur 1500 bis 4000 Kokons, allerdings von besonderer Größe und Schwere.

Die gelungene Züchtung des Maulbeerspinners zum vollkommenen Haustier hat die Wildseidengewinnung keineswegs überflüssig gemacht. Heute wird die Wildseide gerade wegen ihres noppigen und kräftigen Fadens und wegen ihrer naturhaften Unregelmäßigkeiten weltweit außerordentlich geschätzt. Dazu kommt die Palette herrlich gedämpfter, harmonischer Farben: allein die Eichenspinner stellen je nach Futter und Witterung aschfarbene, grünliche, weißliche, hell- und dunkelgraue Kokons her. Es gibt auch Spinner, die bräunliche, eierschalenfarbene, rosa, gelbliche und golden schimmmernde Seide liefern. Es ist schwierig, diese Naturfarben zu entfernen und durch andere zu ersetzen, es wäre auch schade drum. Der Versuch ist häufig gemacht worden, aber ohne Ergebnis. Die Wildseide verliert dabei ihren typischen Charakter, die Farben wirken stumpf, und die Seide erhält ein wolliges Aussehen.

Aus der fast unübersehbaren Fülle der Schmetterlingsarten mit ihren verschiedenen Möglichkeiten haben die Chinesen, so scheint es, mit sicherer Hand das denkbar geeignetste Insekt zum denkbar besten Zuchterfolg geführt. Und damit kommen wir endlich zum kleinsten und feinsten, wenn auch recht unscheinbaren Spinner der Welt, zum *Bombyx mori*, dem Maulbeerspinner. Seine Züchter machten aus ihm das sensibelste und leistungsfähigste Haustier, das sich denken läßt. Sämtliche Unarten wurden ihm aberzogen: das Spinnen noppiger, dunkler, grober Fäden, eine zu geringe Produktion, das Fortfliegen oder -kriechen aus dem erlaubten Domizil, das Vertilgen von Artgenossen, Seidenkokons voller Gifthaare, Nesterspinnen und vieles andere mehr.
Makellos wie seine Arbeit ist auch sein Äußeres: Nur im allerersten Larvenstadium ist die Raupe des Edelseidenspinners behaart, danach häutet sie sich zu einem völlig glatten Wesen, was in einem Rätsel von der Seidenraupe besonders betont wird: glatt und schön wie ein Frauenkörper. Im chinesischen Denken gilt Körperbehaarung als barbarisch-animalisch und dokumentiert eine Stufe, über die sich die Edelseidenraupe längst erhoben hat. Sie also schafft den einzigen fertigen edlen Faden der Welt, der nicht gesponnen werden muß.
Der seidene Faden dieses Geschöpfes ist allen anderen Textilfäden weit überlegen. Betrachten wir seine Entstehung als Leistung eines so kleinen Tieres, so können wir diese Arbeit, in nüchternen Zahlen ausgedrückt, nur mit Erstaunen zur Kenntnis nehmen.
Nach ihren mehrfachen Häutungen bildet die Seidenraupe im letzten Stadium vor der Spinnreife in ihrem Körper einen Spinnapparat aus, der in zwei Drüsen oder Spinnwarzen endet, die rechts und links seitlich des Maules am Kopf liegen. Genaugenommen sind es zwei Systeme: eine Seidenspinnflüssigkeit oder Seidensubstanz, das Fibroin (75–80%) und als weitere Seidenspinnflüssigkeit der Seidenleim oder das Serizin (20–25%). Eine sinnvolle Einrichtung, nämlich ein zweiter, vor den Drüsen einmündender, zusätzlicher Kanal bewirkt, daß die Fäden an der Luft sofort erstarren, so daß die beiden Einzelfäden zu einem einzigen Faden zusammenkleben. Die Fibroinsubstanz wird dabei vom Serizin umhüllt, letzteres wäre »entbehrlich«, gibt aber dem Faden Halt. Wenn die Raupe beginnt, sich einzuspinnen, befestigt sie einen winzigen Tropfen der Spinnflüssigkeit an der Unterlage, die sie sich für ihren Kokon ausgesucht hat.

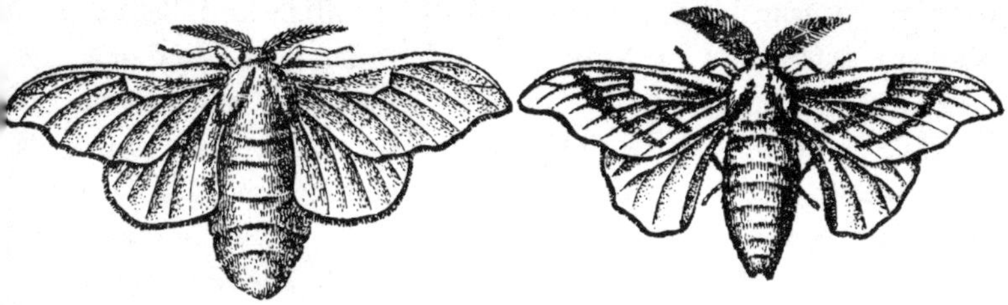

Bombyx mori L. Links Weibchen, rechts Männchen

Mit dem Zurückziehen des Kopfes gibt sie weitere Seidensubstanz frei und heftet den Faden an verschiedenen Stellen an, bis sie ein loses und lockeres Fadengewirr aus Flockseide geschaffen hat, eine Art Hängematte. Hier hinein spinnt sie ihren eigentlichen Kokon, indem sie von der Mitte her und von außen nach innen arbeitend den Seidenfaden in Form einer liegenden Acht um sich herum legt. Sie macht dabei insgesamt etwa 26000 Windungen und pendelt nur mit dem Kopfteil, um jeweils eine bestimmte Partie ihrer Hülle zu verstärken. Der übrige Körper bleibt in Ruhestellung und ändert seine Lage nur dann, wenn ein weiterer Bereich des Kokons verdichtet wird. Das Spinnen des Seidenfadens wird nie unterbrochen, weder beim Einnehmen einer anderen Stellung noch während der Nacht. Der Faden wird sogar durch Ziehen und Dehnen von der Raupe reguliert. Ein bis zwei Tage lang kann man sie beobachten, danach ist die Seidenschicht zu dick. Etwa vier bis fünf Tage (und Nächte) sind nötig, bis die Hülle vollendet ist. Die gesamte Fadenlänge des Kokons und seiner vorher geschaffenen Befestigung beträgt etwa 3000–4000 m.
Nach Entfernung der äußeren Flockseide beginnt der ununterbrochen abwickelbare oder abhaspelbare Faden. Ein Drittel des Kokongespinstes ist abhaspelbar; man rechnet im Durchschnitt 700 bis 900 oder auch 1000 m, je nach Kokongröße und Raupenart. Der Kokon selbst wiegt nur wenige Gramm und hat eine Länge von ca. 4 cm und einen Durchmesser von 1,5 cm. – Der Rohseidenfaden ist der haltbarste Naturfaden der Welt. Könnte man einen Eisendraht gleicher Feinheit herstellen, wäre der Seidenfaden ihm überlegen. Seidengarne haben eine bis zu 20% hohe Dehnbarkeit und die höchste Reißfestig-

keit aller natürlichen Textilfasern (30–40 sog. Reiß-km). Selbst noch in feuchtem Zustand hat Seide eine außerordentliche Elastizität und damit wenig Neigung zum Knittern. Seidenstoffe wärmen unaufdringlich, kühlen zugleich, schmiegen sich angenehm an, anders als die verwandte Wolle, die oft ein unangenehmes Gefühl auf der Haut hervorruft. Seide isoliert gut, Seide läßt sich problemlos waschen, wenn man ihr die schonende Behandlung der Handwäsche gönnt und in noch ein wenig feuchtem Zustand bügelt. Kräftige und scharfe Laugen liebt Seide so wenig wie Wolle, und selbstverständlich kann ein so edler Faden auch keine konzentrierte Säure vertragen.

Den Glanz verdankt der Seidenfaden seinem Querschnitt, der oval oder dreieckig wie ein Prisma gestaltet ist und Sonne und Licht zurückwirft. Unter dem Mikroskop ist seine Oberfläche makellos glatt. Seine Feinheit kann man nur erahnen, wenn man sich vorstellt, daß 9000 m nur 2,6 g wiegen, so daß man anderthalb Stunden brauchen würde, um an einem feinen, glänzenden »Ariadne-Faden« entlangzugehen, der noch nicht einmal 3 g wiegt. Vor dem Zusammenfügen aus den zwei Spinndrüsen wiegen 9000 m der Einzelfäden 1,3 Gramm.

Die innerste Kokonschicht besteht aus einer Art besonderer Schutzhülle, die einer seidenpapierartigen, aber wasserdichten Verpackung ähnelt. Durch den Seidenleim ist außerdem die gesamte Hülle in sich verklebt und damit für Festigkeit und Schutz gesorgt. In diesem Kokon vollzieht sich in etwa zwölf Tagen die wunderbare Verwandlung der Raupe zum Schmetterling. Diesen Vorgang hat noch niemand beobachten können. Durch Untersuchungen weiß man allerdings, daß die Raupe allmählich ihre Haut abstreift und am hinteren Ende des Kokons innen ablagert. Nach der Häutung verwandelt sich die Raupe zur eigentlichen Puppe oder Nymphe. Nach ihrer zuerst zitronengelben, später goldenen Farbe hat sie den Namen *Chrysalide* erhalten, der auf die griechische Bezeichnung für Gold hindeutet. Später verdunkelt sich die Farbe zu einem tiefen Kastanienbraun. Viele nicht mehr lebenswichtige Organe wie der Verdauungsapparat werden »eingeschmolzen« und bilden den Ausgangsstoff für den nun wichtig gewordenen Aufbau ganz anderer Organe. Es bilden sich die Geschlechtsunterschiede heraus, die sogar an der Puppenhülle sichtbar werden: Die Weibchen haben eine rundlichere Kokonform, die Männchen eine schmale Taille.

Nicht alle Seidenzüchter jedoch verließen sich zur Auswahl der Puppen für die Nachzucht auf den äußeren Anschein. In Sichuan, dem alten Seidenzuchtgebiet, schüttelte man die Kokons leicht, indem man sie ans Ohr hielt. Nach dem Klang konnte man das Geschlecht des späteren Schmetterlings feststellen, was sehr viel Übung erforderte. In anderen Provinzen war es geradezu ein Sakrileg, einen Seidenkokon vorsätzlich schüttelnd zu bewegen, man verließ sich dort ganz auf die Form.
Man spricht zwar von einer Puppenruhe der Seidenraupe, in Wirklichkeit aber vollzieht sich nach der ungeheuren Spinnleistung und Abgabe des gesamten Seidenfadens eine äußerst aktive Veränderung, die Verwandlung zu einem ganz anderen Wesen, das nicht einmal mehr Nahrung aufnehmen wird. Bewundernd kann man diesen Vorgang kurz kennzeichnen: ein kriechendes Tier wird sich in ein geflügeltes verwandeln.
Wenn die Umwandlung vollendet ist, löst das Insekt als Schmetterling durch die Abgabe eines Sekrets die Seidenhülle an einer Stelle auf,

Eierlegende Seidenspinner auf präpariertem Papierbogen

durch die er ausschlüpft. Meist noch auf dem Kokon sitzend, leicht vibrierend, entbreiten sich langsam die Flügel und Fühler. Damit ist die neue Gestalt vollendet. Die Weibchen entwickeln ein Duftorgan, das die Männchen herbeilockt. Von Züchtern wird die Paarung als ein Liebesfest bezeichnet – der Höhepunkt eines Schmetterlingslebens. Ein Flug in Licht und Höhe, wohin die Raupen noch zum Einspinnen streben, ist dem in Jahrtausenden herangezüchteten Haustier nicht mehr möglich. Bis zu zwölf Stunden dauert der Liebesakt, eine Ekstase, die dem Seidenspinner den Ruf einer außergewöhnlichen sexuellen Potenz eingetragen und die Seide von Anfang an mit einer erotischen Aura umgeben hat.

Die Tiere reagieren hierbei mit größter Empfindlichkeit. Sie trennen sich beim geringsten Luftzug. Der Züchter trennt sie nach sechs bis acht Stunden. Die Männchen können ein zweites Mal einem Weibchen zugestellt werden.

Kurze Zeit nach der Paarung setzt man die Weibchen in entsprechendem Abstand in flache Behälter, wo sie im Zeitraum von drei bis fünf oder gar zehn Stunden ihre 300–500 Eier auf Papier ablegen. Vorher werden sie leicht geschüttelt, damit sie sich ihrer Exkremente entledigen. Danach sterben die Falter rasch ab. Die kleinen Schmetterlingseier sind so winzig, daß man sie mit Mohnkörnern verglichen hat, daher kommt der Name »Seidensamen« – sie gleichen in ihrer Form einer flachen Schüssel oder einer eingestülpten Linse mit ca. 1 mm Durchmesser.

Bei diesen unvergleichlichen Eigenschaften und bei den technischen Leistungen der »kleinsten und feinsten« Spinner der Welt erhebt sich zwangsläufig die Frage, wer diese wunderbaren Geschöpfe nicht nur züchtete, sondern auch Begabung und Geduld genug hatte, um sie zu betreuen.

III.
Die Mütter der Raupen

»Der Kuckuck schrie zur vierten Stunde; noch war totenstille Nacht,
Da stand ich auf und hab' dem Seidenwurm sein Blättermahl ge-
Die Damen aber drin im Festsaal waren noch beim Tanz. [bracht,
Bleich sah der Mond durch Weiden auf die kerzenhelle Pracht.«

Lin Yutang

Seit ältesten Zeiten, schriftlich belegt seit der Han-Dynastie, gibt es zu den bäuerlichen Arbeiten Pflügen und Weben Ratschläge und Anleitungen für Verbesserungen, mit bildlichen Darstellungen. Besonders bekannt wurde das *Gengzhitu* (Kêng-tschi t'u), die Bilder vom »Pflügen und Weben«, ein Rollbild des berühmten Malers Lou Shu aus der Südlichen Song-Zeit (1127–1279), das immer wieder für Holzschnitt oder Steinabreibung nachgezeichnet, neu aufgelegt und in vielen Exemplaren verbreitet wurde, bis hin zu großformatigen Steinritzungen in den Wandelgängen des Kaiserpalastes.
Außer Bildern und Erklärungen enthielt das Lehrbuch Verse, die als Arbeitslieder gesungen werden sollten. Sie sollen überall erklungen sein, nur leider ist uns keine der Melodien erhalten. Man kennt allerdings den Rhythmus und die Abfolge der Reime in den Gedichten. Diese und die Bilder über die Seidengewinnung können uns noch heute einen Einblick in die verantwortungsvolle Arbeit der »Raupenmütter« geben.
Im Frühwinter wurde zunächst der »Seidensamen« abgehärtet nach bewährten Methoden, wie sie sich nach alten Überlieferungen und geographischen Gegebenheiten in verschiedenen Provinzen Chinas entwickelt hatten. Man hing z.B. die Eier während der größten Kälteperiode für eine gewisse Zeit in die Äste eines Maulbeer- oder Obstbaumes, man legte sie in Wasserschüsseln und ließ den eisigen

Wind darüber streichen; man legte sie in Salzwasser, in Essig, in Aschenbrühe aus Reisstroh oder sogar in Kuh-Urin. Nur die kräftigsten Exemplare überstanden diese Maßnahmen einer »natürlichen Auslese«. Als offizieller Geburtstag der Seidenraupe galt der 12. 12. des Mondkalenders.

Das Seidenraupenleben durfte erst im Frühling beginnen, wenn man sicher sein konnte, daß die Temperaturen 10 °C betrugen. Man badete die Eier ein letztes Mal, indem man die Papiere mit den Eiern durch klares, kaltes Wasser zog, oder, besser noch, an ein Flußufer ging. Nach den Vorschriften des *Liji* war für diese Verrichtung, die fast einer rituellen Handlung gleichkam, der frühe Morgen des ersten Tages im dritten Frühlingsmonat nach dem Mondkalender festgelegt. Man mag sich darüber wundern, daß die Eier, deren Größe mit Mohnsamen verglichen wird, nicht fortschwammen. Doch die Raupenmütter wußten, daß die winzigen Gebilde wie kleine Saugnäpfe fest am Papier haften. Vorsichtshalber hatten sie die weiche Unterlage nach alten Familienrezepten besonders präpariert.

Alter Erfahrung nach durfte man zum Transport oder zum Baden der Eier keine Metallgefäße verwenden, angeblich litt die Qualität der Seide darunter. (Versuche, die man um 1890 in Europa machte, bestätigten, daß bei der Seidenzucht Bestandteile von Kupfer, Blei oder Messing aufgenommen werden und die spätere Seide an Glanz verliert). Das wichtigste Gefäß für die Raupenzucht war daher der selbstgeflochtene Henkelkorb, der ja auch zu ihrem Symbol am Himmel und auf der Erde wurde.

Das erste Arbeitslied des *Gengzhitu* beginnt mit den Worten:

»Wenn am Tor der Wind durch die Weiden streicht,
und im Bergbach die pfirsichblütenfarbene Flut rauscht,
dann gibt es im Dorf Wein und ein junges Lamm,
drinnen im Frauengemach badet man den Samen der Seidenraupen.
Mit weicher Hand wird die Schale voll blaugrünem Naß gerichtet,
sorgsam entfaltet das gerollte, duftige Papier.
Die schneeigen Kokons werden eisfarbene Seide geben,
der Frauen Arbeit hebt nun an. ...«

Für die menschlichen »Mütter der Raupen«, die »Canmu«, wie sie auch tatsächlich in China genannt wurden, begann mit dem Frühling das Seidenjahr. Man kann sie wirklich Raupenmütter nennen, denn kein »Tier« oder gar »Vieh« wurde betreut und herangezogen, sondern ein ihrer liebevollen Sorgfalt anvertrautes, der großen Harmonie des Kosmos verbundenes Geschöpf.

Die Frauen wurden dabei so vollständig beansprucht, daß man geradezu von einer »rush«-Zeit sprechen könnte. In allen Seidenzuchtgebieten gab es das stillschweigende Übereinkommen, oft sogar Gesetz, daß Feste und Feiern, selbst Hochzeiten und Begräbnisse auf einen anderen Termin gelegt wurden und sogar der Steuertaxator seine Arbeit unterbrach.

Eine Ruhezeit verordnet bekamen nur werdende und ganz junge Mütter, einmal um sie nicht zu überfordern und den Nachwuchs durch Überarbeitung zu gefährden, andererseits um das Ungeborene nicht der Übertragung von Krankheitskeimen, u.a. der gefürchteten Papageienkrankheit (Listerose) auszusetzen, eine Erfahrung, die moderne Forschungen bestätigt haben.

Die Schmetterlingseier wurden im »Zweiten Zehnt des zweiten Monats« mit Blütenwasser aus erlesenen Essenzen, darunter aus Pfirsichblüten, nach allen Himmelsrichtungen besprengt, um böse Dämonen zu besänftigen und gute Geister herbeizulocken. Aller Samen, der sich als lebenskräftig erwiesen hatte, wurde in möglichst kostbare, am liebsten in prächtigste Brokatseide gehüllt, und zwar am Qingming-Fest, dem Frühlingsritual der Ahnenverehrung.

Von da an wurden die einzelnen Papiere sorgfältigst überwacht. Noch hafteten die Eier auf der flaumigen Unterlage; die Raupenmütter konnten aber schon sehen, wie sich ihre Linsenform veränderte und mit der Form auch die Farbe. Gelblich im Augenblick des Legens, wurden sie bläulich-violett und dann grün wie »frische Weidenblätter«. Von nun an brauchten sie Wärme, das hieß Bruttemperatur.

In alten Zeiten bedeutete das körperliche Wärme. Man trug sie daher direkt auf der Haut, etwa unter der Achselhöhle; oder hüllte sie morgens in die noch schlafwarmen Decken, oder abends in die Kleider, die man am Tag getragen hatte. Spürten die Betreuerinnen, daß die Räupchen schlüpfen wollten, wurden »Raupen-Kinderstuben« hergerichtet. Die mit Eiern besetzten Papiere legte man auf flache geflochtene Bambusschalen und schob sie in Bambusgestelle, deren Stangen durch Schnüre aus Maulbeerbaumbast verbunden

waren. Das waren die einzigen Materialien, deren Geruch die Raupen über längere Zeit hin vertrugen.
So wie später die makellose Seide alle Sinne des Menschen beglückt, so waren die Sinne des Seide produzierenden Tieres äußerst wählerisch und von größter Empfindsamkeit gegenüber allen Außeneinflüssen. Die Kokonhäuser mußten peinlich sauber sein und die Fenster ordentlich verklebt. Den Fußboden mußte man mit nackten Füßen betreten können. Am Eingang der Kokonhäuser stand ein Wassergefäß mit einem Wedel bereit, mit dem sich jeder Eintretende zu besprengen hatte. Um die besonders gefürchteten Feinde der Raupen, die Ratten, zu besänftigen, setzten junge Mädchen einen Napf mit Reisbrei auf den Dachfirst und forderten die Nagetiere auf, das Kokonhaus so lange zu verschonen, bis die Kokonernte eingebracht sei. Vorsichtshalber nahm man dafür eine oder mehrere Katzen, die den Vorschriften entsprechend zum »Werkzeug« der Seidengewinnung gehörten und rechtzeitig herbeizuschaffen waren. Katzen und Tiger erhielten nach Einbringen der Kokons ein besonderes Dankopfer, weil sie die gefährlichsten Tiere, »Ratten, Mäuse und Wildschweine« ferngehalten hatten.
Haben sich die Eier schließlich grauweiß verfärbt, sehen die »Mütter« die Häutchen fast atmen, dann beginnen die Raupen zu schlüpfen, indem sie die Hüllen zerbeißen. Nicht allen gelingt dies. In einigen Seidenprovinzen pflegte man die Tiere mit dem Duft getrockneter Rosenblätter hervorzulocken. Ganz schwache Exemplare wurden sofort ausgesondert.
Von diesem Zeitpunkt an gibt es in der Arbeit der Raupenmütter keine Pause mehr. Die mit kleinen schwarzen Stacheln besetzten Raupen haben sofort einen Riesenappetit, dabei sind sie nur 2 bis 3 mm groß. Wegen ihrer Stacheln werden sie bei uns »Schwärzlinge« genannt, in China »mayi« = Ameise. (Es gibt sie also tatsächlich, die »barbarische Ameise«, die in westlichen Berichten so genannt und so sehr belächelt wurde!) Diese »Ameise« ist nun ganz auf ihre Pflegemütter angewiesen. Soll die spätere Seide gut werden, so verlangt das Tier 48 Mahlzeiten am Tag, das heißt alle halbe Stunde bei Tag und bei Nacht zartestes, bestes, frisches Maulbeerlaub. Es darf nicht feucht sein, sonst gehen die kleinen Tiere ein, oder es gibt später Wasser statt Seide; es darf nicht zu trocken sein – notfalls muß man es sorgsam über einen langen Zeitraum hinweg fein besprengen –, sonst

Nachtwache während des dritten Schlafes der Seidenraupen

wird die Seide brüchig. Es muß auf das Feinste und mit schärfstem Messer zerkleinert werden, sonst geht zuviel wertvoller Saft verloren, den die Schwärzlinge dringend brauchen.

Häufig bilden die Tiere wegen ihrer Stacheln kleine Knäuel; dann muß man die haardünnen krabbelnden Geschöpfe mit feinen Gänsefedern trennen – in einigen Gegenden nimmt man auch Stäbchen oder Papier –, damit ihre Stacheln nicht zu fest ineinander haken. Werden sie größer, so brauchen sie »nur« noch 30 Mahlzeiten in 24 Stunden, und zwar nachts weniger als am Tag, da sie dann langsamer fressen. Nach den ersten Häutungen erhalten sie schließlich noch 3 oder 4 Fütterungen, dafür aber erheblich größere Mengen. Vor jeder Häutung erstarren die Raupen in einem Tiefschlaf, Kopf und Oberkörper bleiben dabei steif in die Höhe gereckt. Der erste Schlaf befällt die Raupen bereits am fünften Tag nach dem Schlüpfen, der zweite setzt mit dem achten oder neunten Tag ein. Der dritte beginnt nach zwei

Wochen und der letzte kurz vor der Verpuppung am 22. Tag. Betreuung und Bewachung müssen rund um die Uhr weitergehen, darauf wird in den alten bebilderten Anweisungen ausdrücklich hingewiesen. Auf dem Bild »Der dritte Schlaf« aus dem *Gengzhitu* sieht man eine Wärterin auf einem Mattengestell schlafen, während ihre Ablösung bei Kerzenschein weiterarbeitet und die flachen Bambusschalen mit den Raupen sorgfältig durchzusehen scheint. Besonders kritisch sind der erste und dritte Schlaf (Häutung). Auch heute noch wird kein Fremder in diesem frühen Stadium in eine Seidenraupenzucht eingelassen, denn stößt er versehentlich an eine Bambusschale, so können die Raupen eingehen.
Um den Kokonhäusern die nötige Ungestörtheit zu verschaffen, hing man in einigen Gegenden einen Pfirsichzweig über die Tür: »Eintritt verboten, keine Störung bitte«! Ohne Erlaubnis in den so gekennzeichneten Raum einzutreten, womöglich noch laut anzuklopfen, galt als so beleidigend wie der Einbruch in ein Schlafzimmer bei Nacht.
Während einer »Seiden«-Studienreise im Jahr 1981 besuchten mein Mann und ich ein altes Seidenbauernehepaar, das auf einem weitab vom Straßenlärm gelegenen Hof zwei Kokonhütten mit traditioneller Zucht betrieb. Die Arbeit war zu bewältigen, man konnte gut davon leben. Die Bäuerin schilderte uns die ersten Raupenstadien so liebevoll und anschaulich, als hätten wir sie gesehen. Sie fand ihre Schützlinge mit den weißlichen, schwach gestreiften oder marmorierten Körpern, geschmückt mit seitlichen »Mondflecken« und einem Horn am Hinterleib geradezu schön. Alle weiteren Entwicklungsstufen durften wir später eingehend beobachten.
Beim Schlüpfen, vor allem bei jeder Häutung, geben die Raupen schon ein wenig Seide ab. Vielleicht ist das die letzte Erinnerung an ihr Dasein in freier Natur, wo sie sich im veränderten Zustand vor einem Sturz in die Tiefe sichern mußten.
Nehmen die Raupen nach dieser Zeit eine fast durchsichtige bernsteingelbe Farbe an, sind sie »spinnreif«. Im alten China stellte man ihnen Reisig, Strohbündel oder aus Stroh gefertigte Spinnglocken auf, auf die sie hinaufkrochen. Die Raupenmütter sagten: »Sie gehen auf den Bergpfad«. Sie wußten, daß das Kokonspinnen beginnen würde, und hofften auf einen möglichst gleichen Zeitpunkt.

Durch eine gezielte Behandlung der Eier, durch sorgfältige Auslese nach Größe, Farbe und anderen Erfahrungskennzeichen, durch Warm- und Kühlhalten ist es möglich, die Raupen fast gleichzeitig schlüpfen zu lassen. Beim Häuten kann es dann wieder Entwicklungs- und damit Zeitdifferenzen geben; schwache Exemplare und solche, die nicht dem allgemeinen Rhythmus angepaßt sind, sind auszusortieren.

Ständig muß nun der Raumbedarf dem Raupenwachstum angepaßt werden, denn nach jeder Häutung steigert sich der Appetit immens. Vor dem Verpuppen brauchen die Raupen das Vierzigfache von der Fläche, die sie zu Beginn ihres Daseins einnehmen. Ihrem Wachstum entsprechend werden sie auf geflochtene Matten gebracht, die man wie Tabletts in große Mattengestelle einschiebt.

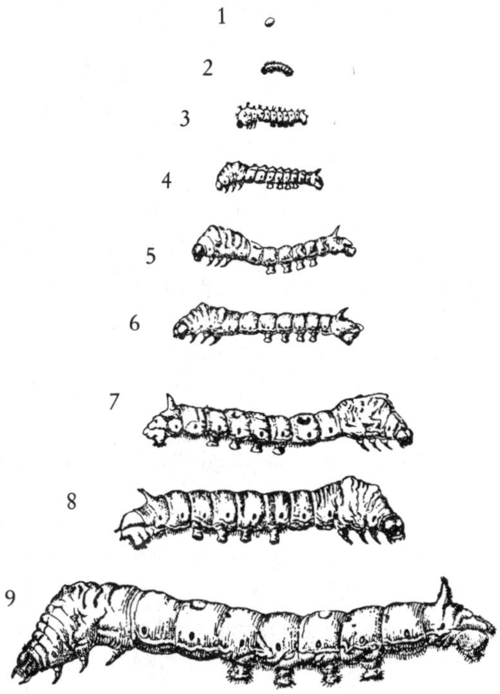

Entwicklung der Maulbeerraupe vom Ei bis zur Spinnreife. Normalgröße. 1. Ei, 2. Schwärzling, 3. Erste Häutung, 4. Zweite Häutung, 5. u. 6. vor und nach der dritten Häutung, 7. u. 8. vor und nach der vierten Häutung, 9. Spinnreife Raupe

In den ersten Wochen bereiteten früher die Raupenmütter ihren Schützlingen einmal wöchentlich eine Extranahrung zu, eine verdauungsfördernde Paste aus Erbsen, schwarzen Bohnen und Reismehl, die den zerschnittenen Maulbeerblättern zugesetzt wurde. Das hatte eine kühlende Wirkung und gab schöne leuchtende Seide.

Wurden die Raupen größer, breitete man ganze Futterzweige auf geknüpften, der Sauberkeit wegen gelackten Netzen aus, die man über die alten Matten legte (man verwendete später in Europa der Raupengröße entsprechend gelochte Pappen), so daß die Tiere dem Futter in diese Netze nachkriechen mußten. Das galt wieder als Ausleseverfahren; außerdem erleichterte es die Säuberung.

Nicht zu früh und nicht zu spät mußten die Raupen von den alten Matten abgenommen und der Unrat beseitigt werden – ein Vorgang, der »Rasieren« genannt wurde. Sonst wuchsen die Raupen entweder nicht richtig aus oder es gab Krankheiten, die den ganzen Bestand bedrohen konnten.

Die Matten, in die die Raupen umgesetzt wurden (man nannte den Arbeitsgang »Aufnehmen der Spinner«), waren mit Holzkohlenfeuer vorgewärmt; je nach Witterung wurde sogar der ganze Raum geheizt. Nicht jedes Brennmaterial war geeignet; man mußte eine Holzkohle benutzen, die weder störenden Geruch noch Rauch abgab.

Mit ihrer äußersten Empfindlichkeit waren die Raupen anfällig für zahlreiche Krankheiten, deren man nicht immer Herr zu werden vermochte. Vor allem durften in den Kokonhäusern keine Fliegen geduldet werden, die ihre Eier in den Raupen ablegen konnten. Die Papierfenster, die ein diffuses mildes Licht hereinließen, mußten verklebt oder aber ganz geöffnet werden, um jede Zugluft zu vermeiden, denn die Tiere waren für »Rheumatismus« anfällig; sie wurden rot und steif und waren nicht mehr zu retten. Wenn ein Mädchen nur ein einziges Mal vergaß, die Tür rechtzeitig zu schließen, wurde sie schmachvoll von der Raupenpflege ausgeschlossen.

Besonders gefürchtet war die Pebrine oder Flecksucht, die sich erst vom dritten Raupenstadium an ausbreitete. Angeblich durch Fliegen übertragen oder auch durch Parasiten in der Blattnahrung aufgenommen, breitete sich ein Schädling in den befallenen Tieren aus. Kein Gewebeteil blieb verschont, keine Rettung war möglich. Die ganze mühevolle Aufzucht der Raupen während der ersten Wochen war umsonst. (Als später in Europa Seidenzucht betrieben wurde, hatte

die Pebrine, wie überhaupt jegliche Raupenkrankheit, so verheerende Folgen, daß ganze Zuchten ausstarben.)
Als ansteckende Krankheiten waren ferner die falsche und die echte Schlafsucht gefürchtet, mit denen der Arbeitsaufwand eines ganzen Raupenjahres zunichte wurde. Die Raupen fressen dann plötzlich nicht mehr, sie erklimmen ihre Spinnhütten nicht, der Züchter steht vor dem Ruin. Die Raupen, von denen man hoffte, daß sie auf den »Bergpfad gehen«, d.h. ihren Kokon spinnen würden, erstarren, verenden, zerbröseln. Die Krankheit hieß auch »Polyederkrankheit«, weil die Flüssigkeit, die dabei aus dem Innern der Raupen quillt, mit kristallartigen, lichtbrechenden Vielecken angefüllt ist.
Nicht minder gefährlich waren die echte Schlafsucht sowie die Kalksucht. Die Raupen werden dabei plötzlich ganz langsam in ihren Bewegungen, färben sich violett, verenden und werden zu weißen, fossilienartigen Kalkgebilden. Vermutlich hat sich das Entsetzen über eine Epidemie über weite Gebiete hin von Ost nach West ausgebreitet; sei es als wohlbegründetes Gerücht, sei es als Händlertrick, um die Seidenpreise zu steigern.
Von einer weiteren Krankheit, vielleicht besser Merkwürdigkeit und Abnormität wäre zu berichten: vielleicht wegen des jahrtausendelangen Haustierdaseins oder aus Gründen der Inzucht bilden sich bei den geschlüpften Schmetterlingen häufig sog. »Mosaiktiere«, Hermaphroditen, deren eine Hälfte Männchen, die andere Weibchen war, oder sie treten gar »kariert« auf, wie ein geteiltes »Quadrat«.
Nicht alle Krankheiten und Seuchen ließen sich vermeiden. Viele galten einfach als unerklärbar und wurden der Disharmonie mit kosmischen Gesetzen zugeschrieben. So entließ ein Seidenbauer Betreuerinnen, deren Horoskop nicht adäquat war; und stellte man fest, daß das Kokonhaus nicht die für das Jahr nötige Lage hatte, mußte die Tür oder das ganze Haus verlegt und erneuert werden, was mancher Familie den wirtschaftlichen Zusammenbruch brachte.
Erst durch die geniale Erfindung von Louis Pasteur (1822–1895), der die Schmetterlinge zur Paarung in einzelne Hochzeitskammern aus Papier (die Grainierzelle) steckte, ließ sich der größte Teil der ansteckenden Krankheiten ausschalten. Zahllose Seidenkulturen wurden gerettet. Der abgestorbene weibliche und männliche Schmetterling sowie die Eier konnten einzeln untersucht und Krankes umgehend aussortiert werden.

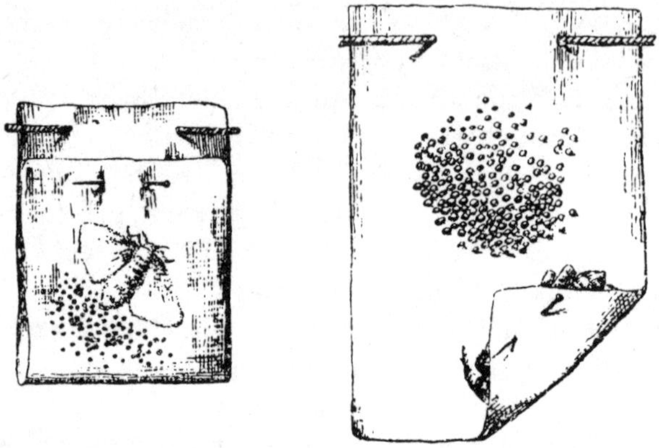

Grainierzellen nach *Louis Pasteur* für Untersuchungszwecke während und nach der Eiablage der Schmetterlinge.

Wegen der besonderen Erregbarkeit der Raupen bei Gewitter, vor allem wegen der grellen Blitze, wurden die Mattengestelle verhängt. Auch Lärm, z.B. Donner machte die Tiere nervös. War man gegen Donnern auch machtlos, so ließen sich andere Geräusche wenigstens weitgehend ausschalten. In der Nähe der Spinner durfte kein Reis gestampft werden; diese notwendige tägliche Arbeit mußte man außer Hörweite der Raupen verrichten. Kein Hundegebell durfte in die Kokonhäuser dringen, und während einer besonders gefährlichen Wachstumsperiode konnte lautes Klopfen an der Tür die erschreckten Tiere reihenweise eingehen lassen. Laute Geräusche wie Zanken und Schreien waren völlig tabu.

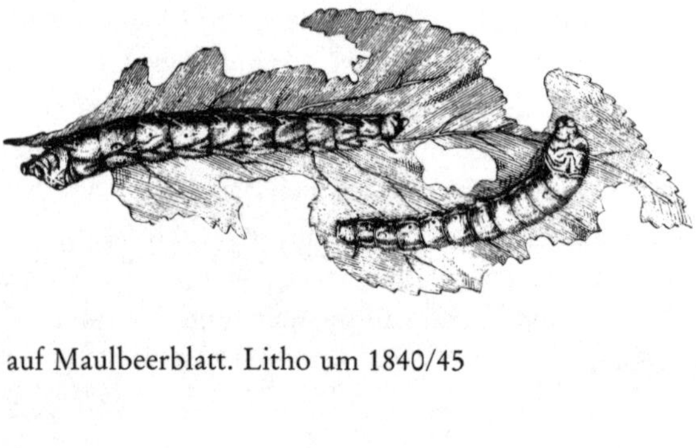

Raupen auf Maulbeerblatt. Litho um 1840/45

Die eigenen, von der Raupe selbst erzeugten Geräusche schienen die Tiere nicht zu stören. Selbst das Spinnen der Raupe im Kokon bis zu seiner Vollendung war für Kenner noch hörbar. Nach der letzten Häutung fraßen die Raupen mit einem Knistern und Rascheln, daß man meinen konnte, ein Tropenregen prassele auf ein Blechdach nieder.

Dieser Lärm gab Anlaß für ein bekanntes Sprichwort: »Sich einer Sache bemächtigen, so wie eine Seidenraupe ein Blatt verschlingt.« (Das Sprichwort bezieht sich auf ein historisches Ereignis, nämlich die Vernichtung mehrerer kleiner Staaten durch einen Usurpator.)

Nicht nur gegen Zugluft, grelles Licht und Lärm war der Edelseidenspinner empfindlich. Er konnte auch keinerlei Gerüche vertragen, nicht einmal ein unaufdringliches Parfüm. Während der Seidenpflege durfte folglich weder Kohl noch Knoblauch, weder scharf Gebratenes noch Geröstetes gegessen werden. Auch menstruierende Frauen mußten den Kokonhäusern fernbleiben; ja selbst trauernde Menschen durften die Raupen nicht besuchen, bevor nicht der größte Schmerz vorüber war; man rechnete mit etwa drei Monaten.

Ganz entscheidend zum Wohl der Spinnerraupen trugen aber die Eigenschaften der Ziehmütter bei. Sie mußten sanft, ausgeglichen und fröhlich sein. Ihre positive Ausstrahlung entschied ebenso über die Qualität des Seidenfadens wie im negativen Sinn jeglicher Mißmut und Ärger.

Gleichsam als Gegengabe bewirkten die Raupen eine erstaunliche Erziehung ihrer »Mütter«. Erinnern wir uns noch einmal an einige Forderungen: nur saubere Hände junger Mädchen und Frauen durften – vor allem in den ersten Stadien der Aufzucht – ausgesuchtes Blätterfutter ernten und zubereiten. Ständig waren Aufmerksamkeit, große Geduld und eine behutsam leichte Hand zum Aussortieren schwacher und krankheitsverdächtiger Tiere gefordert. Jede der nach Tausenden zählenden Seidenraupen brauchte eine individuelle Behandlung. Saubere Kleidung war selbstverständlich. Die Frauen mußten sich vorbildlich halten, denn einen häufigen Kleiderwechsel ihrer Betreuerinnen nahmen die Raupen übel. Zudem durften die »Mütter« nicht mehr als ein Gewand zur selben Zeit tragen, um Wärme und Feuchtigkeit fühlen zu können wie eine Raupe. Rücksichtnahme in jeder Hinsicht mußten den »Canmu« also zur zweiten Natur werden. Liebeleien und gemeinsame Trinkgelage waren ihnen verboten. In den hübschen Kokonhäusern hätte es zwar trotz des stets drängenden Arbeitspensums zu beidem Gelegenheit gegeben, wenn nämlich männliche Hilfe zum Aufsetzen der schweren Hürden und Heranschleppen der Zweige kam. Vermutlich war aber das Verantwortungsbewußtsein so groß, daß derartige »Nebenbeschäftigungen« ganz von selbst unterblieben.

Die von ihren »Raupenkindern« erzogenen »Raupenmütter« gaben das Gelernte an ihre eigenen Kinder weiter. Chinas Überlieferung kennt einen solchen Fall. Als der später berühmte Philosoph Menzius (Mengzi, 372–288 v. Chr.) als Heranwachsender seine Studien vorzeitig abbrechen wollte, zerschnitt seine Mutter vor seinen Augen einen kostbaren Seidenbrokatstoff, an dem sie gerade webte. Menzius verstand die Belehrung: Seidenraupen vollenden ihren Kokon, Seidengewebe brauchen ihre volle Länge, ebenso die Studien eines Menschen. Folgerichtig entwickelte Menzius später seine Lehre über die des Konfuzius hinaus, indem er den Gedanken des »gerechten Aufstandes« und der »Entziehung des Himmelsmandates« bei versagender, korrupter Regierung billigte und zum Postulat erhob.

Die Vorschriften für eine erfolgreiche Seidengewinnung galten zwar für die Raupenmütter, aber wirkten sich auf den gesamten Familienverband aus – und schließlich prägten sie die Bevölkerung ganzer Landschaften. Man sah in den Seidenprovinzen saubere Straßen und Häuser, hörte klangvolles Sprechen statt Scheltereien, erfuhr Zuneigung statt Despotismus in der Familie. Die zarte Raupe reagierte auf jede Behandlung, die ihr nicht angemessen erschien, mit spröder Seide, mit Anfälligkeit für Krankheiten, mit Futterverweigerung, ja mit ihrem Tod. Völlig zu Recht wurde sie Chinas kleiner Diktator genannt.

Wenn nach dem Abräumen der Kokonhäuser die Zeit der Raupenbetreuung vorüber war, ging die Arbeit der Frauen unablässig weiter. Denn nun sollte der Kokon zum Seidenfaden, der Faden zum Gewebe werden. Erst die mühelose Gewinnung eines guten, glatten Fadens bewies, ob die Seidenpflege sorgfältig und umsichtig ausgeführt worden war, denn eine Redensart lautete: »Wenn hungrige Seidenraupen ihr Haus bauen, wird die Seide stark verworren, so daß man den Anfang des Fadens nicht finden kann.«

Um den ersehnten untadeligen Faden zu erhalten, stand hoch über allen Anweisungen der Rat: jeder, der mit den Tieren zu tun habe,

Männer stellen die großen Spinnbretter auf

solle so denken und fühlen wie die Seidenraupe selbst – und tatsächlich brachten die außergewöhnlichen Eigenschaften der Frauen, denen die Seidengewinnung als eigenstes Gebiet in der bäuerlichen Gemeinschaft angewiesen war, eben auch außergewöhnlich schöne Seide zustande, die übrigens durch kaum eine Neuerung verbessert werden konnte. So machte die später hochentwickelte Seidenindustrie Italiens und Frankreichs den Herstellern zur Auflage, für die hochwertigsten Seiden und Samte nicht die Seidengarne des eigenen Landes, sondern Importgarne aus China zu verweben.

Wenn China nach eigenen epochemachenden Erfindungen technische Neuerungen vom 17. Jahrhundert ab nur noch langsam entwickelte oder übernahm – arbeitssparende und einfachere Methoden wurden dennoch angewandt. Entsprechenden Austausch und Anpassung gab es um die letzte Jahrhundertwende, mit dem Beginn der Industrialisierung. Durch die erwähnte Erfindung des Louis Pasteur brauchte man selber keine Schmetterlinge zur Nachzucht auszusondern und schlüpfen zu lassen; einwandfreie Seideneier konnten vielmehr in Zuchtanstalten produziert und aus diesen abgegeben werden.

Durch den Einsatz moderner Techniken wie Kühlkammern, Bestrahlung, Klimaanlagen und Desinfektionsmittel werden heute zunehmend mehrbrütige Arten gezüchtet, die in warmen Gebieten, wie Taiwan, bis zu acht Ernten im Jahr bringen und kontinuierlich einen festen Arbeiterstamm über das ganze Jahr beschäftigen können. Schon längst steigen die Raupen dort nicht mehr zum Einspinnen »den Bergpfad hinauf«. Vielmehr sammelt man sie, wenn sie spinnreif werden, einfach in Behälter aus beliebigem Material und füllt sie in Rahmen mit kleinen Zellen, in denen jede Raupe sauber und ohne den Nachbarn zu beschädigen, einen ordentlichen Kokon mit wenig Befestigungsgespinst bildet. Dazu werden die Rahmen gedreht, so daß jede Raupe das Gefühl haben kann, sich hoch oben zu befinden, wohin es sie von Natur aus zieht. Die Metall-Gestelle zur Aufzucht sind leicht zu verstellen und zu säubern: sie werden einfach abgespritzt.

Den vorläufigen Höhepunkt in der Technisierung hat Japan erreicht, das die Seidenzucht erst im 3. Jahrhundert übernahm. Da die Japaner die Edelseide nicht selbst enwickelten, fiel ihnen wohl die Technisierung leichter. Viele ihrer Seidenzuchtanstalten gleichen Sanatorien mit Personal in weißer Schutzkleidung, mit Schleusen und allen

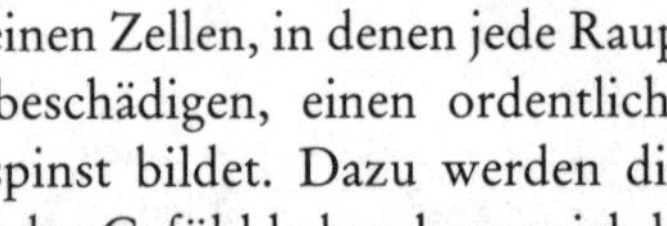

»Raupenhütte«, aber auch »verborgen«, »geheimnisvoll«: Schriftzeichenentwicklung

Vom Piktogramm zum Schriftzeichen (*sang* = Maulbeerbaum)

erdenklichen Vorsichtsmaßnahmen. Man fütttert keine Maulbeerblätter mehr, sondern eine Art Synthetikpaste. Die Methode ist erprobt, die so gewonnene Seide ist makellos. Aber Liebhaber edler Seide werden sich wohl immer gern in alte Zeiten versetzen, in denen für die Betreuung der Seidenspinner eine menschlich-seelische Komponente für unerläßlich gehalten wurde, wie sie noch in den Schriftzeichen erhalten blieb. Das Mutter-Kind-Verhältnis drückt sich deutlich in dem Wort »Can« aus, das »Raupe« und gleichzeitig »Adoptivkind« bedeuten kann. Das Schriftzeichen »Kokon« wurde zum Inbegriff für »fein, zart und schwach wie ein kleines Kind«; das Zeichen für »Raupenkinderstube« beinhaltet »etwas Verborgenes, Geheimnisvolles«. An dem Schriftzeichen für Maulbeerbaum erkennen wir deutlich, daß viele Raupenmütterhände Laub aus seiner Krone holen.

Raupenmütter und ihre »Kinder« sind nicht zu denken ohne den weißfrüchtigen, kurz den Weißen Maulbeerbaum, *Morus alba*. Während es bei der Wildseidengewinnung in freier Natur ohne menschliches Zutun einen Ausgleich zwischen Raupe und Futterart gab, zeigten praktische Erfahrungen dagegen, daß für das hochgezüchtete Insekt *Bombyx mori* nur der weißfrüchtige Maulbeerbaum jenes Futterlaub lieferte, das den begehrten weißen Faden ergab. Tier und Pflanze mußten zielstrebig aufeinander zu gezüchtet werden. Man brauchte früh, mittel und spät im Frühjahr austreibendes Maulbeerlaub, und außerdem mußten diverse Arten vom Weißen Maulbeerbaum für die unterschiedlichen Klimaregionen Chinas ausgelesen werden: von den sommerfeucht-randtropischen im Süden bis zu den gemäßigten Regionen im Norden und den meeresnah-feuchten bis zu den binnenländisch trockeneren. Auch durfte das Laub nicht zu saftig sein, weil sonst die Raupen viel mehr Flüssigkeit aufnahmen, als ihr

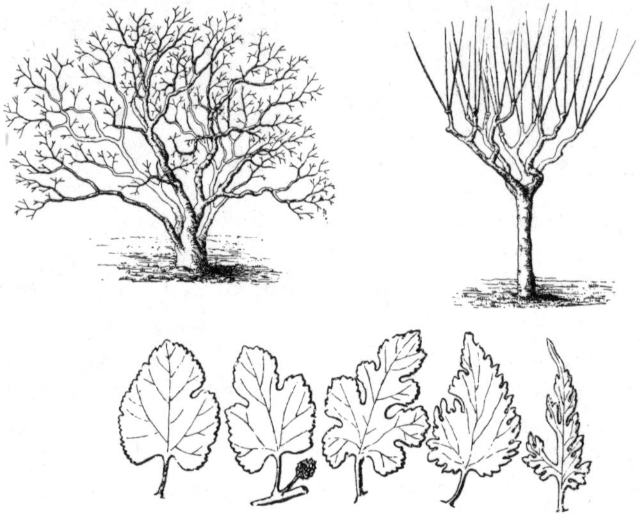

Oben: Frei gewachsener Maulbeerbaum, bis 30 m Höhe links (sehr stark verkleinert, gemessen am geschneitelten Niederstamm rechts (ca. 2 m Höhe). Unten: Blattformen der gärtnerischen Maulbeerzüchtungen

Körper braucht. Können sie die Feuchtigkeit nicht an die Luft abgeben, dann »ertrinken sie innerlich«, d.h. ihre Haut platzt. (Antike Schriftsteller erwähnen dieses Phänomen, sie hielten es für einen Bestandteil der geheimnisvollen Seidengewinnung.)
Zur Bildung der Seide nimmt die Raupe hauptsächlich phosphorsauren Kalk und Magnesium auf, während Kieselsäure wieder ausgeschieden wird. Sie speichert gleichzeitig Stickstoff in ihrem Körper für ihr späteres Gespinst. Um der Raupe alle notwendigen Bestandteile im Futter zu bieten, war die Züchtung des Kulturmaulbeerbaumes auch ausgerichtet auf den Mineralgehalt und die günstigste Zusammensetzung der Blattmasse. Das Ergebnis kann nur in einem langen Prozeß voller Mühe und Geduld erreicht worden sein, ähnlich wie die Züchtung des domestizierten Seidenspinners selbst. Die gelungene Abstimmung von Seidenspinner und Weißem Maulbeerbaum war eins der größten »Seidengeheimnisse« Chinas. Das ahnte man im Westen erst rund 1000 Jahre nach dem Einschmuggeln der Spinnereier nach Byzanz.

Rupfen der Maulbeerblätter

Das natürliche, von Menschen unbeeinflußte Verbreitungsgebiet der Maulbeere ist heute nicht mehr sicher festzustellen. Kultiviert gezogene und »wilde« Maulbeerformen treten in der gleichen Gegend gemeinsam auf. Die brombeerähnlichen Früchte sind ein beliebtes Futter von Vögeln, mit deren Kot der Samen selbst über weite Entfernungen verstreut wird. Das »natürliche« Verbreitungsgebiet vom Weißen Maulbeerbaum liegt im sommerfeuchten Ost-, Südost- und Zentralasien. Vom Südende des Kaspischen Meeres über den Vorderen Orient bis zum Mittelmeergebiet, dem sommertrockenen Gürtel, tritt anstelle des Weißen der schwarzfruchtige, kurz der »Schwarze Maulbeerbaum«, *Morus nigra* auf. Beide Arten wachsen grundsätzlich in der »Zone des Weinbauklimas«, in dem Rebstöcke im Winter nicht erfrieren (max. −20 °C) und im Spätsommer oder Herbst die Trauben voll ausreifen.
Erst vom 15. Jahrhundert unserer Zeitrechnung an wurde der Weiße Maulbeerbaum auch im Westen angebaut. Heute gibt es beide Hauptarten je nach Verwendungszweck in dem gesamten Landgürtel – die

weißfruchtige Art vorwiegend als Futterlaub für Seidenspinner, die schwarzfruchtige für die Fruchternte. Aber Früchte, Bast und Holz der Maulbeere waren so geschätzt, daß man sie vermutlich auch unabhängig von der Seidengewinnung anpflanzte.

Das Heranziehen des Weißen Maulbeerbaumes war noch aufwendiger als das Kultivieren der Eichen für den Eichenspinner und erforderte viel Sachkunde. Mit ausgereiften Beeren ausgesuchter Exemplare mußten Sämlinge herangezogen werden, die man dann mit Edelreisern pfropfte und mehrmals verpflanzte. Etwa in Hüfthöhe gekappt, bildeten sie Seitensprosse aus, von denen nur zwei bis zum Herbst weiterwachsen durften. Dann wurden diese zwei bis auf kurze Stümpfe auf dem Stämmchen erneut zurückgeschnitten, »geschneitelt«. Das wiederholte man in den nächsten Jahren, bis man im 5. Jahr zum erstenmal eine kleine Ernte erhielt und nach dem Zurückschnitt des 5. Jahres – wen wundert die Exaktheit – 16 Stümpfe zählte, an denen das Alter der künstlichen Zwergbäumchen abzulesen war. Erst dann ließ man sie in den folgenden Jahren beliebig viele Ruten austreiben. Diese wuchsen in jedem Jahr 40 bis 50 cm lang und das Bäumchen blieb dann Jahr für Jahr knapp mannshoch. So hatte man ohne Hilfsgerät eine gute Übersicht für Blätter-Rupfen und Zweigspitzen-Schneiteln.

In der Frühzeit der Seidenkultur erntete man von voll ausgewachsenen Bäumen, in deren Kronen sich übrigens auch allerlei Scherze treiben ließen. Nicht nur Liebhaber nutzten sie als Versteck. Ein Ereignis aus dem Jahr 636 v. Chr. ist in die Geschichte eingegangen und hat den König Wen von Jin im heutigen Shandong betroffen. In einer dichten Krone Raupenfutter rupfend, wurde eine junge »Raupenmutter« aus dem Gefolge der Königin unfreiwillig Zeugin einer

Maulbeerlauberernte im Baum, Darstellung auf einem alten Bronzegefäß aus der Zeit der Streitenden Reiche (475–221 v. Chr.)

Werkzeuge zum Pflücken der Maulbeerblätter: Leitertisch, Haken und Korb

Verschwörungsabsprache. Sie berichtete das Erlauschte ihrer Herrin, womit die Geschichte eine andere Wendung nahm als unter dem Maulbeerbaum geplant.

Im Zuge der Arbeitserleichterung hemmte man später das Höhenwachstum durch Kappen der Äste. Die Laubernte mußte dann immer noch, wie es im *Gengzhitu* abgebildet ist, aber auch auf vielen Landschaftsbildern erkennbar bleibt, mit Leitern heruntergeholt werden.

Die Kronen der künstlichen Zwergbäume schnitt man sogar später in der Mitte trichterförmig aus. Damit erreichte man die größtmögliche Sonnenbestrahlung aller Blätter, steigerte deren Futterwert und senkte den Gehalt an Feuchtigkeit. Solche auf Höchstnutzwert ausgerichtete Exemplare mußten nach rund 30 bis 40 Jahren Neupflanzungen weichen. Heute gibt es bereits strauchartige Reihenpflanzungen, im Aussehen einer Johannisbeer-Plantage ähnlich.

Die Zucht einer »Erdmaulbeere«, die man auf Hanzeit-Bronzen durch Größenvergleich mit dargestellten Personen zu erkennen meint, hätten die praktischen Chinesen sicher nie aufgegeben, wäre ihnen dies Experiment einmal gelungen.

Das Aussprießen der ersten Frühlingstriebe beim Maulbeerbaum sollte möglichst mit dem Ausschlüpfen der kleinen Raupen zusammenfallen – also war es eine große Kunst, das Schlüpfen der Raupen durch häusliche Wärme oder Kühle zu regulieren. Der beste Zeitpunkt war gekommen, wenn die Maulbeerblätter der ersten Frühlingstriebe die Größe einer kleinen Münze erreicht hatten.
Schon in früheren Zeiten gab es nun auch Jahre, in denen die Zucht der Seidenraupen so gut gedieh, daß der Bauer Maulbeerlaub dazukaufen mußte. Gelegentlich ließ ein Hof auch mehr Schwärzlinge schlüpfen als seine Maulbeerpflanzung erlaubte, ein risikoreiches Unternehmen, vor dem schon die alten Sprichwörter nachdrücklich warnten. Andererseits gab es Betriebe, die keine Raupen aufzogen, sondern sich auf Laubgewinnung und -verkauf spezialisiert hatten. Mit ihren frischen, vor Tagesanbruch, aber keinesfalls im Nebel geschnittenen Zweigen, die ohne einen Tropfen Tau geliefert werden mußten, gab es in der Morgenfrühe auf allen Flüssen in den Seidenprovinzen ein Gedränge hochbeladener Boote. Das Laub wurde auf offenen Märkten verkauft, auf denen später auch jene Kokons abgeliefert werden konnten, die nicht für eine eigene Verarbeitung vorgesehen waren. Wollte der Bauer nicht auf dem Markt kaufen – denn wer wußte schon, ob das Laub völlig einwandfrei geerntet war –, dann konnte er einen Vertrag mit einem Hainbesitzer abschließen; lag der Hain nahe genug, konnte er selbst die Blätter zupfen und Sprosse ernten. Er zahlte im voraus, denn häufig brauchte der Laubverkäufer Geld. Der Seidenbauer hatte dadurch einen günstigen Preis – aber freilich auch das Risiko in Jahren mit schwankenden Temperaturen oder kühler Witterung oder eben bei Ausbruch einer Raupenkrankheit. Die Vertragsmenge mußte abgenommen werden.
So erfanden chinesische Seidenzüchter ein Trockenpulver aus nicht zu frischen, aber auch nicht abgefallenen Herbstblättern, das in Krisenzeiten zugefüttert werden konnte.
Die Richtsätze für die Ernährung der Raupen hatte man aus alter Erfahrung gewonnen. Man bestimmte danach die Laubmenge in einer Art von »Seidenmathematik« nach Kenntnis des Eiergewichts, der Eiermenge, dem Platzbedarf und ähnlichen Anhaltspunkten. Nichts wurde dem Zufall überlassen, und das zahlte sich aus. Denn in China betrug der Raupenschwund nur ca. 10%, während man in Europa damit rechnen mußte, daß die Hälfte der Tiere einging.

In Europa versuchte man fast ein Jahrtausend lang den Seidenraupen ein möglichst leicht zu beschaffendes Futter anzubieten. Man bediente sich dazu der Blätter des schwarzfrüchtigen Maulbeerbaums, der schon um 500 v. Chr. angebaut wurde – allerdings wegen der Beerenernte. Zusätzlich verfütterte man auch Schwarzwurzelgewächse. Diese wurden zwar angenommen, jedoch nur bis zur zweiten Generation. Erst um die Mitte des 15. Jahrhunderts wurde der Weiße Maulbeerbaum eingeführt. Ein Beispiel dafür, wie wenig in Europa die Zusammenhänge verstanden wurden, war der viel belachte Geheimtip einen Journalisten aus dem Baltikum, die Raupen mit Rosenblättern aufzuziehen. Chinesen selbst und ebenso ihre empfindlichen Seidenraupen halten Rosenduft für einen sehr aufdringlichen Geruch. Man bediente sich höchstens, wie erwähnt, aufgewärmter Rosenblätter, um die Nachzügler der Schwärzlinge zum Schlüpfen zu bewegen.

Wo bleiben die Abfälle von Hühnerfarmen? Was geschieht mit überschüssigen, vermeintlich nicht mehr verwertbaren Pfirsichen und Tomaten und Butterbergen? Wir haben noch keine Lösung für derartige Probleme gefunden, denn selbst unsere Methoden der Vernichtung lassen wiederum Abfälle entstehen. Anders in China bei der Seidenraupenproduktion. Hier hatte sich ein nahtloses System von Ausnutzen und Wiederverwendung aller »Wegwerfprodukte« entwickelt. Dabei ging es nicht etwa um geringe, in einigen Haushalten entstandene Abfallmengen, die durch wenige Raupen und deren Fütterung entstanden wären, sondern um Jahr für Jahr wiederkehrende Millionengrößen. Deren Verwertung gelang den Chinesen so perfekt, daß man nicht nur keinen Abfall kannte, sondern zusätzlich wichtige Nebenprodukte von größter Bedeutung schuf. Unmöglich, sie aufzuzählen: Nahrungsmittel, Futtermittel, Düngemittel, Insektizide, Herbizide und Arzneimittel, um nur einige zu nennen.
Mit welcher Erfindungsgabe verstanden es die Chinesen, scheinbar nebensächliche, wertlose Dinge wieder zu verwenden. Da gab es als Ausgangsstoff das Papier, auf dem die Eihüllenrückstände der geschlüpften Schwärzlinge hafteten, denn nach jedem Raupenschlaf gab es abgestreifte Häute, in jedem Entwicklungsstadium gab es ausgesonderte kranke und tote Tiere. Abfall brachten auch die festen Innenhüllen der Kokons, die Puppen im Kokon mit ihren Absonde-

rungen, die abgestorbenen Schmetterlinge nach Paarung und Eiablage. Den größten Abfall lieferten naturgemäß die Futterreste und Exkremente der Raupen.

Beginnen wir mit diesen. Zu den Maulbeerhainen, die die Gehöfte der Seidenzüchter umgaben, gehörten die Teiche mit klarem Wasser. Sie waren nicht bloß zum Baden der Schmetterlingseier angelegt, auch nicht nur aus ästhetischen Gründen, um sich an der belebten Natur zu erfreuen, sondern zu einem sehr praktischen Zweck. Man zog darin Fische, meist Goldfischkarpfen heran, die mit den gesamten Resten der Matten, mit Blättern und Exkrementen gefüttert werden konnten, wobei sie ausgezeichnet gediehen.

Die Goldfische ihrerseits waren ein wichtiges Nahrungsmittel der Menschen, sie dienten gleichzeitig als Vorrat, wenn während der Seidensaison Aushilfskräfte beköstigt werden mußten.

Kahlgefressene Maulbeerbaumzweige, die bei der Raupenfütterung übrigblieben, ergaben Brennmaterial zum Kochen; die wertvolle Asche wiederum diente zum Einlegen der Schmetterlingseier und als wichtiges Hilfsmittel zum Färben von Seide.

Selbstverständlich wurde Raupenkot als Dünger für die Felder sehr geschätzt; bei Anwendung besonderer Methoden wirkte er gleichzeitig als Insektizid. Das einfache Vermischen mit dem Saatgut half zwar gegen etliche Schädlinge; suchte man aber Schutz vor Heuschrecken und ähnlichen gefürchteten Plagen, dann mußte man die komplizierten Anweisungen des *Fan Shengzi* aus der Westlichen Han-Zeit befolgen. Man rührte eine Paste aus Raupen- und Schafsdünger mit verschiedenen Knochenmehlarten und Schneewasser zusammen und vermengte damit die Körner sorgfältig. Sie waren dann mit einer schützenden, wärmenden, nährstoffreichen Hülle umgeben. Die Mixtur half nicht nur gegen Schädlingsbefall, sie bewährte sich auch während ungewöhnlicher Trockenperioden. Das Saatgut keimte und gedieh wie in normalen Jahren, besonders gut aber dann, wenn die Mischung um Mitternacht eingeweicht worden war und der Bauer sie noch bei Nachttau gesät hatte.

Als Herbizid dienten die toten Schmetterlingsmännchen und -weibchen. Wurden sie, nach den Regeln des Buches *Nongsangjiyao* (aus der Zeit der Yuan-Dynastie um 1273) in drei Gruben auf dem Feld vergraben, sollte das ganze Feld für mehrere Jahre unkrautfrei bleiben.

Die feste Puppenhülle innerhalb des Kokons wurde zu hochwertigem Seidenpapier verarbeitet und die letzte, von der Raupe im Kokon abgegebene Flüssigkeit wurde als Einreibemittel benutzt, das sich bei Moskitostichen, bei Schorf, Flechte und Krätze bei Mensch und Tier bewährte.

Nach dem Haspeln der Seide blieben riesige Mengen an Puppen übrig. Sie wurden als ein sehr wertvolles und preiswertes Nahrungsmittel hoch eingeschätzt. Man konnte mit ihnen eine gezielte Vorratswirtschaft betreiben. Nicht nur Maulbeerspinner waren hierfür geeignet, sondern auch Eichenspinner, deren Kokons sich ausgezeichnet in Tontöpfen mit Salz aufheben ließen. Man bevorzugte dabei den Eichenspinner der Herbstzucht, weil sein Kokon weniger Seide gab, die Puppe aber besonders schwer war. Waren die Puppen für menschlichen Verzehr bestimmt, so wurden sie gekocht, geröstet, in Maulbeerblätter eingehüllt und mit Sauce serviert, oder sie wurden mit Ingwer, Knoblauch, Pfeffer und anderen Gewürzen schmackhaft zubereitet, in Öl geröstet, aber auch gezuckert als preiswerte Süßigkeit wie eine Delikatesse genossen. Eine Puppe enthält fast 56% Rohprotein und konnte daher im Nahrungshaushalt einen erheblichen Anteil dieser lebenswichtigen Substanz decken – Chinesen sind nämlich keine Milchverbraucher.

Aber die Puppen wurden nicht nur gegessen. Man preßte sie auch zur Öl-, Kosmetik- und Seifengewinnung aus und der Rückstand wurde als Viehfutter verbraucht. Als Futter für Großvieh nahm man, wenn Getreide knapp war, auch Raupenexkremente; sie wurden als Notfutter gegeben, eingepackt in Stroh und Leguminosen.

Seidenraupenzucht, Maulbeerhaine und Fischzucht gehörten zu einem System, das nahtlos zusammenpaßte wie ein Reißverschluß. Das Land, auf dem die Maulbeerbäume wuchsen, wurde künstlich erhöht, indem man die Fischteiche aushob. Wenn das Wasser im Winter austrocknete oder sehr tief stand, dann holte man den Schlamm der Fischteiche heraus und düngte damit die Maulbeerbäume. Deren Laub hatte die Raupen ernährt, der Abfall der Raupen hatte als Fischfutter gedient, die Fische hatten die Seidenbauerfamilien ernährt, der Teichschlamm wiederum ließ die Maulbeerbäume gedeihen.

Gegen viele Leiden und Krankheiten von Mensch und Tier gab es probate Mittel aus dem Bereich der Kokonhäuser. Jedes Lebensalter und jedes Raupenstadium hatte seine besonderen Spezialitäten. Allein in der alten Rezeptsammlung *Bencaogangmu* (= Compendium der Materia Medica) von Li Shizhen (1518–1593) gibt es achtzig Rezeptbeschreibungen, die man nach den Zutaten zusammenfassen kann: fünf Arzneimittel gewonnen aus Kokons, neun aus männlichen Schmetterlingen, zehn aus Raupenexkrementen, neunzehn aus abgestreiften Häuten, neunundzwanzig aus steif gewordenen Tieren, die an Kalksucht eingegangen waren. Letztere wurden pulverisiert; sie bewährten sich als Antiseptikum bei Wunden und Abszessen, bei Zahn- und Halsschmerzen und als Mittel gegen Krämpfe bei Kindern.

Wurden Heilmittel aus lebenden Raupen hergestellt, dann wurden die Tiere in Reiskochwasser geweicht, bis der von ihnen aufgenommene Blättersaft wie ein feiner Film die Oberfläche bedeckte. Danach wurden sie leicht geröstet, gesäubert und pulverisiert. Ingwer, Bohnen und vor allem Alkohol kamen, je nach gewünschter Wirkung, als entsprechende Ingredienzien hinzu. Das half bei Augenentzündungen, Lähmungen, verrenkten Gliedern.

Es gab aber noch merkwürdigere Präparate. So z.B. ein außergewöhnliches Schwangerschaftsmittel, bei dem genau zu beachten war, ob die Raupen aus der Frühjahrs- oder der Herbstzucht stammten. Wenn eine Frau das Medikament sofort nach der Empfängnis nahm, konnte angeblich das Geschlecht des zukünftigen Kindes geändert werden: aus dem Mädchen konnte noch der heißersehnte Sohn werden. – Vielleicht hat die Natur nur weise zu diesem Versuch gelächelt. Denn was wäre aus der Seide Chinas in einem frauenlosen Volk geworden?

Ein Aphrodisiakum für Männer, das auch als blutstillendes Pulver verwendet werden konnte, bereitete man aus den verendeten Schmetterlingen, die in ihrem Schmetterlingsdasein von nur ganz wenigen Tagen keine Nahrung aufnehmen, sondern sich einzig und allein auf Paarung und Eiablage konzentrieren. Man entfernte ihnen die Beine und Flügel, dann wurden sie zerrieben. Chinesische Ärzte erfanden dies Mittel, mit dem sich angeblich die starken sexuellen Impulse des Seidenschmetterlings auf Menschen übertragen ließen.

Durch die Vielseitigkeit ihrer Wirkstoffe oder den Glauben an diese konnten die Raupen viel zur Gesunderhaltung eines ganzen Volkes beitragen und übrigens nicht wenig auch zur Schönheit der Frauen.

Vornehme Damen trugen Seide und benutzten Seideningredienzien in ihren Kosmetika. Ärmere Frauen schmückten ihre Kleidung mit sonst wertlosen Kokons, die sie wie große Perlen in Mustern auf ihre Kleidung nähten. Vermutlich betrachteten sie diesen Schmuck gleichzeitig als Talisman.
Nichts, aber auch gar nichts, ging also bei der Seidenproduktion verloren. Dabei trieb die Chinesen weder praktischer Sinn noch Nützlichkeitsdenken allein zu so bewundernswerter Ausnutzung aller anfallenden Substanzen. Die tiefste Wurzel ihres Handelns lag in der chinesischen Philosophie begründet, in einem Denken, das absichtliche oder gedankenlose Vergeudung als ein unentschuldbares Vergehen betrachtete. Es war fast so wenig zu verzeihen wie das Verhalten von Kindern, die ihre Eltern vernachlässigten. Derartige Menschen galten als Wesen, die der Schöpfung der Götter skrupellos zuwider handelten.

Nach alledem taucht die Frage auf, wie sich die Ordnungen und Bedingungen der Seidenzucht im Landschaftsbild auswirkten und ob sie vielleicht eine eigene »Seidenlandschaft« ausprägen konnten?
Landschaft als chinesischer Begriff in Malerei und Dichtung wird mit Shan-Shui, »Berg und Wasser«, wiedergegeben, meist mit hohen Felsen, Wasserfällen, Seen, mit Pagoden und Pavillons. Meditierende Weise und debattierende Gelehrte beleben Aussichtspunkte, Pavillons und verschlungene Pfade.
Dies alles paßt nicht zu einer Seidenlandschaft, wie sie, wohl nicht gerade häufig, aber als typisch empfunden, auf langen Querrollen malerisch geschildert wurde. Flache, wellige Landschaftspartien sind um Flußbrücken und Handelsplätze mit lebhaftem Verkehr gruppiert; abseits hiervon stehen in bestimmter Ordnung die verschachtelten Dörfer oder Einzelgehöfte der Seidenzüchter. Meist sind diese aus einer Vielzahl von Gebäuden zusammengewachsen, aus denen die Ahnenhallen durch Größe und Höhe herausragen. Diese kennzeichnen – in Südchina mit dem charakteristischen Schwung der Dächer, einer liegenden Mondsichel vergleichbar – den würdigen Mittelpunkt einer Großfamilie. Eingebettet und fast versteckt liegen die Siedlungen der Seidenbauern zwischen markanten Baumgruppen. Das Land ringsum wird bestimmt durch den Dreiklang von Maulbeerhainen, Wasserflächen und geebnetem Ackerland. (Tafel I)

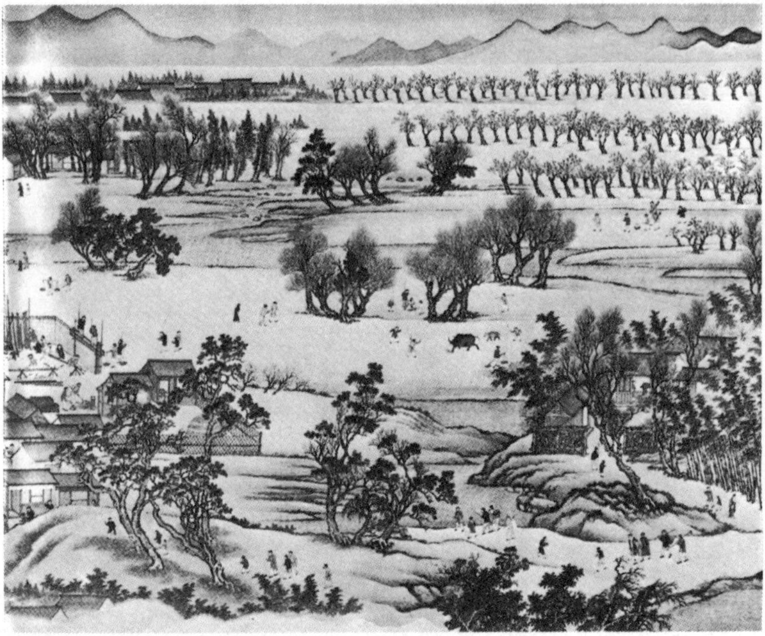

Seidenlandschaft aus der Gegend von Hangzhou südwestl. Shanghai. Mit geschneitelten Maulbeerbäumen im Hintergrund, Ausschnitt aus der 9. Rolle der Darstellung »Südreise des Kaises Kangxi«

Noch heute heißt es in China »Sumpfgelände zu Maulbeerland machen«, wenn man den Fortschritt in der Kultur meint. In einer alten Legende wird dies auch deutlich:
»Im 2. Jahrhundert lebte als Inkarnation eine Fee namens Maku. Sie war eine Zauberin und meinte es gut mit den Menschen und war ihnen wohlgesonnen. Es gelang ihr, dem Meer einen großen Teil Land abzugewinnen, der zur Küste von Jiangsu wurde. Die ehemals riesigen Seen und Sümpfe verwandelte sie in einen einzigen Maulbeerhain.« (A. Christie) [Tafel VIII]
Der Legende entspricht durchaus ein realer Hintergrund. Jiangsu ist eine tiefgelegene Küstenprovinz in dem riesigen Delta der Yangzi-Mündung, wo einige Male in Chinas geschichtlicher Zeit gleichzeitig der Huanghe das Meer erreicht hat. Dieser wechselte mehrfach seinen Unterlauf – als wenn der Rhein bald in die Nordsee, bald bei

Königsberg in die Ostsee münden würde. Das führte vor 1500 Jahren zur Klage des berühmten Dichters Tao Qian Yuanming (gest. 427), der sich nach kurzer Beamtenkarriere als Landmann zurückgezogen hatte:

»Am Ufer des langen Stromes pflanzte ich Maulbeerbäume,
und hoffte in drei Jahren zu ernten.
Als die Zweige gerade zu grünen begannen,
änderte der Fluß plötzlich seinen Lauf.
Äste und Blätter wurden zerstört,
Wurzeln und Bäume trieben ins blaue Meer.
Was soll nun die Seidenraupe im Frühling fressen,
und womit soll ich mich im Winter kleiden?
Hätte ich damals auf einer Anhöhe gepflanzt,
dann müßte ich jetzt nichts bereuen!«

Im Süden dieser Küstenprovinz liegt Shanghai; im Südwesten Nanjing, beides bekannte Zentren der Seidengewinnung.
Oft wurden Maulbeerhaine in bäuerlichen Gemeinschaften zusammengefaßt. Solche Pflanzungen teilte man häufig nach einem Zehnersystem ein mit zweimal drei Teilen für Baumpflanzungen und zweimal zwei Teilen für Wasserflächen. So bekamen ganze Landschaften ein charakteristisches Gepräge von großer Schönheit; Reis und Weizenbau, Maulbeerpflanzungen und Wasserflächen griffen mosaikartig ineinander.
Kaiserliche Verordnungen unter Kaiser Xuanzong (Regierungszeit 712–756) sollten eine verbesserte Landverteilung sicherstellen, jeder Bauer für seinen Hof 100 mu Land erhalten. 20 mu sollten erblich sein, 80 mu gehörten dem Nießnutz. Auf die erbliche Fläche mußte der Bauer Maulbeeren pflanzen, damit bei einer eventuell nötigen Neuverteilung »kein Kahlschlag« entstünde, d. h. die kontinuierliche Seidengewinnung mußte gesichert sein.
Nach Ablösung der Mongolenherrschaft 1368 wurde Hongwu, der zuvor als Bauernsohn Zhu Yuanzhang einer der Heerführer der aufständischen Bauern gewesen war, erster Ming-Kaiser. Er hatte sein Leben als Seidenbauer begonnen und war deshalb wie berufen, die Landschaft auf damals nicht bekannte Weise zu verändern. Er ordnete an, daß angrenzend an die alten Seidenzuchtgebiete in der

heutigen Provinz Anhui jeder Familienbetrieb 200 Maulbeerbäume, 200 Brustbeerbäume (Zizyphus, auch Jujubenbaum mit wohlschmekkenden Früchten) und 200 Dattelpflaumenbäume anzupflanzen hätte. Unter Verzicht auf die Pflaumenbäume wurde dieser Erlaß zwei Jahre später auf ganz China ausgedehnt.

Die Hälfte aller Kulturbäume sollten Maulbeerbäume sein, allerdings waren sie auch eine einträgliche Steuerquelle. Notfalls mußten dazu rigoros Teepflanzungen gerodet werden. Zur Überwachung seiner Verordnungen hatte der Kaiser eine Spitzelgruppe eingesetzt, sie hieß »Garde mit den Brokatkleidern«. Man wußte, warum diese Beamten sich in so kostbare Seiden kleiden konnten – dank der »Seidenlandschaft«.

Der Dichter Han Shan, der in der Tang-Zeit lebte, wird einem sorgenbeladenen Bauer die Gedanken nachempfunden haben:

»Nicht einmal hundert Jahre lebt der Mensch,
Doch hegt er ständig Kummer wie für tausend Jahre.
Von eigenen Gebrechen kaum erholt,
beladen Kind und Enkel ihn mit Sorgen.
Jetzt muß er nach den Reissetzlingen sehen,
Sich dann noch um die Maulbeerbäume kümmern.
Geh doch die Wägsteine ins Ostmeer werfen,
Wenn sie zum Grund gesunken, erst weißt du, was Frieden ist.«

Oft stand ein Maulbeerbaum gleich neben dem Wohnhaus. Einige sagten, er solle nicht dort stehen, weil sang = Maulbeere den gleichen Wortklang hat wie sang = Trauer. Wir erinnern uns an die Trauer der Eltern der Pferdekopfdame, die ihre Tochter in eine Seidenraupe verwandelt am Maulbeerbaum fanden. Andere blieben bei der Sitte, vor dem Anwesen einen Maulbeerbaum, sang, und einen Catalpabaum, Zi, aus dessen Holz man den Sarg zimmert, zu pflanzen. So nannte man solche Familiengehöfte Sangzi = Heimatort. Beide Bäume sind Inbegriff irdischen Lebens und Sterbens.

IV.
Der endlose seidene Faden

Ein Traum der Menschheit war im alten China in Erfüllung gegangen. Dank der Klugheit der legendären Kaiserin Xiling, die das Spinnverfahren der Raupe erkannt hatte, war das Ideal eines naturgegebenen ununterbrochenen Fadens Wirklichkeit geworden.

Jeder vorher benutzte Faden, ob aus Gras, Hanf oder Wolle, mußte mit der Hand aus einem Material sehr begrenzter Länge hergestellt werden. Grasarten konnte man knoten, Fasern von Hanf oder Nesselarten konnte man in sich zusammendrehen oder -verspinnen. Das Spinnen war ein wohlüberlegter, aber mühevoller Arbeitsablauf aus drei Arbeitsgängen: Verziehen des Fasermaterials, Drehen und Aufwickeln des Fadens. Den Bodenfunden nach scheint dafür überall auf der Erde die rotierende Spindel benutzt worden zu sein, die man mit einem kleinen »Schwungrad«, dem Wirtel, versah.

Wir können annehmen, daß Xiling selbst noch mit der Spindel Fäden hergestellt hat. Sie wird das gesponnene Garn abgewickelt und zu einem Garnstrang zusammengedreht haben. Vielleicht hatte sie schon ein Gerät, das bereits auf Orakelknochen vor mehr als 3000 Jahren als Piktogramm erscheint, die Handhaspel. Diese bestand aus einem senkrechten Holz mit je einem kürzeren Querriegel am oberen und unteren Ende.

Wir erinnern uns noch einmal an die kaiserliche Beobachterin, die den endlosen kokonbildenden Faden entdeckte – und die theoretische Möglichkeit, ihn zurückzuwickeln. Aber wie und mit welchem Gerät konnte das geschehen?

Die Legende schreibt Xiling nachträglich auch den nächsten wichtigen Schritt zu, einen völlig neuen »Haspelvorgang«. Die Handhaspel wurde verdoppelt und drehbar gemacht. Erst diese Erfindung ermöglichte die Edelseidengewinnung, und ihre Bedeutung läßt sich daran

ermessen, daß man sie in legendäre Zeiten zurückverlegte und als Gabe der Götter ansah.
Nach der grundlegenden Erfindung gab es nur noch Verbesserungen. Die Haspel wurde zu einem großen Rad entwickelt, das durch Fußantrieb oder Ausnutzen der Schwungkraft leistungsfähiger und nicht mehr veränderungsbedürftig war.
Kehren wir aber kurz noch einmal zu den Raupenmüttern zurück. Mit dem Lüften und Säubern der Raupenhäuser oder Kokonhütten war ein wichtiger Teil ihrer Arbeit im Verlauf des Seidenjahres beendet. Sorgfältig hatten sie zuletzt die Kokons für die Nachzucht an den Spinnbrettern ausgewählt, jene aus der Mitte, die sich in einer günstigen Himmelsrichtung befinden. Schließlich hatten sie mit der Überwachung von Paarung und Eiablage die besten natürlichen Voraussetzungen für das kommende Seidenjahr geschaffen.
Ohne Pause schloß sich die Sichtung der Kokons daran an. In großen Bergen auf schräggestellten Tischen aufgehäuft, wurde jedes einzelne Exemplar der abertausend extrem leichten Puppenhüllen genau begutachtet. Die Arbeit war sehr verantwortungsvoll und verlangte ein außerordentlich schnelles Reaktionsvermögen; nur fachlich geschulte junge Frauen bis zu 25 Jahren waren ihr gewachsen.
Alle nicht makellosen Produkte wurden ausgesondert. Dazu gehörten auch die Doppel- und Mehrfachkokons, obwohl sie in alten Zeiten als »Achtraupenseide« für etwas Besonderes gehalten wurden und im Sprichwort Glück und Reichtum bedeuteten. Für die Edelseidengewinnung waren sie unbrauchbar.
Die Qualität und der gleichmäßige Ausfall der Kokons entschied über den erwirtschafteten Gewinn; bis heute ist daher die Handsortierung eine der schwierigsten und verantwortungsvollsten Aufgaben in der gesamten Seidengewinnung geblieben. Auge, Hand und Gedanken müssen in schnellem Tempo, fast wie im Spiel, zusammenarbeiten.
In alten Zeiten wurde gleich nach dem Einsammeln und Sortieren der Kokons sofort mit der Seidengewinnung begonnen. Die äußere lose Hülle, Flockseide genannt, die der legendären Kaiserin als weiches Gespinst aufgefallen war, wurde sorgfältig entfernt. Die danach glatten und festen Kokons wurden in heißes Wasser gelegt. Dabei löste sich der Seidenleim, und die einzelnen Fadenschichten wurden gelockert. Durch Schlagen mit Bambus-Reisig, einer Bürste oder mit Metallruten suchte man den Anfang der Kokons. Blieb der feine

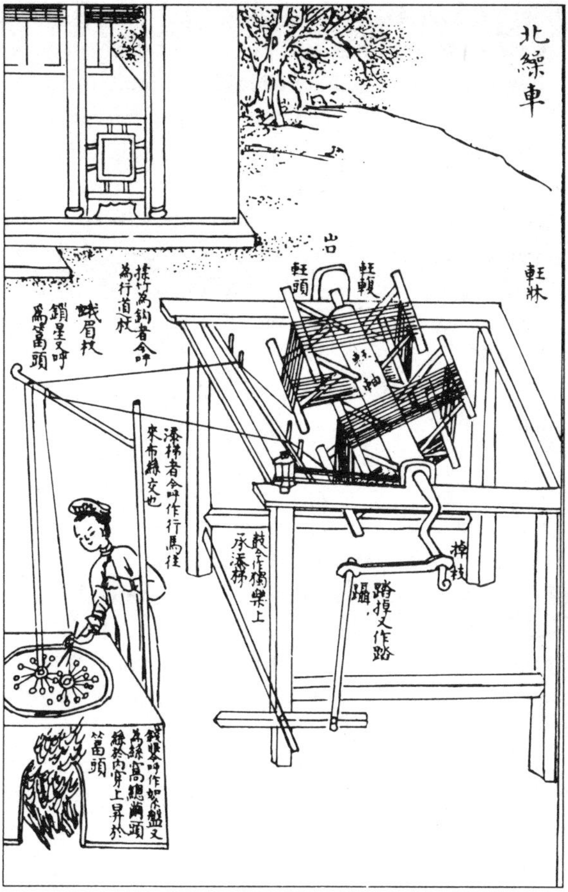

Kokons in heißem Wasser. Abhaspeln zu endlosem Webfaden

Seidenfaden daran hängen, konnte das Haspeln beginnen. Mehrere Fäden, von drei bis zwanzig, wurden zu einem einzigen und damit erst verwendbaren Faden zusammengeführt bzw. »filiert«, denn ein Einzelfaden, so wie die Raupe ihn gesponnen hatte, war für die Weiterverarbeitung am Webstuhl viel zu fein und zart. Man zog die Fäden beim Zusammenführen durch ein in der Höhe angebrachtes geglättetes Münzloch oder eine glatte Öse, wodurch der fertige Faden eine unmerkliche Drehung erhielt.

Nur scheinbar war dies eine »leichte« Arbeit. Der einzelne Kokonfaden hat aber vom Beginn bis zum Ende nicht die gleiche Stärke bzw. Feinheit. Die unterschiedliche Fadenstärke muß durch geschicktes Anfügen immer wieder ausgeglichen werden. Sie entsteht, weil die von der Raupe abgegebene Seidensubstanz beim Spinnen zwar konstant bleibt, aber die Menge des Seidenleimes wechselt. Mit bewundernswerter Feinfühligkeit mußten daher die Fäden derart aneinandergelegt werden, daß sich, durch den Seidenleim erneut verklebt, ein einziger, vollkommen glatter, gleichmäßig dicker, endloser Faden bildete, eben die Edelseide, die zur »Königin der Textilien« wurde. Der makellose Faden war die Bedingung für ein makelloses Gewebe. Sieht man bei dieser Arbeit zu, muß man zugeben, daß nur ein für Seidenarbeit geschultes Auge diese feinsten Unterschiede wahrnehmen und korrigieren kann. Mit Leichtigkeit den Kokonanfang finden und mehrere Fäden zu gleichmäßigem, brauchbarem, endlosen Seidengarn zusammenfügen – auch das gehört zu den technisch bedeutsamen Erfindungen oder »Geheimnissen« Chinas.
Selbst auf die Wasserqualität kam es an. Das heiße Wasser, aus dem heraus man die Kokons abhaspelte, durfte nur aus einer Quelle oder einem Fluß, nicht aus einem Brunnen stammen. War das Wasser dennoch nicht sauber genug, warf man lebende Schalentiere hinein, die alle Unreinheiten vertilgten.
In alten Zeiten arbeitete man ständig mit ungeschützten Händen in heißem Wasser, das machte die Finger gefühllos. Man half sich auf einfache Art: man stellte Schüsseln mit kaltem Wasser bereit, in die die Frauen ihre Hände tauchen konnten, später benutzte man Stäbchen zum Greifen. Inzwischen sind zwar längst vollautomatische Filaturen in Betrieb, es gibt aber Seidenkenner, die dem unübertrefflichen Handverfahren der alten Seidenverarbeitung den Vorzug geben. Beim Verkauf von Garn oder Gewebe wurde die Seide vorwiegend nach Ebenmäßigkeit beurteilt.
Vermutlich war es schon in ältester Zeit bei der ständig steigenden Seidenproduktion nicht mehr möglich, alle Kokons abzuhaspeln, bevor die Schmetterlinge schlüpften, obwohl man aus Erfahrung wußte, daß die edelste, glänzendste und schönste Seide vom lebenden Tier stammt. Tag und Nacht wurde ununterbrochen gehaspelt. Das alte Verfahren hat sich für besonders exquisite Seiden bis heute in der traditionellen Seidenbauprovinz Zhejiang als Brauch erhalten, dort,

wo der »Seidensamen« in dem »heiligen Wasser« des Taihu-Sees gebadet wird.
Um die Kokonzerstörung durch Schlüpfen zu vermeiden, erfand man Konservierungsarten. Methoden wie Kühlung in Tontöpfen, Einlegen in Salz, Essig und Blätter – vorwiegend vom Tungöl- und Catalpabaum – konnten das Schlüpfen hinauszögern, aber nicht verhindern. Erst als man die Puppen in den Kokons durch heiße Luft, durch Dampf oder heißes Wasser abtöten konnte, wurde eine gezielte Produktion sowie die Aufbewahrung problemlos.
Der Kaiser Kangxi schildert 1669 in einem Gedicht noch das erhebende Gefühl, dafür gesorgt zu haben, daß Maulbeerhaine gepflanzt und Kokonhäuser angelegt wurden. Später gehörten außerdem Dörrhäuser zum Abtöten der Puppen dazu; sie waren ebenso wie der Kokonhandel von der Obrigkeit konzessioniert.
An die gleichen Handelsplätze, an denen die Bauern ihr Maulbeerlaub, wenn nötig, dazugekauft hatten, brachten sie nun die überzählige Ernte, die nicht im eigenen Haushalt weiterverarbeitet werden sollte. Noch um die Zeit des Ersten Weltkriegs gab es eigene Kokon-

Abtöten der Puppen mit heißem Wasserdampf in mehreren übereinander liegenden Aufsätzen.

märkte. An diesen Marktorten wurden gleichzeitig viele volkstümliche Feste gefeiert, so daß immer ein buntes Treiben herrschte und fröhliche Menschenmassen sich drängten. Der Kokonverkauf hatte seine festen Regeln. Die Vermarktung beschreibt der chinesische Experte Dr. Zheng Zhenduo in einem Augenzeugenbericht aus den zwanziger Jahren:

»Am unteren Yangzi gibt es besondere Kokonläden, die gleichzeitig mit Dörröfen zur Trocknung und Abtötung der Puppen eingerichtet und von der Provinzialregierung konzessioniert sind für den Einkauf in den Seidengegenden. Die Zahl solcher Läden ist in jedem Bezirk also beschränkt. Die Konzession wird auf zwanzig Jahre gewährt gegen eine Gebühr von 150 Silberdollar. Die Besitzer sind Leute, die wegen ihrer Bildung, ihres Reichtums oder wegen ihres Familienstandes in dem betreffenden Wohnort ein gutes Ansehen genießen. Die Zahl der Dörröfen liegt zwischen vier und achtzig. Die Besitzer kaufen selbst keine Kokons, sondern vermieten ihre Läden an Händler oder Seidenhaspeleien während der Marktzeit. Die Mieter schikken ihre eigenen Leute hin, um alle Maßnahmen vom Einkaufen bis zum Trocknen durchzuführen. Die Ladenbesitzer haben gar nichts damit zu tun. Die Provision für den Einkauf wird entweder nach dem Wert oder nach der Menge der eingekauften Kokons berechnet.«

»Der Markt selbst dauert zwei bis sieben Tage. Während dieser Zeit sind die Läden von Seidenbauern überfüllt. Der Inspektor des Kokoneinkaufs prüft die Qualität, der Wiegemeister stellt das Gewicht fest. Dann wird der Preis bestimmt. Das Angebot erfolgt meist in ganz kleinen Mengen von 5 bis 20 Catties, was 2,5 bis 10 kg gleichkommt. Der Einkauf geht sehr schnell vor sich, um große Mengen ansammeln zu können. Da die Leute nicht viel Zeit darauf verwenden dürfen, die Kokons genau zu prüfen und auszuwählen, so muß die Dampfhaspel auch mit schlechtem Rohmaterial arbeiten.«

»In Südchina ist die Marktorganisation wieder ganz anders als am unteren Yangzi. Der Handel vollzieht sich in freier Form. Die Bauern bringen ihre frischen Kokons auf Märkte und verkaufen sie dort. Die Märkte, von den Kaufleuten in Kanton organisiert, liegen zum größten Teil an Wasserstraßen. Die Marktleiter schicken ihre eigenen Boote auf Kanälen und Flüssen nach allen Richtungen aus, um die Bauern mit ihren Waren zum Markt abzuholen. Die Kokons werden zunächst von den Käufern geprüft. Der Gehalt an Feuchtigkeit wird durch Fühlen mit der Hand festgestellt und durch Auseinanderziehen des durchnäßten Gewebes bestimmt. Die Kokonhändler genießen großes Vertrauen.«

In anderen Seidenzuchtgebieten kauften reisende Händler die überschüssige Kokonernte auf und kamen zum Bauern ins Haus; oder die Ware ging, dem Industriezeitalter entsprechend, in die großen Seidenfilaturen oder Exportfirmen. Die Filaturen hielten an einer ganz alten, traditionellen Methode der Beurteilung der Seide fest, einerlei ob der Bauer große oder kleinste Mengen ablieferte. Die Kokons wurden auf den sauberen Boden geschüttet, mit einem Holz durcheinandergemischt, zurückgeschüttet und aus dieser Neumischung Kokonproben entnommen. Dies wiederholte sich einige Male, dann wurden drei Teile, schließlich durch erneutes Mischen fünf Abteilungen gebildet, von denen der Verkäufer eine auswählte. Nach dieser wurde bezahlt. Besser, genauer und parteiloser könnte nicht einmal eine moderne Mischmaschine arbeiten!

Der Kokonverkauf war selbstverständlich Männerangelegenheit. Aber gerade in einem kleinen Zuchtbetrieb lag die Hauptarbeit bei den Frauen. Sie hatten die aus 30 g »Samen« geschlüpften 60000 Raupen betreut, hatten Tag und Nacht ihre Ruhe geopfert. Überhaupt lohnte die Seidengewinnung nur dann, wenn man sie mit eigenen Arbeitskräften durchführen konnte. Durch die Löhne für fremde Hilfe und die Barauslagen für Brennstoff zur nötigen Erwärmung der Kokonhäuser wurde die Seidengewinnung in Wahrheit ziemlich unwirtschaftlich. Aber mit Seidengewebe mußte ein Teil der Steuern bezahlt werden.

In einem klassischen Buch über Ackerbau, dem *Shenshinongshu*, wird die Meinung vertreten, daß Seidengewinnung für den Eigenbedarf zwar ihre guten Seiten habe, da dann die Seide so schlecht sein könne, wie sie wolle. Aber besser sei das Weben, denn eine Frau, die wenigstens weben kann und ohnehin mitversorgt werden muß, solle man weben lassen, damit sie immerhin ein paar Geldstücke für die Familie hinzuverdient.

Mit der Erfindung, die Puppen durch Hitze abzutöten, hatte man zwar endlich die nötige Zeit für die Fadengewinnung zur Verfügung. Aber nun entstand ein schwerwiegendes neues Problem durch das ursprünglich indisch-buddhistische Verbot, Tiere zu töten, auch wenn man sie nicht sehen konnte. Da die Seidengewinnung aber lebenswichtig war, fand man schließlich spitzfindig-bauernschlau einen Ausweg, der alle Beteiligten zufriedenstellen konnte. Als Höchststrafe für die verwerfliche Handlung galt baldiger Tod, vor allem aber Kinderlosigkeit. Letztere wurde sicher als eine der grausamsten Strafen empfunden. Daher besorgten nur alte Frauen diese »gefährliche« Arbeit. Im übrigen war der Buddhismus eigentlich nie und nirgends alleinige Religion in China, auch wenn kaiserliche Erlasse andere Rückschlüsse nahelegen könnten.

Genreszenen mit dem indirekten Hinweis auf solche buddhistischen Gebote sieht man häufig auf alten Holzschnitten. Alte Menschen arbeiten am heißen Kessel und heizen nach, während neben ihnen junge Frauen das Abhaspeln der Fäden besorgen. Später wurden die Alten, da die Arbeit nicht schwer war, durch Kinder abgelöst. Vor allem in ländlichen Bezirken warfen acht- bis zwölfjährige Mädchen die Kokons in die großen dampfenden Wasserbecken neben den Dörröfen. Auch das Entfernen der Flockseide und das Schlagen mit Ruten zum Finden des Anfangsfadens konnten sie übernehmen. Das diffizile rechtzeitige Ansetzen von geeigneten neuen Kokonfäden beim Haspeln blieb dagegen Sache der jungen Frauen.

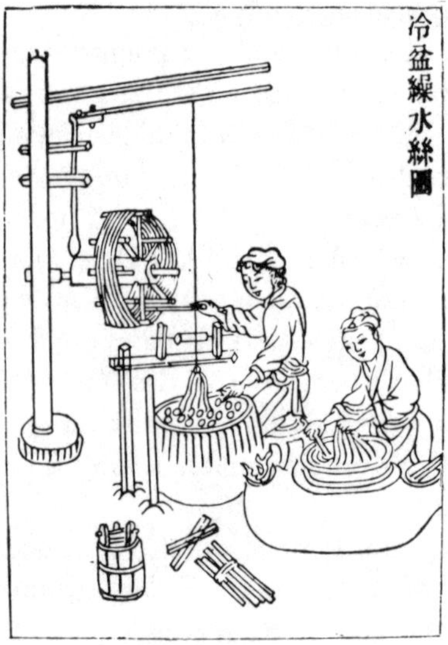

Vor dem Abhaspeln der Seidenfäden werden in einem Becken die Kokons von der Flockseide getrennt.

Neigte sich das Jahr dem Herbst zu, waren die jungen Frauen in Häusern und Hütten vor allem mit der weiteren Verschönerung, der »Veredlung« der Seidenstränge beschäftigt, denn bald würde die Zeit des Webens beginnen.
Das Buch vom »Pflügen und Weben«, das *Gengzhitu*, erinnert an die bevorstehende Winterkälte:

»Im siebten Monat sinkt der Feuerstern,
Im neunten Monat teilt man Kleider aus,
Im ersterwähnten Monat pfeift der Wind,
Im zweiten Monat sind die Lüfte kalt,
Und ohne Kleider...
Wie wär es auszuhalten durch das Jahr?«

Bis zum Webfaden waren allerdings noch viele Arbeitsgänge nötig. Nur einen Teil der Seidenstränge ließ man unverändert. Sie waren für bestimmte Kettgarne vorgesehen, die den Seidenleim als Halt brauchten, sowie für das Weben von durchscheinenden Gazestoffen und Stoffen für die Herstellung von Sieben.
Die übrige Seide mußte »entbastet«, also vom Seidenleim befreit (oder degummiert) werden, sollte sie weißglänzend und schimmernd erscheinen. Bei einigen Garnen, den Souple-Seiden, wurde der Seidenleim nur teilweise entfernt: die Garne waren weich, hatten aber noch nicht den höchsten Glanz. Den hatte nur der ganz von allen Nebenprodukten befreite Faden, dem auch der leicht gelbgrünliche Naturfarbstoff nicht mehr anhaften durfte. Für den gewünschten Idealfaden gab es in den einzelnen Familien generationsmäßig vererbte Rezepte. Um die Seide vollständig zu entbasten, wurde sie mit Seifenzusatz abgekocht: weitere Vorschriften gab es für das Waschen und Spülen zwischen den einzelnen Arbeitsgängen, das Behandeln mit Asche und Lauge, das Wässern und Schlagen der einzelnen Stränge. Nur nach einem komplizierten Prozeß gelang es, den einwandfrei glatten, gleichmäßigen Faden zu sauberen Strängen aufzudrehen und zur Weiterverarbeitung aufzubewahren. Weiterverarbeitung: das hieß bei weitem nicht allein weben. Der seidene Faden fand und findet eine Fülle ganz eigener Verwendungen.
Für den Handel mit makelloser Seide stellte sich ein großer Nachteil heraus: die Garne hatten bis zu einem Viertel ihres Gewichtes einge-

büßt. In europäischen Dampfhaspeln wurde der Verlust durch »Beschweren« mit vegetabilischen oder mineralischen Substanzen ausgeglichen. Gelegentlich geschah das »über Pari«, über das Ursprungsgewicht hinaus, was der Seide den ungerechtfertigten Makel der Brüchigkeit eintrug.

Die seit eh und je in China sehr differenziert entwickelten Bezeichnungen für Stärke und Art von Seidengarnen sind nie von Europa übernommen worden. Bei der Wichtigkeit des Objekts geschah das Unerwartete, daß man sich in Europa und später international auf Bezeichnungen für Feinheit und Grammgewicht wie »Titer« und »Denier« einigte, obwohl anfangs erhebliche Schwierigkeiten überwunden werden mußten, da jede Seide importierende oder verarbeitende Stadt ein anderes Gewicht darunter verstand. Bei den feinen Haspelseidenfäden einigte man sich darauf, daß man die Anzahl von Gramm oder Grammteilen für eine feststehende Länge von 9000 Metern angab. Die meisten Bezeichnungen sind französischer oder italienischer Herkunft. Die wichtigsten wurden durch die Seidenmode um die letzte Jahrhundertwende und die vielen Handarbeiten des *Jugendstils* allgemein bekannt. Daher seien hier einige Begriffe erwähnt: »Grège« ist der aus mehreren Kokons zusammengelegte, durch den Seidenleim zusammenklebende unendliche Seidenfaden, der »Ursprungsfaden«. Je nach Schmetterlingsart ist er als Naturfaden gewissen Schwankungen unterworfen. Die unverzwirnten, d.h. nicht zusammengedrehten Grègefäden sind das Ausgangsprodukt für alle Haspelseidengarne.

»Organzin«, das Garn für die Kettfäden, ist mehrfach aus Grègefäden zusammengezwirnt und daher besonders haltbar. Für Gewebe sind die stark überdrehten Kreppgarne recht bekannt. Sie bewirken, daß sich ein auf dem Webstuhl glattes Gewebe nach dem Anschneiden zu »Crèpe de chine« zusammenzieht. »Trame« heißt das wenig gedrehte, weichere Schußgarn. Fast keine Drehung, ähnlich der Stickseide für Nadelmalerei, hatte die »Floßseide«, die unter den Funden an der Seidenstraße durch Glanz und Weichheit Aufsehen erregte.

Als fein galten Fäden, bei denen nicht mehr als 3–9 Kokons zusammengefaßt waren. Aus 7 Einzelkokonfäden bestanden die berühmten »Zali-Seiden« als Vertragsseiden für den Kaiserpalast. Bei archäologischen Untersuchungen werden heute Faserquerschnitte, ausgedrückt in einem Hundertstel Millimeter, berücksichtigt, woraus sich Aussagen über Zusammenhänge von Werkstätten und Seidenprovinzen ergeben können.

Die Haspelseide, dieses edelste Stück Faden des Kokons, macht nur den dritten Teil der von der Raupe gesponnenen Verpuppungshülle aus. Die übrigen zwei Drittel, bei denen man sich sträubt, sie als »Abfälle« zu bezeichnen, werden zu hochwertigsten Seidengarnen, »Schappe- oder Floretteseide«, mechanisch oder früher mit der Hand versponnen. Maschinell verarbeitet werden diese Restseiden so lange »gehechelt«, gekämmt und geglättet, bis sich ein glänzendes Band gebildet hat, das sich noch zu feinstem Garn verspinnen läßt, so fein, daß 400000 Meter davon, das ist die Entfernung Köln–Paris, gerade 1000 Gramm wiegen.
Aus den Abfällen der Schappeseide wurde noch die leicht noppige »Bouretteseide« gesponnen, die wegen ihrer Stumpfheit oft nicht mehr als reine Seide erkannt wird, aber durchaus alle Eigenschaften der Seide besitzt. Die allerletzte Möglichkeit, alle nur denkbaren Seidenreste zu nutzen, bietet das »Seiden-shoddy-Garn«, das aus Zerfasern und Neuverspinnen alter Seidengewebe hergestellt wird. Die Methode ähnelt dem Zerzupfen der Seiden aus China und Neuverspinnen mit anderen Textilfasern zu den Subserica des klassi-

Spinnen von Flockseide mit einem Handrad. Tuschezeichnung um 1700

schen Altertums. In China selbst hat man Fasern nur selten vermischt.

Belegt ist das Spinnen der Flockseide, die man ja nicht abhaspeln konnte, in gemeinsamen Spinnstuben, denn ein Bericht aus der Zhouzeit gibt uns eine fast idyllisch anmutende Schilderung davon. In ihrem eigenen Bezirk, so heißt es, nahe am Haus und am Gemüsegarten, hatten die Frauen Maulbeeren gepflanzt, auf 1 mu alle 10 Schritt ein Baum. Damit zogen sie drei Hürdengestelle an Raupen groß. Zum Spinnen versammelten sich alle Nachbarinnen in einem Raum, schon um Fackeln zu sparen. Lobend wird dann hervorgehoben, daß sie in einem Monat die Arbeit von 45 Tagen vollbrachten, also die halbe Nacht hinzunahmen. Auch Jungen und Mädchen kamen hier ganz ungezwungen zusammen, vergnügten sich mit Erzählen, Rätselraten, Lieder- und Gegenliedersingen. Wer je Gelegenheit hatte, mit jungen Chinesen Feste zu feiern, kann sich die Fröhlichkeit und den Einfallsreichtum bei diesen Zusammenkünften vorstellen.

Schon bei den Vorbereitungen zum Spinnen konnte es gesellig hergehen. Nach dem Abhaspeln der besten Kokons kochte man die Abfallseide, wiederum nach Mängeln wohlsortiert, in Lauge aus Reisstrohasche. Man rührte sie auf, wickelte dicke Strähnen über die linke Hand, warf die Puppen beiseite, ließ die Seide über ein Holz gespannt trocknen und brachte sie schließlich zerzupft auf den Spinnrocken.

In der Stadt kannte man oft kein Spinnrad mehr. Der junge Fürstensohn Baoyu hält in dem bekannten Roman *Der Traum der roten Kammer*, den Cao Xueqin im Jahre 1763 unvollendet hinterließ, bei einem Verwandtenbesuch auf dem Land ein Spinnrad für ein höchst vergnügliches Spielzeug. Sonst stets sanft oder scherzend, diesmal aber mit nachdrücklichem Ernst, erklärt Zofe Buntwolke ihrem jungen Herrn den für die Landbevölkerung lebenswichtigen Zweck des »Spielzeugs«. Mit leichtem Schuldgefühl läßt er sich davon abhalten, es zu zerbrechen.

Die Möglichkeit, die Stärke der Seidenfäden beim Haspeln genau zu bestimmen, hat sie auch für andere, überraschende Zwecke verwendbar gemacht: man fertigte Angelschnüre, Bogensehnen und vor allem Musiksaiten daraus.

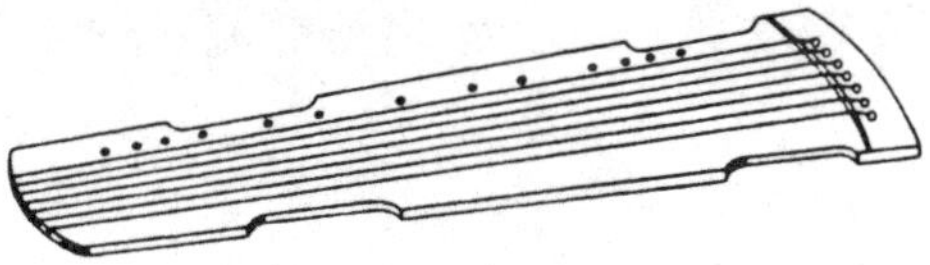

Qin. Seidensaiten-Musikinstrument

Die Chinesen teilten ihre Musikinstrumente nach dem Herstellungsmaterial in acht Kategorien (*ba yin*) ein: *Metall* (wie Bronzeglocken, Gong), *Stein* (Klangsteininstrumente wie Jade), *Erde* (die Okarina aus gebrannter Tonerde), *Leder* (die große Faßtrommel), *Seide* (die Wölbzithern: Qin und Se), *Holz* (die Klangkästen, Mörser), *Kürbis* (die Mundorgel) und *Bambus* (die Panflöte u. a.). »Von den acht Materialien, aus denen Musikinstrumente hergestellt werden, ist die Seide der Saiten das Beste und die Qin ist deren Haupt.« (*Huan Tan, gest. 28 n. Chr.*).
Qin und Se sind Holzinstrumente mit Seidesaiten bespannt. Die alte Qin ist etwa 120 cm lang und ca. 20 cm breit. Die Se ist ein massiveres Instrument von ca. 210 cm Länge. Die flache Unterseite – Symbol der Erde – besteht aus dem leichten Holz des Palownia-Baumes, die leicht gewölbte Decke – Symbol des Himmels – aus dem des Catalpa-Baumes. Die alten Qinformen hatten zunächst fünf Saiten und Grundtöne, von denen meist nur der höchste moduliert wurde. Etwa 600 v. Chr. wurden zwei weitere Saiten hinzugefügt – so hatte man sieben Töne. Die Saiten bestanden aus mehreren zusammengedrehten Fäden, deren Anzahl und Stärke sich nach den mathematisch festgelegten Tonschwingungen richten. Im Grab der Fürstin Dai (150 v. Chr. in Mawangdui) blieben an einer Qin die Seidensaiten so vollkommen erhalten, daß man sie untersuchen und damit endlich das Geheimnis der Saiten entschlüsseln konnte. Jede Saite war ein Meisterwerk der Fadenkunst. Die Baßsaite hatte einen Durchmesser von 1,9 mm und bestand aus 592 Einzelfäden. Man hatte eine aus 37 Einzelfäden verzwirnte Seide doppelt genommen und vier Stränge dieser 74 Fäden noch einmal zusammengedreht (*Ancient China's Technology*). Aus diesem Grundinstrument wurden später andere Modelle mit bis zu fünfzig Saiten entwickelt – alle aus feinster Seide. Diese Zahlenwerte haben wie überall im chinesischen Denken, aber

Gottheit mit Qin auf einem Drachen reitend

ganz besonders im Bereich der Musik, komplizierte kosmische Entsprechungen: etwa zur Zahl der Planeten, der »Elemente«, der Himmelsrichtungen und Farben, der Tage und Tageszeiten etc. In solchen Bezügen drückt sich das chinesische Bedürfnis nach umgreifender Weltordnung aus. Denn Musik galt im alten China als Offenbarung des Himmels; sie ließ die himmlische Harmonie erahnen, während die Riten die irdische Harmonie wahren sollten. Daher stand die Musik auf einer Qin höher im Rang als die Riten, bei denen sie nichtsdestoweniger eine wichtige Rolle spielte.

Die Könige der alten Zeiten setzten Musik und Riten zur Erziehung des Volkes ein, seine Zu- und Abneigungen sollten ins Gleichgewicht gebracht und der richtige Weg gefunden werden. Deshalb galt ihnen Musik auf der Qin auch nicht allein als Folge von Tönen, sondern als eine Malerei mit Klängen, um das Wesen himmlischer Harmonie zu umschreiben.

In der Zhou-Zeit zumal war die Musik noch ein machtvolles Zaubermittel, zum Beispiel um Regen zu erzeugen oder die Geister der Ahnen zu zeremoniellen Festen zu locken. Aber nicht nur Naturkräfte versuchte man zu beeinflussen, auch die aufrührerischen

Untertanen wollte man mit Musik besänftigen, ja regieren. Folgende Geschichte ist über den König von Wei bekannt:
»Zu Zhizi spielte so herrlich Qin, daß der König von Wei ihn zu sich kommen ließ und ihm im Palast ein Zimmer anwies. Einige Tage, nachdem Zu Zhizi in sein neues Heim gezogen war, hörte er den König Qin spielen. ›Welch wunderbares Spiel!‹ rief er, in das Gemach der Herrschers tretend. Ärgerlich legte der König die Qin beiseite und griff nach seinem Schwert. ›Ihr habt doch nur ein paar Töne gehört und keine sorgsame Prüfung machen können‹, sagte er böse. ›Wie könnt Ihr sagen, mein Spiel sei gut?‹ – ›Der Ton der Saiten war suchend, aber sanft und lieblich wie der Frühling‹, erwiderte Zu Zhizi. ›Er war das Symbol des Fürsten. Der Ton der kleinen Saiten war kurz, aber klar. Er war das Symbol des Ratgebers. Als Ihr die Saiten anschlugt, habt Ihr dies mit festem Griff getan, als Ihr sie losließt, geschah dies ohne Härte oder Gewalttätigkeit. Das war das Symbol des Wirkens der Regierung. Da volle Harmonie herrschte, halfen große und kleine Saiten einander. Wenn sie einander ablösten, fügten sie sich keinen Schaden zu. Das war das Symbol der vier Jahreszeiten. Hatte ich also nicht recht, als ich sagte, Ihr hättet die Qin ganz herrlich gespielt?‹ – ›Ihr wißt gut über Musik zu reden‹, sagte der König. ›Glaubt Ihr denn, o König, ich hätte nur über die Musik allein gesprochen?‹ rief Zu Zhizi. ›Das gesamte Wesen der Regierung und die Kunst, dem Volke die Ruhe zu sichern, liegen in meinen Worten!‹ – ›Daß niemand so vortrefflich über Musik zu sprechen versteht wie Ihr, gebe ich zu‹, sagte der König. ›Wie könnt Ihr jedoch behaupten, das Wesen der Regierung und die Kunst, dem Volke die Ruhe zu sichern, sei in den Saiten und in dem Resonanzboden meiner Qin erkennbar gewesen?‹ fügte er gereizt hinzu. ›Wenn die Töne sich berühren, ohne sich zu verletzen, dann hat das Reich Aussicht, aufzublühen‹, antwortete Zu Zhizi ruhig. ›Wenn die Klänge sich verbinden, um dann gemeinsam vorwärts zu streben, dann ist die Grundlage dafür gegeben, daß bewahrt bleiben wird, was zerstört werden könnte. Es heißt nicht umsonst: Wenn die Qin des Herrschers harmonisch erklingt, dann ist das Volk weise regiert. Um einen Staat gut zu leiten und dem Volke die Ruhe zu sichern, gibt es nichts Besseres als erlesenes Musizieren.‹ – ›Ich muß Euch recht geben‹, sagte der König. Drei Monate später wurde Zu Zhizi zum ersten Ratgeber des Hofes ernannt« (v. Rottauscher).

Neben chinesischem Schach, Kalligraphie und Malerei gehörte das Qin-Spiel zu den traditionellen Beschäftigungen der Gebildeten, und neben Schreibgerät, Büchern und Kunstgegenständen gehörte die Qin auch zur obligaten Ausstattung des Gelehrtenzimmers. Man sagte, ihre Saiten sängen, wenn sie nur berührt würden.

»In der Qin, die den ewigen Sinn in sich birgt...
Ineinander verschlungene Muster, die sich vollenden...«

Ou Yangxiu

Was jedoch würde ein Gelehrter vorbringen, der die Qin nicht spielt?

»Ich habe den tieferen Sinn der Qin erfaßt,
warum sollte ich dann noch die Töne
der Saiten hören wollen?«

dichtete in der Jin-Periode (317–420) Tao Qian, von dem überliefert ist, daß er seine Qin *ohne* Saiten und Halterungen an die Wand gehängt hatte.
Auch das chinesische Rechengerät Abakus hatte ursprünglich Saiten aus Seidenkordel. Die Kunst der Mathematik, die darauf ausgeübt wurde, hatte eine der Musik vergleichbare Bedeutung. Symbolisch wurde beim Verschieben der aufgefädelten Kugeln der Wandel kosmischen Geschehens gesehen.
Seidenschnüre wurden aber auch für irdischere Zwecke verwendet. Zum Beispiel gab es Sehnen aus Seide für die Bögen der Bogenschützen, wie im kanonischen Shijing, dem »Buch der Lieder« berichtet wird. In der Zhou-Zeit meist aus Maulbeerholz, dem »Baum der Seide«, gefertigt, waren sie im zweiten vorchristlichen Jahrhundert bereits als ein aus (Holz)Schichten kunstvoll zusammengesetzter Bogen bekannt. Zwar wurden die Bogen auch für Kriegszwecke benutzt, aber die dazu gehörige Kunst erscheint immer wieder im Zusammenhang mit konfuzianischem Denken. In der alten chinesischen Kunst des Bogenschießens ins weit entfernte Ziel war jener am sichersten, der die »Vollkommene Tugend« (da) besaß, also sich im Gleichgewicht aller inneren und äußeren Kräfte befand.
Und noch eine Seidenschnur muß in diesem Zusammenhang erwähnt werden: die Angelschnur. Für deren Herstellung gab es ein altes

Angelnder Prinz. Malerei auf einer Kopfstütze aus Porzellan. Ausgegrabenes Objekt aus der Song-Zeit

Rezept: Man sammelte spinnreife Raupen, vor allem die des wilden Eichenspinners, ertränkte sie, legte sie in Essig, nahm die Spinndrüsen heraus, dehnte und trocknete sie. Dabei konnte man 1 bis 2m lange Schnüre gewinnen, die so haltbar waren, daß sie sich hervorragend zum Fischfang eigneten. Nur Prinzen, so heißt es, durften damit angeln. Später wurden diese unübertrefflichen Produkte zu einer wichtigen Handelsware. Um die letzte Jahrhundertwende wurden allein 7000kg aus China exportiert, praktisch hatte China dafür ein Weltmonopol. Der Wert der Angelschnur läßt auf die Bedeutung des Fischfangs schließen. Das Wort für Fisch, *yu*, ist gleichzeitig Symbol für Reichtum und Überfluß. Schon in der Han-Zeit trug der Thronerbe einen Doppelfisch aus Jade an seinem Gürtel mit einer Seidenschnur befestigt; die anderen rechtmäßigen Prinzen dagegen erhielten einen einzelnen Jadefisch und die Mandarine nur einen Fisch aus Gold oder Silber, je nach Rang – nebenbei ein Hinweis, daß damals Jade für wertvoller gehalten wurde als Gold! Seit der Song-Zeit (960–1279) jedoch haben die Gürtelfische ihre Bedeutung als Rangabzeichen verloren.

Der Angler ist ein häufiges Motiv auf Landschaftsbildern – auf Bildrollen, großen Porzellanschüsseln und Ingwertöpfen. Meist sitzen die Figuren einsam am Ufer des Wassers oder in einem Kahn und halten die Angel ins Wasser getaucht. Es ist schwer zu entscheiden, ob sie angeln oder meditieren oder beides zugleich tun.

Mit der bald weltweiten Entwicklung zur Freizeitgesellschaft wurde überraschend und unerwartet eine alte chinesische Seidenkunst neu entdeckt, die von Frauen und sogar Männern wieder mit Begeisterung erlernt und ausgeübt wird: das Flechten von Schnüren und Schlingen von Knoten. Seit einigen Jahren gibt es hierfür wieder Experten und Kurse. In Museen und Schulen wird sowohl auf dem Festland wie auf Taiwan diese Kleinkunst liebevoll gepflegt. Das Palastmuseum in Taipei enthält die zur Zeit größte historische Sammlung dieser Kunstart. – Flechten und Knoten war im Zeitalter der Industrialisierung schnell in Vergessenheit geraten, weil sie für die Kleidung entbehrlich waren. Nur in Japan, wo man die Schnüre für Obis brauchte und auch keine Knöpfe benutzte, wurde kontinuierlich geflochten. Der Name der schönsten und schwierigsten Flechtart dort weist auf den Ursprung: »Chinesisches Flechten«!
Wiederum eine andere Technik war das Knoten. Kleine gebogene Werkzeuge aus Jade oder Knochen (xi) aus der Zhou-Zeit werden im alten Lexikon *Shou-wen* als Instrumente bezeichnet, die zum Knotenlösen bestimmt sind und zur Erwachsenenkleidung gehören; vermutlich wurden sie auch für Knotenschrift verwendet.
Kunstvoll verschlüsselte Knotenbotschaften wurden jahrhundertelang verstanden. Selbst Kaiser bedienten sich des Seiden-Knoten-Briefes. Xuandi (74–49 v. Chr.) entsann sich bei seiner Thronbesteigung seiner ersten Liebe und übersandte ihr in einem versiegelten Goldkästchen den »Knoten des treuen Liebhabers«: er wurde sofort erhört. Später verstand ein anderer Kaiser die umgekehrte Botschaft seiner vernachlässigten Geliebten, die ihm einige Schnüre aus ihrem üppigen schwarzen Haar schickte, das sie sich vor Kummer abgeschnitten hatte. Er begriff, daß sie damit die Absicht andeutete, ihrem Leben ein Ende zu setzen, und wandte sich ihr wieder zu.
Der »Knoten des treuen Liebhabers« spielte sogar in der Lyrik eine große Rolle. Zur Tang-Zeit war er ganz allgemein bekannt, leider vergaß man seine Form. Ob der lange Knotenschmuck an den Kostümen der Tang-Damen ein solcher war? Vielleicht war es auch ein »Knoten für doppeltes Glück«, »langes Leben« oder das Knotenarrangement als Symbol der Zusammengehörigkeit zweier Menschen, unlösbar miteinander verflochten, von dem Kaiser Wudi (141–87) dichtet: »Ich träumte, wie die seidenen Flechtschnüre unserer Gürtel geschlungen waren zum Liebesknoten.«

Libellen, Phönix- und Drachenknoten sprachen ebenso für sich wie die Karpfen- und Goldfischgehänge, die an seidenen Bettvorhängen als Wunsch nach reichem Kindersegen pendelten. An seidenen Schnüren hingen Bilderrollen, Jadeobjekte, Musikinstrumente, Amulette, Fächer, Laternen und viele andere Gegenstände des täglichen Lebens; von der Güte des Zaumzeuges und der Schwertgürtel konnte schließlich das Leben abhängen.
Mit der Bitte um Hilfe hing man rote Schnüre um Götterbilder und Altäre; ein Talisman an regenbogenfarbener Kordel sollte Schutz gewähren. Daß darüber hinaus in Ungnade gefallenen Personen, wie es heißt, eine »Seidene Schnur« zur Selbstjustiz, bei der das Gesicht gewahrt blieb, übersandt wurde, ist hinlänglich bekannt.
Sogar Münzen wurden auf rotseidene, sogenannte Käsch-Schnüre aufgereiht. Je mehr Münzen, um so länger die Kordel. Millionenfach müssen dafür Seidenschnüre geflochten worden sein, denn man weiß, daß im Jahr 1077 die Staatseinkünfte 5,6 Millionen Schnüre von je 1000 Münzen betrugen und daß die Seezölle um das Jahr 1100 65 Millionen Geld-Schnüre an Einkünften erbrachten.
Für die Käsch-Schnur war die Seidenraupe das Maß oder umgekehrt. Sie sollte so dick sein wie die Seidenraupe um den dritten Schlaf herum, nach einer Überlieferung aus dem Jahr 1858 also etwa »1½ Linie«, was einem Durchmesser von etwa 3–4 mm entsprach. Eine Käsch-Schnur mit aufgereihtem Münzgeld, mit Knoten- und Fran-

Liu Hai. »Gott des Geldes« mit der dreifüßigen Kröte

senabschluß am Beginn und Ende, wurde in den Händen des »Liuhai«, des Schutzpatrons in Geldangelegenheiten, zusammen mit einer dreifüßigen Kröte zu einem allgemein bekannten Symbol für Reichtum und Glück. Häufig ist diese Darstellung in der bildenden Kunst zu finden.

Zur Herstellung von Flechtgürteln, Knoten und Schnüren wurde ganz feine Seide gebündelt und auf Gewichte gewickelt, die großen hölzernen Nähgarnrollen ähnlich sahen. Von einer – oder bei komplizierten Mustern von zwei Frauen – wurden die Fäden über einem Hockergestell oder einem konisch zulaufenden Korbgeflecht hin- und hergelegt und gekreuzt. Die zusammenarbeitenden Personen sollten »den gleichen Atem haben«. Jedes junge Mädchen lernte vor der Heirat das Flechten so selbstverständlich wie das Sticken; als Volkskunst war das Knoten eine allgemeine Unterhaltung und Belustigung an Festtagen. Selbst in Klöstern dienten Flechten und Knoten mit Seide der Beschäftigung und dem Nebenerwerb. Zu Unrecht gerieten sie bis zur heutigen Renaissance aus dem Gebrauch und in Vergessenheit.

Flechten eines Seidenbandes über einem Korbgestell.
Alter chinesischer Holzschnitt

»Seide als...« – es ist nicht möglich, selbst im Textilbereich die Verwendungsvielfalt des Seidenfadens auch nur einigermaßen auszuloten. Neben der zierlichen, geknoteten Kleinkunst war das Knoten und Knüpfen von Teppichen gang und gäbe, denn außer Wollteppichen gab es solche aus Seide. Vermutlich hat sich die Teppichknüpferei entlang der Seidenstraße von Westen nach Osten – die Technik ist die gleiche wie im Orient – u.a. durch die zeltbewohnenden Nomaden ausgebreitet. Der Bedarf an Teppichen, schon allein am Hof der Mongolenkaiser Chinas war groß, daher kamen die Kamelkarawanen, die China mit Seide verließen, mit Wolle beladen zurück.
Besonders bekannt wurden und sind die »Tianjin«-Knüpfarbeiten als Teppiche und Wandteppiche, als Stuhlsitze und Sitzmatten in Klöstern. Das Seidenmaterial ist selbstverständlich keine gehaspelte Edelseide, sondern gesponnene Flockseide. Einzigartig sind in chinesischen Seiden- wie Wollteppichen die milden, wie Musik abgestimmten Farben, wie wir sie von Stoffen her kennen: indigoblau, goldgelb, zimt, aprikose, elfenbeinweiß. Der blau-weißen Porzellanmalerei ähnlich gab es blau-weiß geknüpfte Seidenteppiche mit einem bezaubernden Lichtspiel. Oft wird, und das ist eine chinesische Besonderheit, der Teppichflor an den Rändern der Muster schräg abgerundet geschnitten, als sei das Kunstwerk ziseliert. Die Teppiche erhalten ihre Reliefkontur entweder aufgespannt am senkrechten Knüpfstuhl oder ausgebreitet auf dem Fußboden.
Als wir eine große Teppichwerkstatt besichtigten, konnten wir bewundernd zusehen, wie chinesische Knüpfer diese präzise Arbeit mit einer gewöhnlichen geraden Schere so unglaublich geschickt gestalteten, daß es schien, als würden Pflanzen und Tiere förmlich zum Leben erweckt. Seide läßt sich, wie wir selber ausprobieren durften, sehr schwer schneiden, viel schwerer als Wolle.
Glanzleistungen chinesischer Knüpfkunst sind die Drachenteppiche, die als Festschmuck in Tempeln um die Holzsäulen gespannt wurden. Auf der Erde liegend sehen die Drachen wie durch einen großen Schnitt zerstückelt aus, um eine Säule drapiert, stoßen sie in Präzisionsarbeit genau passend aneinander, so daß sich ein einziger großer Drache um die Säule zu winden scheint. Die Färber wußten ihnen oft ein besonderes Leben zu verleihen, indem sie einen echt gefärbten Goldton mit einem langsam in Jahrzehnten vergehenden Rot überfärbten.

Weil Teppiche nicht ständig dem Licht ausgesetzt, sondern gerollt in Kampfertruhen aufbewahrt wurden, blieben auch ältere Stücke erhalten, z.B. aus der letzten Ming-Zeit, dem 16./17. Jahrhundert. Die vollendetsten Knüpfteppiche gibt es wohl aus der Kangxi- und Qianlong-Periode (1622–1722 und 1723–1735), der Qing-Zeit (1644–1911), als man in der Gestaltung von seidenen und anderen Textilien von der schönen Einfachheit der Musterung zur Verfeinerung, zur reichen Verzierung und Eleganz überging.

V.
Die sechs Buntheiten oder die Kunst des Färbens

Edle Seide verlangt nach Farbe, und auf keinem anderen Stoff leuchtet Farbe so tief und intensiv wie auf Seide. Die *Sitten von Pin (Legge)* sagen im ersten Lied (O. Franke):

»Im achten Monat hebt das Spinnen an,
Da webt man blaues, webt man gelbes Zeug;
Und unser rotes, das am meisten glänzt,
Gibt Unterkleider für die Fürstensöhne.«

Farben hatten für das chinesische Denken einen bestimmten Platz in den kosmischen Zusammenhängen, und ihre Anwendung war festen Regeln unterworfen. Sie waren im *Liji*, einem der fünf klassischen Bücher des konfuzianischen Lehrgebäudes, aus dem ersten vorchristlichen Jahrhundert festgelegt (vgl. Kap. VIII). In dem Kapitel »Der Mensch in seinen kosmischen Zusammenhängen« heißt es:
»Die fünf Wandelzustände, die vier Zeiten, die zwölf Monate bilden einen Kreislauf, indem sie auseinander entstehen. Die fünf Klänge, die sechs Rohre, die zwölf Pfeifen bilden der Reihe nach den Grundton... Die fünf Farben, die sechsfache Buntheit, die zwölferlei Gewänder bilden der Reihe nach die Grundlage der Kleidung. Darum ist der Mensch das Herz von Himmel und Erde und der Keim der fünf Wandelzustände.«
Folgende fünf Farben gab es mit diesen Zuordnungen:

1. Grün-(blau) entsprach dem Frühling, dem Osten und der Grundkraft des Holzes (Wald) mit seinem organischen Wachstum;
2. Rot entsprach dem Sommer, dem Süden, dem Feuer mit seiner emporsteigenden Hitze;

3. Weiß entsprach dem Herbst, dem Westen, dem Metall als Gleichnis für das Absterben der Natur, aber auch der Ernte;
4. Schwarz entsprach dem Winter, dem Norden, dem Wasser in der Bedeutung des Niedersinkens und Sichsammelns;
5. Gelb war das Symbol für die Mitte, allgegenwärtig und gleichzeitig die Verbindungsachse zum Himmel.

Als Himmelsfarbe wurde verständlicherweise häufig noch das Azurblau erwähnt. Konfuzius aber zählte nicht bloß fünf, sondern sechs »Buntheiten« auf, und man kann annehmen, daß mit dieser sechsten Farbe nichts anderes als der Glanz selber gemeint war – ein Gedanke, der dem Philosophen wohl beim Anblick farbiger Seidenstoffe gekommen sein kann.

Die Färberei wurde als eine heilige Kunst und nicht als ein Handwerk eingestuft. Wegen der für Riten und Kulthandlungen wichtigen Färbungen der Staatsgewänder hob das *Zhouli*, ein weiteres altes Sitten-Lehrbuch, die Bedeutung und Symbolik hervor, während das *Liji* für die Farben und Färbmaterialien genaue Bestimmungen gab. Nichts durfte gefälscht werden. Noch zur Ming-Zeit wurden die Beschaffung und Lagerung von Farbstoffen für die kaiserlichen Lagerhäuser strengstens überwacht, denn es kam darauf an, die Farbdrogen zu einer bestimmten Jahres- und Tageszeit, im Einklang mit Himmel und Erde, zu ernten und aufzubereiten. Alte Texte weisen immer wieder darauf hin, daß ein in der Färbkunst erfahrener Meister seine Geheimnisse nicht preisgeben würde. Seine lebenslangen eigensten Erfahrungen, wie etwa über den Einfluß von Wetterlagen, konnte nur er selbst fühlen und ohnehin nicht weitergeben.

Für das Färben war der »Dritte Monat des Sommers« vorgeschrieben. Färben war eine Arbeit für die warme Jahreszeit. Daher begannen nach dem *Liji* die Vorbereitungen im Palast dazu bereits im zweiten Monat. Das *Zhouli* legte fest:

»Die Seidenkocher bereiten die Seide zum Färben zu, indem sie die Seidenfäden mit heißem Wasser durchtränken. ... sie bereiten sie zu, indem sie Asche vom Holz des Lan-Baumes (*Kaelreuteria paniculata*), dessen Blüten zum Gelbfärben gebraucht werden, zusetzen und den Seidenstoff darin eintauchen und reinigen. Dann legen sie sie in die Einweichgefäße und überschütten sie mit Pulver aus zerstoßenen Muscheln. In dem Pulver läßt man die Seide sich klären, dann nimmt

Konfuzius

man sie heraus, läßt sie abtropfen und schüttelt sie aus. Danach taucht man sie in Wasser, läßt sie wieder abtropfen, bestreut sie wieder mit Muschelpulver und bewahrt sie die Nacht auf. Am nächsten Tag taucht man sie wieder ein und läßt sie wieder abtropfen. Am Tag trocknet man sie in der Sonne (ein Fuß hoch über der Erde), nachts hängt man sie in einem Brunnen auf. Das währt sieben Tage und sieben Nächte...« (nach O. Franke).

Die allgemeine Kenntnis des Färbens hing eng mit der Seidengewinnung zusammen und war daher in den Haushalten weit verbreitet. Das führte zu einem ausgeprägten Farbsinn in allen Schichten der Bevölkerung. Farbe war Ausdruck einer Stimmung und eines Gefühls. So wurden mit feiner Empfindung die Farben für alle wichtigen Ereignisse des Lebens ausgewählt. Auch das Porzellan der Teeschalen suchten die Kenner danach aus, in welcher Farbe der Tee nach dem Einschenken erscheinen würde.

Seit 1800 war das Haus Lin, vom Kaiser konzessioniert, Handelspartner des Hauses Waln in Philadelphia, das u.a. die Farbstoffe Zinnober, Klettenwurzel und Indigo importierte. Man schätzte sich gegenseitig und Einladungen ergingen von beiden Seiten. So kam eine Tochter der Walns als »Tochter der Zuneigung« in die chinesische Großfamilie der Lin. Später beschrieb sie in einem Buch einen Trauerfall im Hause Lin:

»Als die Khakipflaumen reiften, sandte mich Shun-ko mit einem Korb voll goldener Früchte durch Mai-lins Gang, der die Mauer zwischen den Heimstätten der Lin und der Wong durchbricht. Ich traf die Frauen des Wonghauses aufgeregt und weinend an, weil ihr Ältester befohlen hatte, Totengewänder zu nähen. Der Älteste kam selber von einem Kaufmann begleitet, der aus seinem großen Laden in der Straße des ›Rollenden Donners im Flachen Grund‹ Stoffe gebracht hatte. Zwei Burschen, die dem Kaufmann auf dem Fuße folgten, setzten die Bambusstangen ab, an der sie die Warenballen trugen. Sie lösten den Knoten des blauen Einschlagtuches und breiteten es wie einen Teppich auf dem glatten Steinpflaster aus.

Auf seidenbeschuhten Füßen hockend, das lange, dunkle Kaschmirgewand unter den Knien gefaltet, öffnete der Kaufmann andächtig die mattgoldene Papierhülle der Stoffballen. Zuerst kamen Farbtöne in Rot für das Totenbett, Rot ist die Farbe der Freude. Wenn jemand siebzig Jahre in gewissenhafter Sorge gelebt hat und als Frucht seines Lebens zahlreiche, wohlerzogene Nachkommen hinterläßt, dann soll es keinen Kummer geben über die Vollendung dieses Lebens und den Beginn eines anderen Daseins. Farbschattierungen von hellrosa über lachs und korallenfarben zum Feuer-, Scharlach-, Kirsch-, Rubin-, Wein-, Tomaten- und Magdalarot bis hin zum tiefsten Karmin gingen von Hand zu Hand und wurden zu Haufen schwellender Farben. Jedes Stück hatte seinen eigenen Namen: ›Morgendämmerung über den Bergen des ewigen Friedens‹, ›Frühling im Obstgarten‹, ›Flügel eines singenden Vogels‹ – aber die Frauen waren wenig begeistert von dem, was der Kaufmann ihnen vorlegte; einer der Burschen wurde ins Geschäft zurückgeschickt, um neue Schätze herbeizuschleppen.

Da ich mich zu lange aufhielt, kam Shunge. Aber sie blieb auch da und half, die blauen Seidenstoffe für das himmlische Gewand des Ältesten auszusuchen. Die Frauen konnten sich nicht entscheiden. Endlich bezeichnete der Älteste selbst einen Stoff, den man ›Spätsommerhimmel‹ nennt. Er lag in einem zusammengeworfenen Haufen von Seidenstoffen in den Farben der Glockenblume, Akelei, Flachsblüte, Kornblume, Traubenhyazinthe, Rittersporn und Enzian. Rohseide für das Leichentuch wurde ausgesucht und dem Kaufmann aufgegeben, sie zartrosa einzufärben.

Das Lin-Haus kaufte Stoffe und machte eine Daunendecke, auf die wir passende Sprüche stickten. Das Haus Chao schickte eine Decke aus Chinakrepp mit Distelwolle gestopft. Auch andere Häuser sandten solche Decken der ›Wärme der Zuneigung‹, bis das Totenbett reichlich versehen war.

Lin Hua, die blinde Witwe des Hauses Lin, wählte den Boden unter dem Rotholzbaum in der südöstlichen Ecke des Farmlandes als den Platz, wo der Älteste seinen Leib der Erde übergeben sollte. Er pflanzte dort drei Pappeln, einen roten Ahorn, einen Walnußbaum und einen Ableger unseres Mädchenhaarbaumes. Er ließ von Zimmerleuten aus Peking einen Pavillon errichten. Dann setzte er Glyzinien, die sich daran emporranken sollten, und pflanzte Goldweide vor die Tür...« (N. Waln).

Goldweide, Ahorn, Pappel und Walnuß sind Bäume, aus deren Blättern, Rinden, Wurzeln, Blüten und Früchten sich wundervolle Farben für Seiden herstellen ließen – Gelb- und Grüntöne, Grau, Bronze und Violettbraun.

Als Textilfaser, die aus dem Tierreich stammt (Proteinfaser), ließ sich Seide ähnlich wie Wolle besonders gut einfärben, mit einem Unterschied: da edle Seide als Faden gehaspelt wurde, konnte sie nicht als Flocke gefärbt werden, bei deren Verspinnen man Farbunterschiede hätte ausgleichen können. Daher waren die Vorbereitungsarbeiten, die wir bereits in einem Rezept kennenlernten, so wichtig, um zu vermeiden, daß einige Seidenstränge mehr Farbe an sich zogen als andere. Wer hätte es schon wagen können, eine gescheckte, ungleichmäßig gefärbte Seide für ein Kaisergewand abzuliefern! Sorgsam zog der Färber also die Seidenstränge an Bambusstöcken durch die Farbbrühe, sorgfältig trocknete er sie an Bambusgestellen. War die Seide durch Abkochen in Aschen-, Natron- oder Seifenlauge vorbehandelt, durfte sie zum Färben nicht mehr abkühlen, man mußte sehr schnell arbeiten. Sonst war jede Hast schädlich. Seide wollte langsam und sehr eingehend sanft gefärbt werden, nicht in großen Wannen, sondern in einzeln nebeneinander angeordneten Kesseln. Obwohl uns derart langwierige Methoden unnötig zu sein scheinen, waren gerade diese behutsame Art, diese vielen Wiederholungen die Vorbedingung für die Ebenmäßigkeit, Brillanz und Dauerhaftigkeit der uns erhalten gebliebenen Seidengewebe. Die Qualität der alten Seidenfärbereien wäre anders überhaupt nicht zu erreichen gewesen. Seidenfunde aus den Oasenstädten an der Seidenstraße weisen allerdings nicht immer die gleiche Güte der Färbung auf, sie sind oft matt und verschossen, so daß sich im Verlauf der Seidenstraße ein Gefälle ergibt, das u.a. aus der Geheimhaltung der Rezepturen erklärbar wäre.

Über die hochentwickelte Seidenfärberei zur Han-Zeit sind wir besonders gut unterrichtet; es gab sie vermutlich aber schon viel früher, denn man kannte bereits verschiedene »Beizverfahren«, um die Farben zu nuancieren und Farbstoffe besonders fest an die Faser zu binden. Seit alten Zeiten hatten sich dafür bestimmte Mineralien und Metallsalze wie Eisen- und Kupfersulfat – Kupfer war von der Bronzeherstellung bekannt –, Zinnober und Alaun bewährt. Zusätzliche Hilfsmittel waren Asche, Tonerde, gewässerter Kuhmist sowie ölhaltige und gärende Substanzen. Auch das »Einbrennen« in der Sonne und Fixieren der Farben durch Dampf, so wie es sich in Nordeuropa bis in die Neuzeit erhielt, war gang und gäbe. Man konnte vor, während oder nach der Färberei beizen, nach heißem oder kaltem Verfahren. Die alten Rezepte berichten vorwiegend von Einlegen in kaltes Alaunwasser nach dem Färben, so konnte man Brennstoff sparen und schonte das kostbare Material.

In aller Welt werden Chinesen wegen ihrer Begabung für perfektes Waschen auch kompliziertester Textilien bewundert. Diese Eigenschaft dürfte auf die jahrtausende alte Kenntnis der Seidenbehandlung zurückgehen. Für das Waschen waren Erfahrung und das Wissen um Dinge wie Wasserqualität, Zusätze, Temperatureinflüsse wichtig. Zum Färben war die Kenntnis von der Behandlung der Farbpflanzen, von Anbau, Ernte, Sammelzeit und Aufbewahrung ganz unerläßlich. Vom Handel mit Farbstoffen konnte man recht gut leben. Das klassische Buch *Shiji* erwähnt eine sehr vermögende Witwe aus der Zeit der Qin-Dynastie (221–206 v.Chr.), die durch Zinnober reich wurde. Eine andere Zeitgenossin konnte von Gardenien, die sie auf 1000 mu Land zog, so üppig wirtschaften wie eine »Marquise«.

Das kostbarste Rot gewannen die Färber aus den Blüten des Korbblütlers »Honghua«. Diese Färberdistel *(Carthamus tinctorius L.)* gehört neben Krapp und Indigo zu den ältesten Farbpflanzen der Menschheit. Vor allem in den Seidenprovinzen waren riesige Flächen

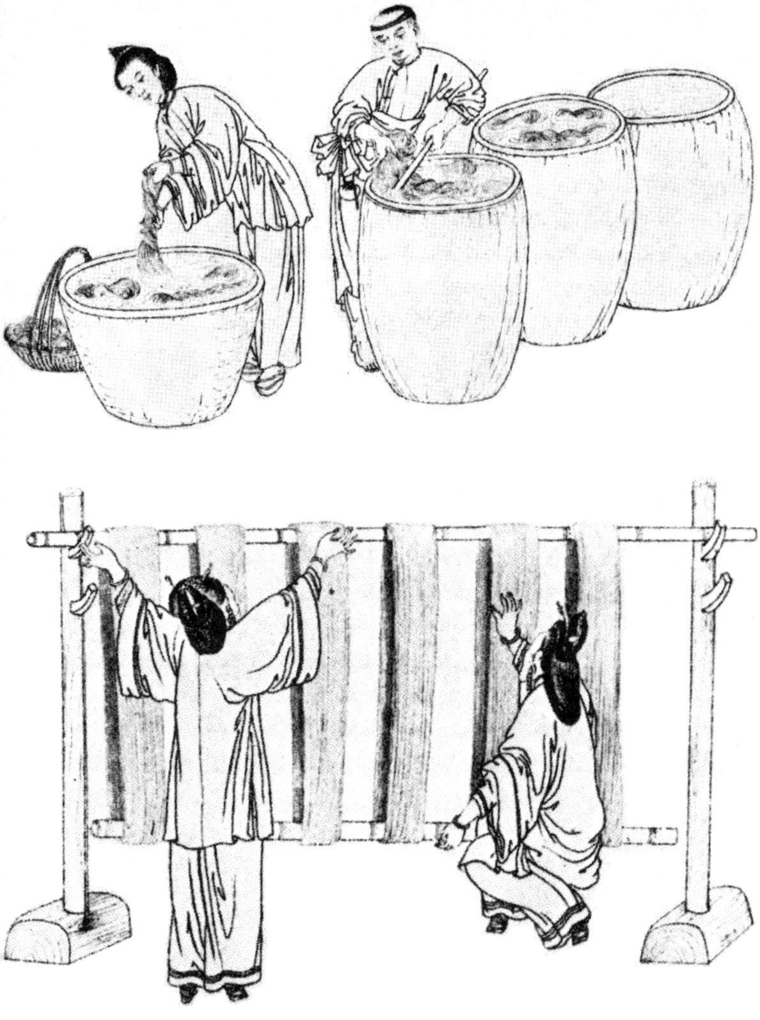

Färben und Trocknen von Seidensträngen auf dem Bambusgestell

mit der Färberdistel bedeckt, im Süden als Winter-, im Norden als Sommeranbau. Jede einzelne Blüte mußte genau zu dem Zeitpunkt geerntet werden, wenn die gelbliche in eine dunkelrote Farbe umschlug. Die Blüten wurden getrocknet und ein schöner, aber leider unechter gelber Farbstoff durch Wässern entfernt. Dann wurden die Blüten mit Soda ausgelaugt und zur Saflorrotfärbung verwendet. Bis zur letzten Jahrhundertwende wurden die kostbarsten Seidengewänder mit »Honghua« gefärbt. Das schönste Rot aus der Färberdistel wurde mit folgendem Rezept nach den Bestimmungen des Buches *Zhouli* erreicht: Die getrocknete Substanz der präparierten Blüten mit einem Sud aus getrockneten Pflaumen abkochen, dann mit Reisschrot-Asche wässern und mit Natronlauge behandeln. Dies gibt ein tiefes Rot. Nun eine Farbflotte aus Blüten des Sumachstrauches *(Rhus cotinus)* durch Auskochen bereiten, der ersten Farbbrühe zusetzen. Darin kann die Seide ganz nach Wunsch abgetönt werden, die Farbbrühe läßt sich mehrere Male verwenden.

Weniger aufwendig war der Anbau der »Qiancao«, der Krappwurzel *(Rubia cardifolia L.)*. Allerdings konnte man die Wurzeln, die den Farbstoff enthielten, erst im zweiten Anbaujahr ernten. Getrocknet und zermahlen ergaben sie den wichtigsten Farbstoff für alle Rottöne. Die von der Regierung verbotenen Fälschungen waren übrigens leicht durch Anreichern mit roten Erdbeimischungen zu erreichen.

Je nach Beizverfahren mit unterschiedlichen Mineralien und je nach Färben unter oder bei Kochtemperatur ließen sich die leuchtendsten bläulichen oder orangefarbenen Rottöne erzielen. Zusätze von Galläpfeln ergaben Farben bis zum Violettbraun oder Grau. Bei der Krappfärbung konnte sich die einzigartige Kunst des Färbers voll entfalten.

Ein überaus prächtiges Rotviolett erreichte der Seidenfärber mit den im Frühjahr geernteten Wurzeln des »Zicau«, des Steinsamen *(Lithospermum erythrorhizom S. u. Z.)*. Steinsamen wurde hauptsächlich in Mittel- oder Nordchina angebaut und von dort in den Süden transportiert.

Mit der Klettenwurzel, die sogar zeitweise zu einem Exportartikel für die USA wurde, färbte man ein zuverlässiges Gelb. Besonders schätzte man für Gelb auch den gelben Ingwer, den »Jianghuang« *(Curcuma longa)*, mit dem man auch kultisches Gebäck färbte. Der Farbstoff wurde durch Trocknen und Pulverisieren der unterirdischen Rhizome gewonnen. Ein purpurfarbenes Rot ließ sich aus der Abkochung des Spanholzes »sumu« *(Caesalpinia Sappan)* erzielen, der man Alaun und Eisensulfat zusetzte. Man konnte auch Asche von Hanfstengeln verwenden mit anschließendem Wässern in Natronlauge, das ergab einen anderen Farbton, wiederum ein besonders begehrtes Gelb. Gefärbt wurde auch mit Abkochungen der Blüten von »Huai«, der *Sophora japonica* und der Blätter des Amaranthus »Xian«. Durch Zusätze konnte fast jede gute Gelbfärbung in einen Grünton verwandelt werden, wenn der Färber es nicht vorzog, Gelb mit Blau zu überfärben. Als einer der prächtigsten Grüntöne war ein Farbton sehr geschätzt, der aus Lotoskernen mit einem Zusatz von Eisensulfat gewonnen wurde. Wir erfahren noch von Gelbfärbungen mit der Rinde des »Huangbo«-Baumes *(Phellendron amurense)*, die man mit dem Rot der Krappwurzel, aber auch mit dem Blau des Indigo überfärbte und abtönte.

In China gewann man das Indigoblau aus verschiedenen, oft angebauten Pflanzen. Im Süden erhielt man den Farbstoff aus einem rosa blühenden Schmetterlingsblütler »Huailan« *(Indigofera tinctoria L.)*, dessen Schößlinge man schnitt. In Mittel- und Nordchina baute man den Färberknöterich »Lan« *(Polygonum tinct. Lour., Gattung Persicaria)* an, einen Verwandten der Buchweizenfamilie. Lan war eine der ältesten in China angebauten Färbpflanzen. Die Pflanze liebte eine starke Sonnenbestrahlung. Man pflückte die herzförmigen Blätter kurz vor dem Aufgehen der rötlichen Blüten. Bei guter Pflege ließen sich mehrere Ernten im Jahr einbringen. (Versuche, den Knöterich im weniger sonnigen Europa anzusiedeln, scheiterten, der Farbstoffgehalt sank auf ein Minimum herab.) Hauptanbaugebiete waren die am Yangzi liegenden Gebiete von Anhui, Jiangxi und Hubei; Gebiete von Zhejiang und Guangxi sowie Sichuan im Westen Chinas. Auf nichtbewässerbaren Feldern ließen sich Stecklinge davon als Zwischenfrucht anbauen. Da sie schon nach etwa zwei Monaten geerntet werden konnten, fand man sie sogar zwischen zwei Reistrachten auf bewässerbarem Ackerland, solange dies zwischenzeitlich trockengelegt wurde.

Viel schwieriger als bei allen anderen Farbpflanzen war die Indigo-Farbstoffgewinnung. Man ließ die Blätter in Erdgruben oder Bottichen mit gewissen Zusätzen vergären und sorgte dafür, daß sich durch Umrühren und Schlagen eine Berührung mit der Luft ergab, wodurch sich der blaue Farbstoff aus einer grünlichen Lösung als schlammig blaue Masse absetzte und zum Aufbewahren getrocknet werden konnte. Es war die Kunst der Färber, den blauen Farbstoff wieder so zu »reduzieren«, daß man die Seide in die gelblichgrüne

Flüssigkeit tauchen konnte, worauf sich erneut der blaue Farbton durch Oxidation an der Luft entwickelte, nun aber fest mit der Faser verbunden blieb. Die Färbung brauchte weder Beize noch Kochtemperatur. Wurde das Blau mit einer Säure nachbehandelt, war es als sogenannte »Küpenfarbe« vollkommen echt. Meist haftete an den gefärbten Stoffen ein feiner, leicht süßlicher Indigogeruch, den man für ein schützendes und heilendes Mittel hielt.

Weiße Seiden, die bei Ausgrabungen zusammen mit indigoblauen Stoffen gefunden wurden, hatten nach den Angaben russischer Gelehrter eine leicht graue Überfärbung angenommen.

Mit Indigoblau, Krapprot, Saflor, Curcuma oder einer der vielen anderen gelbfärbenden Pflanzen sowie Galläpfeln vom Lackbaum *(Rhus javanica* und *Rhus potaninii)* konnten Chinas Färber alle Wünsche erfüllen, die die Träger der Seidengewänder stellen mochten.

Wenn häufig mit den traditionellen Farben der Chinesen ein »Purpurrot« genannt wird, so handelt es sich nicht um den echten Purpur, der aus den winzigen Drüsen von Mittelmeerschnecken gewonnen wurde. Diese Herstellung war so aufwendig, daß Purpurfarbe mit Gold aufgewogen wurde – so wie Chinas Seide in Rom. Heute finden wir diese violettrote Farbe keineswegs mehr so faszinierend wie die Menschen im klassischen Altertum. Die Bezeichnung Purpur aber blieb und ging im Sprachgebrauch auf im Wort Scharlach, dem Kardinalsrot der Kirchengewänder. Das in China geschätzte Purpurrot wurde dagegen aus einer Lacklausart gewonnen, ähnlich den später aus der Neuen Welt importierten Cochenilleläusen.

Der Philosoph Mozi (gest. ca. 380 v. Chr.) kleidet seine Gedanken über (Partei-) Politik in das jedem Chinesen verständliche Beispiel der Seidenfärberei: Würde Seide fünfmal gefärbt, so sagt er, würde sie fünfmal ihre Farbe ändern, deshalb sollte dieser Vorgang mit größter Sorgfalt geschehen, denn selbst ein Land könne in gleicher Weise durch Beeinflussung seine Farbe ändern.

In einem um 1780 geschriebenen Werk (O. Franke) beklagen europäische Missionare den Verfall der chinesischen Färbkunst. Sie geben mehrere Gründe dafür an. Es würde nicht mehr, wie früher üblich, in fast jedem Haushalt gefärbt, in dem auch Raupenzucht betrieben wurde. Und seit sich die professionelle Färberei nicht mehr nur in den kaiserlichen Werkstätten konzentriere, sondern sich in eigenen

Auswaschen und Trockenschleudern von Taftseide

Privatbetrieben etabliert hätte, seien die vorher so hoch entwickelten Färbkünste mehr und mehr verloren gegangen. Bereits seit dem 6. Jahrhundert, so meinten die Missionare, hätten die Chinesen ihre Farbstoffe von Persien und Indien erhalten. Damit hätte sich auch die gesamte Farbpalette und Farbskala verändert und sich »vom Chinesischen zum Abendländischen hin entwickelt«. Obwohl es besonders bei Wiedervereinigungen zum Gesamtkaiserreich, wie z. B. zur Song-Zeit im 12./13. Jahrhundert, immer wieder Zeiten der Rückbesinnung auf alte Werte gab, ließ sich schließlich ein allgemeiner Niedergang der Färbmethoden im Zeitalter der beginnenden Industrialisierung durch den Import von leicht anwendbaren Anilinfarben nicht vermeiden. Das ging so weit, daß die herrlich rotleuchtende goldbestickte Seide für die Sitze der Ahnenhalle nicht einmal mehr einen Tropfen Wasser oder gar Reiswein vertragen konnte.

Überwunden sind inzwischen die Schwierigkeiten der ersten europäischen Versuche mit Anilinfarben, von denen zuerst das im Krapp enthaltene Alizarin synthetisiert wurde. Der chinesischen Färberei stehen jetzt synthetische Farbstoffe von größter Zuverlässigkeit und in jeder Schattierung zur Verfügung. Sie sind für die heutige Großproduktion an bunten Seiden eine unerläßliche Vorbedingung. Ihre Anwendung erfordert, genau so wie früher die traditionellen Farben, einen außergewöhnlich gut entwickelten Farbensinn und technisches Spezialkönnen. Sie ist längst nicht mehr an symbolische Bedeutung oder an kosmische Zusammenhänge in Verbindung mit dem Seidenkalender gebunden, auch nicht an Vorschriften oder Tabus.

Neue Technologien aber könnten ganz neue Impulse geben und eine unerwartete Entwicklung von Farbkombinationen einleiten. Nach der Übernahme der Seidenkultur durch den Westen fehlte es zur Zeit der Industrialisierung nicht an Versuchen, die Färbung der Seide möglichst zu vereinfachen. Man wußte, z.B. aus Beobachtungen, daß die Farbe des Raupenfadens unmittelbar durch die Farbe des Futterlaubes beeinflußt werden konnte. Sollte man solche Erkenntnisse nicht gezielt anwenden können? Also färbte man das Maulbeerlaub. Tatsächlich, das Ergebnis erschien wie ein Wunder.

Die Raupen spannen gelbe Kokons, wenn das Laub mit Krapprot gefärbt wurde; mit Krapp und Indigo behandeltes Futter gab grüne Seide; mit Cochenille gefärbte Blätter ließen die Tiere orangefarbene Fäden spinnen. Damals begnügte man sich mit diesen Ergebnissen, weil das Färben der beträchtlichen Laubmengen doch zu schwierig geworden wäre. Die Zukunft wird zeigen, ob mit der Einführung der synthetischen Raupennahrung die alten Ideen, vielleicht erfolgreicher wieder aufgegriffen werden.

Garne und Stoffe wurden nicht nur gefärbt und verwebt, farbig bestickt und häufig bemalt; die Färber beherrschten auch die sogenannten Reserveverfahren. Bei einer dieser Techniken, der »Wachs«-Reservierung, entstand ein helles Muster auf farbigem Grund. Dazu wurde Wachs oder Reispaste auf den ungefärbten Stoff in einer

gewünschten Zeichnung aufgetragen und die Seide in einem temperierten Färbebad, z. B. Indigo, gefärbt. Dann wusch oder kochte man die Reservierung fort.
Die Seide war auch geschmeidig genug zum Einarbeiten von feinsten Motiven in einer anderen Technik: man schnürte z. B. Reiskörner in den ungefärbten Stoff. Nach dem Färben und mühsamen Auflösen der Fäden hatte sich dann ein Muster aus kleinen Ringen gebildet. Man zog auch den Stoff durch Nähfäden derart zusammen, daß an bestimmten Stellen keine Farbe eindringen konnte. Für diese Techniken der Seidenverzierung gab es keine Bezeichnungen in China, die sich so weltweit durchgesetzt hätten wie die uns aus Indonesien geläufige Batik, chin. »laxie«, Plangi und Tritik, chin. »Jaoxie«.
Der chinesische Textilexperte Wu Min entdeckte ein noch ausgeklügelteres Verfahren: ein nur teilweises Entbasten der Seide und ein mustermäßiges Auftragen von sodahaltiger Lösung sowie das Bedrucken des Stoffes mit farbauflösenden Mitteln ergaben Musterungen von völlig anderem Charakter. Auch das ebenfalls aus Indonesien bekannte »Ikat«-verfahren, bei dem nur Teile von Kett- und Schußfäden durch Abbinden reserviert wurden, muß beliebt gewesen sein.
Wie Ausgrabungen im Tarimbecken beweisen, beherrschte man in der Tang-Zeit auch das Bedrucken von Stoffen mit Holzmodeln, ebenso das Einspannen und Färben zwischen zwei Platten. Vermutlich spielten die Beziehungen zwischen Indien und China bei den Anwendungen der Reservierungstechniken eine Rolle. In Indien werden diese Künste heute noch geübt, während in China nach einer Zeit der geradezu modischen Vorlieben z. B. die Wachsreservierung hauptsächlich bei »Randvölkern Chinas«, den jetzigen Minderheiten wie den Miao, erhalten blieb. Besonders bekannt bis heute sind außer den Seidenteppichen die großgemusterten Seidenikate der Uiguren am Südrand des Tarimbeckens in der alten Khotan-Oase mit seiner fast zweitausendjährigen Seidenerzeugung und Verarbeitung. Dort werden sie sogar auch für alltägliche Arbeitskleidung verschneidert. Auch Japan, das diese Techniken früher übernahm, behielt sie bis heute. In China dagegen scheint es keine langandauernde Produktion gegeben zu haben. Vielleicht gehörte hier die Vorliebe dem edlen gewebten und bestickten Seidenstoff, dem man in größerer künstlerischer Freiheit ausschmücken konnte.

Spinngefärbte Seide wäre natürlich das Idealmaterial zur Weiterverarbeitung gewesen. Denn konnte ein durch so viele Arbeitsgänge strapaziertes Garn überhaupt noch als Kettgarn dienen? Offenbar haben die Färber tatsächlich dem letzten Spülbad wieder eine leichte Leimsubstanz zugesetzt, die nur so wenig kleben durfte, daß sich die prüfenden Finger mit Leichtigkeit trennen konnten. Alte Abbildungen aus Anweisungen für Seidenkultur zeigen das Lockern der gestärkten Fäden, indem einige Färber die Stränge kräftig schlagen und schütteln. Auf einem koreanischen Holzschnitt des Kim Ho-do aus der Mitte des 18. Jahrhunderts ist eine andere Methode gut sichtbar: eine Frau arbeitet mit einem Webgerät mit Rückenspannung, sie bildet das Webfach mit Hilfe einer Bambusstange, die mit einer Schnur an ihren großen Zeh gebunden ist. Die Kette ist sehr lang ausgespannt und mit Leim gestärkt, den eine andere Frau mit einem dicken Strohpinsel kräftig in die Fäden reibt. Nach dem Weben konnte man den Leim auswaschen. Für die weniger strapazierten Schußfäden war diese Behandlung nicht nötig, man ließ ihnen oft sogar ein wenig vom Seidenleim, selbst wenn sie gefärbt wurden. Jedenfalls berichten das alte Quellen über die seidenen Bildwirkereien, auf die wir in Kapitel VII zurückkommen.

VI.
Das Paradies der Stoffe

Wenn auch Jahreszeiten, Lebensalter und Jahrhunderte dahineilten, die Fürsorge für die Raupen und die Arbeit am Webstuhl blieb für jede Generation beständige Aufgabe. Webgerät und Webstuhl sind die Voraussetzung für die Herstellung der Stoffe. Der Klang eines Webstuhls, bei dem Holz- und Bambusteile miteinander in gleichmäßiger Bewegung schwingen, erfreut das Ohr. Wenn Kinder mit diesem Klang aufwachsen, wie man ihn beim Werfen und Auffangen des Schiffchens und beim Anschlagen des Stoffes hört, so kann die Erinnerung daran ein Leben lang fortdauern und noch in der Fremde das Gefühl für die Geborgenheit in der Heimat wecken.

»Vater und Mutter hinterließen ein stattliches Erbe,
Hier auf dem Lande kennt man keinen Neid.
Mein Weib bei der Arbeit, der Webstuhl geht klick-klack.
Die Kinder im Spiel. Die Münder plappern und plappern.
Ein Händeklatschen entfacht der Blüten Tanz.
Das Kinn gestützt, lausche ich Vogelliedern ...« *Han Shan*

Da das Weben der chinesischen Landwirtschaft zugeordnet wurde, ist ihre Fachliteratur eingehend auf den Webstuhl hin untersucht worden. Konstruktionszeichnungen konnten bis in das 13. Jahrhundert zurück verfolgt werden, die ältesten Darstellungen dieser Art sind im Buch *Zhuren yizhi* aus dem Jahr 1263 zu finden. Mit dem Jahr 1313 ist das anschaulich illustrierte Werk *Nongshu* datiert, das wie das berühmteste, das *Gengzhitu*, mit Arbeitsliedern und Bildern mehrere Auflagen erlebte. Noch im 17. und 18. Jahrhundert gab es weitere Werke wie das *Tiangong Kaiwu* von 1637 (»Werke der Natur und der Arbeit = Handwerksvorgänge und Seidenraupenzucht«), so daß wir eine Fülle an verschiedenen Webgeräten kennenlernen. Dazu kommen viele mehr oder weniger anschauliche Anweisungen über den Bau von Webstühlen und Einzelgeräten, z.T. mit so klangvollen Namen wie »Schwimmende Ente«. Einige Webstühle konnte man nur für Seide verwenden, andere für mehrere Materialien. Leider fehlt bisher jeder Hinweis auf »kaiserliche Erfindungen« in legendärer Zeit, wie er für das Haspelgerät überliefert ist.

Alle Webstuhlarten gingen jedenfalls auf ein einziges Urmodell zurück, den Rückengurtwebstuhl. Wie die Urgeräte zum Spinnen war diese Einrichtung weit über die Erde verbreitet. Man webte auf einer »endlosen«, spiralförmig umlaufenden Kette, die über einen nicht drehbaren »Holzbaum« lief. Das eine Webfach war durch eine zwischen die Kette geschobene Leiste ständig geöffnet, das andere wurde mit Schlingen, die um die unten liegenden Fäden gelegt wurden, an einem Stab in die Höhe gezogen. Länge und Breite der Webereien waren begrenzt. Die Weberin regulierte die Spannung mit einem um den Rücken gelegten Gurt, die Füße stemmte sie gegen einen Halt. In ländlichen Randgebieten Chinas erhielt sich dieses einfache, transportable, zweckmäßige Gerät bis in unsere Zeit. Der Erfindungsreichtum an Mustern bei einer derart einfachen Einrichtung ist bewundernswert, Zeit durfte allerdings keine Rolle spielen.

Aus Chinas alten Gräbern sind bisher keine Funde von Webstühlen bekannt geworden. Um so kostbarer ist ein Bronzedeckel, der gleich mit einer ganzen Webszene geschmückt ist. Er wurde vor 4000–5000 Jahren von den Dian in Südwestchina angefertigt und diente mit seinen 75 cm Durchmesser dazu, um eine runde Schatztruhe gefüllt mit Kaurischnecken zu verschließen.

Da sitzt eine vornehme Dame im weitärmligen Gewand in einem Kreise von acht Weberinnen, die eifrig zu weben scheinen, denn sie sind in typischen Arbeitsstellungen wiedergegeben, vor- oder zurückgelehnt, oder beim Anschlagen des Gewebes. In der Mitte des Kreises spielt eine Dienerin Flöte, andere bringen ihrer Herrin Erfrischungen. Diese Darstellung dürfte die älteste Wiedergabe einer derartigen Webstube sein (*China, 7000 Years of Discovery, 1982*).

Eine weitere Entwicklungsstufe des chinesischen Webstuhles ist in einer Steingravierung aus der Han-Zeit erhalten. Das Modell zeigt, wie aus dem einfachen Gerät ein standfester Webstuhl mit Kett- und Stoffbaum und Trittvorrichtung zum Bewegen der Kettfäden wurde.

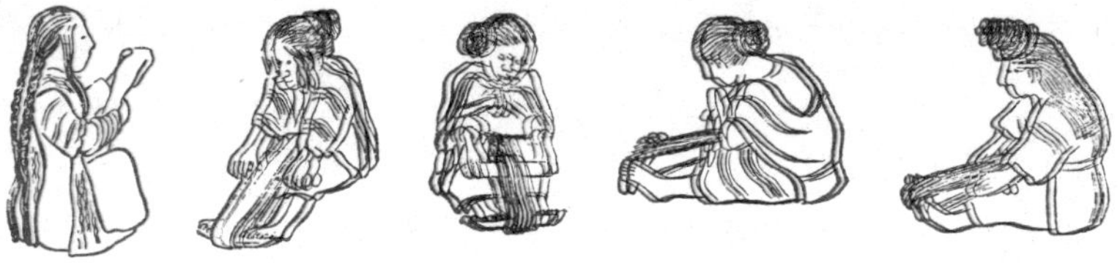

Frauen mit Rückengurt-Webgerät. Zeichnung von Einzelfiguren nach einem vermutlich 4000–5000 Jahre alten Bronzedeckel von 75 cm Durchmesser. Ausgegraben in der Provinz Yunnan

Solche Tritte waren schon zur Zeit der Streitenden Reiche (475–221 v. Chr.), also vor der Han-Zeit bekannt. Derartig durchentwickelte Konstruktionen nimmt man für den Westen erst vom 5. Jahrhundert n. Chr. an. Die komplizierteste Webeinrichtung, der Zugwebstuhl, geht nach chinesischen Angaben bis auf das zweite Jahrhundert n. Chr., also bis auf die Han-Zeit zurück und erreicht den Westen, ebenso wie die Trittvorrichtung, erst später. Nach anderer Meinung kannte man seine Anwendung im Vorderen Orient bereits im 3. Jahrhundert, die völlige Durchkonstruierung erfolgte in Europa im 12. Jahrhundert.

Dies hohe Alter der Zugwebstühle hatte die Fachwelt nicht vermutet, da erst Maler der Song-Zeit (960–1279) detaillierte Darstellungen brachten. Das wurde jedoch eindeutig in der Han-Zeit-Literatur durch Arbeitsanweisungen belegt, vor allem durch das Arbeitslied »Die Weberin« von Wang Yi aus der Zeit der Östlichen Han. Lebhaft gibt er seiner Bewunderung Ausdruck, man hört und sieht geradezu die rhythmische Bewegung des Zugwebstuhls:

»Zwei Türme zum Mustern ragen hoch hinauf,
sie schauen herab, wie auf klares Wasser,
wo Fische, so scheint es, nach Ködern haschen,
wo Wellen, so klingt es, den Strand überspülen
im Gleichmaß und Rhythmus.
Wenn alle Schnüre zusammen sich heben,
die Seidenfäden, die feinen, sich senken,
wer dächte da nicht an die Himmelskörper
mit all ihren Bahnen,
zusammen sich ziehend und wieder sich dehnend,

in rhythmischem Wechsel
eins vor, eins zurück,
niemals ermüdet und niemals erschöpft.«

Ein großer Unterschied zwischen Zeichnungen nebst Anleitungen zum Webstuhlbau und den begleitenden Texten ist in den landwirtschaftlichen Büchern nicht zu übersehen. Da heißt es in blumenreichen, hohe Ideale verkündenden Worten, im »Nachwort der sieben Literaten« zur Neuauflage (1739) des *Gengzhitu*: »Die an die Bildtafeln sich reihenden Worte sind fein gewählt und von erschöpfender Klarheit. Die Sorgfalt in Seiner Majestät fortsetzender Verkündigung und die Kraft ihrer liebevollen Fürsorge, wahrlich, sie sind herrlich und edel wie selten! Sorgenden Herzens trägt er nachts die Kleider und speist am Abend (im Drang der Geschäfte findet er keine Zeit zum Schlafen und Essen). Wenn nun der axtgeschmückte Thron diese Bilder entrollt, dann verkündet er frohe Zufriedenheit, und ungestörte Freude an Pflugschar und Korb werden herrschen.«
Die Zeichnungen, vor allem von Webstühlen, sind leider keineswegs von »erschöpfender Klarheit«. Es ist kaum oder nur unter großen Schwierigkeiten möglich, die Geräte nachzubauen. Dafür bietet sich die sehr einfache Erklärung an, daß die Tafeln von Gelehrten verfertigt wurden, die sich zwar überlegen fühlten, doch keineswegs Fachleute waren, noch sein wollten (wie hin und wieder gerügt wurde). Hervorragend genaue Wiedergaben als Tuschzeichnungen verdanken wir dagegen französischen Missionaren, vermutlich dem Jesuitenpater Amiot (1718–1793), der sich zur Zeit der frühen Mandschu-Dynastie in China aufhielt. Er überbrachte die Bilder dem französischen Handelsminister, der sicher an Seidenweberei und Seidenwebstühlen nicht uninteressiert war. Die Bilder werden bis heute in der Bibliothèque Nationale in Paris aufbewahrt.
Es gab Webstühle mit waagerecht gespannter Kette (Flachwebstühle), solche mit senkrecht verlaufender Kette (Hochwebstühle) und eine Kombination von beiden. Bei der letzten Konstruktion verlief die Kette schräg vom Kettbaum zum Weber herunter. Die Spannung wurde mit einem Rückengurt reguliert. Eine flach gespannte Kette eignete sich zur Herstellung von Stoffen, an senkrecht und schräg verlaufenden Ketten ließen sich sogar Bildwirkereien machen, über die in einem besonderen Abschnitt berichtet wird. – Kleine, unkom-

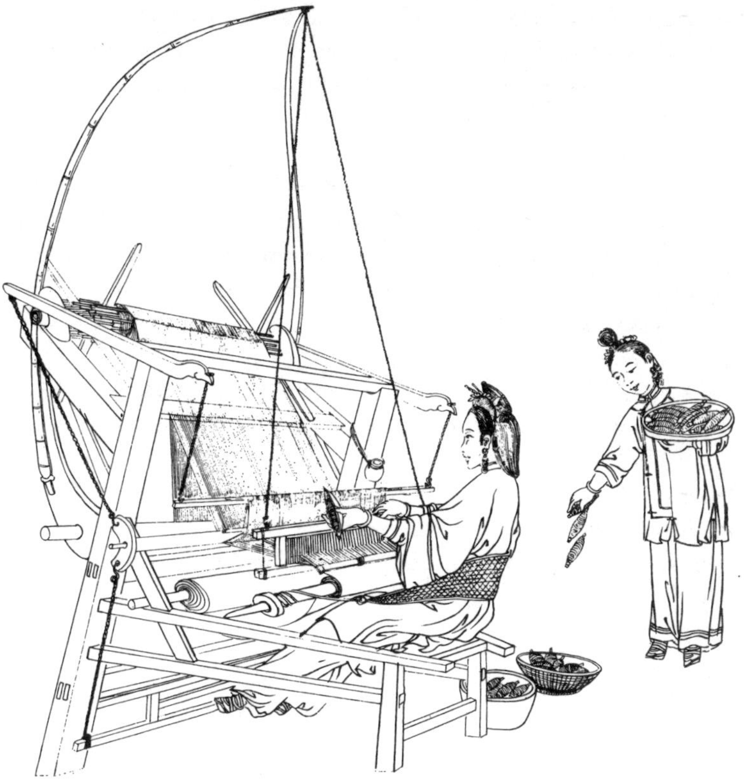

Webstuhl mit Rückengurt. Tuschezeichnung um 1700

plizierte Webstühle waren für schlichte Taftseiden vorgesehen. Gaze- oder Dreherwebstühle brauchten besonders viel Platz für die lang aufgespannten Kettfäden, die Spielraum haben mußten, um sich umeinander zu schlingen. Auf kleinen transportablen Geräten, deren Kettenden man sogar draußen an einem Pflock befestigen konnte, fertigte man reich gemusterte, farbige Besatzborten an, die in großen Mengen fein abgestuft auf die einfarbigen, schimmernden Seidenkleider genäht wurden und ihre Schönheit erhöhten. Für ganz schmale Borten mit kleinen Zacken gab es den »Hundzahn-Spitzen-Webstuhl« mit unendlich vielen Mustervorrichtungen für die Darstellung von winzigen Blüten, Blättern, Schmetterlingen, Fledermäusen und

anderen glückbringenden Zeichen. Die Art der zierlichen Seidenzakken am Rand mußte der Weber nach Gefühl bestimmen und dazu den Schußfaden loser oder fester anziehen. Der Weber arbeitete mit bloßen Füßen, um die richtigen Tritte besser ertasten zu können.
Ziemlich einfach war das Webgerät für die Herstellung der schönen farbigen Seidenbänder, die anschließend mit kostbaren Stickereien verziert wurden und zum Einbinden der »Lilien- oder Lotusfüße« und zum Bewickeln der Beine bestimmt waren. Sie wurden als abgepaßte Streifen gewebt, ihrem Zweck entsprechend besonders fest. Daher benutzte man keinen Webkamm, sondern ein schweres, geglättetes Anschlagholz.
Es mag dahingestellt sein, ob die gebundenen Füße, die durch die Behandlung verkrüppelten, den Füßen einer behinderten Kaiserin nachgeformt wurden oder dem Spitzentanz bei Hof dienen sollten, oder ob Frauenfüße als so aufreizend angesehen wurden, daß man sie dem Anblick (von Männern) entziehen wollte. Vielleicht schickte es sich auch aus Prestigegründen nicht, voll arbeitsfähig zu sein, so daß

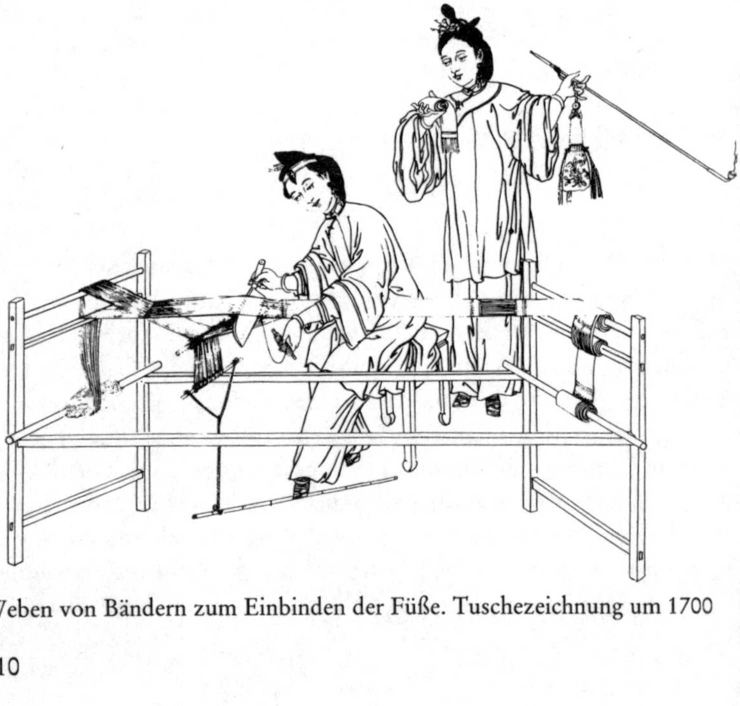

Weben von Bändern zum Einbinden der Füße. Tuschezeichnung um 1700

eine vornehme Frau zumindest im Alter gestützt und getragen oder in einer Sänfte befördert werden mußte. Auf alten Abbildungen sieht man aber auch Frauen, die die Bambustritte elegant mit gebundenen Füßen bedienen.

Als Vorbereitung zum Weben der Seidenstoffe wurden die fertigen Stränge auf kleinere zierliche Haspeln aus Bambus gewickelt. Sie drehten sich, wenn man sie mit der Hand hielt, sie konnten aber auch auf den Boden gestellt werden, so daß sich der Faden leicht abziehen ließ. Mit dieser praktischen Kombination konnte man Zeit und Platz sparen.

Zum Aufziehen auf den Webstuhl mußten oft einige tausend Kettfäden sorgfältig abgemessen und in einer bestimmten Ordnung nebeneinander gelegt werden. Das Abmessen oder sogenannte »Kette schären« geschah in der einfachsten Form auf einem peinlich gesäuberten Platz; man trieb Pflöcke »in das Gesicht der Mutter Erde« und führte die Fäden um sie herum. Später zog man die Fäden durch sorgfältig geglättete Ösen und arbeitete am Rahmen unter Dach. Man

Herrichten einer Seidenkette, darunter spielende Kinder

benutzte sinnvolle Einrichtungen zum Kreuzen, Trennen und Abzählen der Fäden. Um jeden gerissenen Faden sofort zu bemerken, war die Aufmerksamkeit mehrerer Personen nötig. Auch Männer halfen vielleicht hierbei, denn außer webkundigen Frauen gab es gelernte Weber.

Die Vorbereitungen zum Seidenweben erforderten Erfahrung und lange Übung. Wenn man mehrere Rollen Seide nacheinander weben wollte und die Kettfäden entsprechend lang machte, mußten sie besonders sorgfältig und fest auf den Kettbaum gebracht werden; man nahm den Kettbaum sogar aus dem Webstuhl, um die Seide in langer Bahn übersehen zu können. Dieser Arbeitsvorgang ist ein oft dargestelltes Motiv in der chinesischen Kunst. Wenn die Fäden beim Weben an der Seite abgeglitten wären, wäre das Gewebe unbrauchbar geworden, ja die ganze Seide wäre verdorben.

Und noch eine andere, besonders anmutige Bewegung wurde von Künstlern festgehalten, das Eintragen des Schußfadens. Um die Webkanten nicht einzuziehen – der Stoff wäre zu schmal geworden –, zog die Weberin das Schiffchen mit dem Seidenfaden weit an der Seite heraus, was einer Tanzbewegung gleichkam.

Der Schußfaden wurde auf ein kleines, kurzes Bambusrohr gespult. War das Schußgarn nicht schmiegsam genug, wurden die Spulen in Wasser gelegt und feucht verwebt. Auch davon erzählen alte Bilder, auf denen man Kinder sieht, die vergnügt helfen, neue Spulen heranzutragen, und auch Tee für die Weberin bringen.

Der Schußfaden wurde mit einem feinen, aus Bambus gearbeiteten Kamm angeschlagen, d.h. an das fertige Gewebe schwungvoll herangezogen, was einmal oder mehrmals geschehen konnte, je nach gewünschter Seidenart. Eine gute Weberin behielt die Dichte des Stoffes während des gesamten Webstückes, vielleicht sogar eines Ballens von ca. 90 bis 100 Metern bei. Die Muster durften weder zu hoch noch zu flach werden, denn die Weberin mußte außerdem berücksichtigen, daß die Seide an Länge verlor, wenn sie vom Webstuhl abgenommen und die Spannung aufgehoben wurde.

War eine Seidenkette bis zum Ende abgewebt, konnte die Weberin die neu aufgebrachte Kette an die Reste der alten anknoten oder sogar die Fäden zusammendrehen. (Eine Richtzahl für diese bis heute trotz Mechanisierung geübte Arbeit ist 1000 Fäden in der Stunde.) Im Nordwesten Taiwans wurden uns in einer kleinen Spezialwerkstatt, malerisch in Maulbeerkulturen gelegen, diese Arbeitsvorgänge mit liebenswerter Freundlichkeit erläutert. Hier bevorzugte man diese materialsparende Methode immer noch. Auf ca. 12 mechanischen Webstühlen einfachster Bauart entstanden dort abgepaßt schmale, weiße Damastseiden mit kleinen schimmernden Mustern für Rollbildmontierungen. In der ausgeglichenen Atmosphäre hätten sich auch die Raupen, die den Faden gesponnen hatten, wohlgefühlt. Lichtblau gestrichene Wände vermittelten Ruhe, und natürliches, aber diffuses Licht erleichterte die verantwortungsvolle Feinarbeit, die übrigens sehr gut bezahlt wird.

Wie die fadenspinnenden Raupen, so mußte auch der seidenfadenverarbeitende Webstuhl ständig gepflegt werden. Verbindungsfäden zu Gehängehölzern, »Rabenschnäbel«, »Rattenschwänze« oder sogar »Kotaumachende Insekten« genannt, mußten immer wieder genau nachgezogen und die Kettfädenspannung reguliert werden. Zur Han-Zeit nannte man bestimmte Webstuhlteile »Flinke Köpfe von zwei edlen Pferden«, vielleicht als Zeichen für schnelles Arbeiten oder als Zeichen der legendären Verbundenheit Seide – Pferd?

Durch den Mechanismus vieler Tritte am Webstuhl, auch das kann man auf alten Bildern sehen, ließen sich reiche und phantasievolle Muster, in einem »Rapport« (einer Wiederholung) wiederkehrend, in Seidenstoffe einweben. Aber nur bei Verwendung der elastischen, glatten Seidenfäden war es möglich, die Kettfäden so dicht aufzuziehen und zu verweben, wie es in alter Zeit in China üblich war. Das gesamte Muster wurde durch eine farbig geschärte Kette gebildet. Das geschah so geschickt, daß die gewebten Ornamente, aber nicht die farbigen Streifen das Aussehen bestimmten. Der Vorteil dabei war, daß man nur ein einziges Schiffchen brauchte. Später übernahm man die vermutlich aus dem Westen stammende Musterung durch farbige Schußfäden. Die Vorbereitungen zum Weben wurden dadurch vereinfacht und man konnte mehr Farben in unabhängiger Folge verwenden. Beim Weben dieser Seiden lagen die für das Muster nicht herangezogenen Schußfäden in längeren oder kürzeren Flottierungen auf der Unterseite der Stoffe. Deswegen fütterte man sie für den Gebrauch mit leichter Seide ab. Außerdem ließen sich mit der Technik der Schußmusterung zusätzliche Ornamente stickereiartig einweben. Die Einzelformen kamen besonders klar zum Ausdruck, wenn man die Muster so webte, daß die spätere Rückseite des Stoffes beim Weben oben lag; in Europa wurde diese Webtechnik »Broschierung« genannt.

Die schweren, herrlich reich gemusterten Brokate wurden auf Handwebstühlen gearbeitet, die alle nur erdenklichen Möglichkeiten der Musterbildung ausschöpften auf den erwähnten Zugwebstühlen. Sie hatten nicht nur Schäfte und Tritte für das Grundgewebe, sondern jeder Einzelfaden wurde durch eine besondere Litze geführt, die unten mit einem Gewicht beschwert war. Diese Einzellitzen wurden durch ein darüberliegendes Brett, den Harnisch, gezogen, dem Musterrapport entsprechend zusammengeführt und durch Schnüre in der Höhe verbunden. Dazu mußte auf dem Webgestell ein weiteres Gestell, der »Turm«, aufgebaut werden. Dort oben saß eine zweite Person, die die Musterschnüre entsprechend der Ornamentik ziehen mußte; unten saß die Weberin, die mit der Bedienung der Tritte für das Grundgewebe zu sorgen hatte. Von beiden Personen wurde äußerste Aufmerksamkeit gefordert. Mit dem Zugwebstuhl konnte

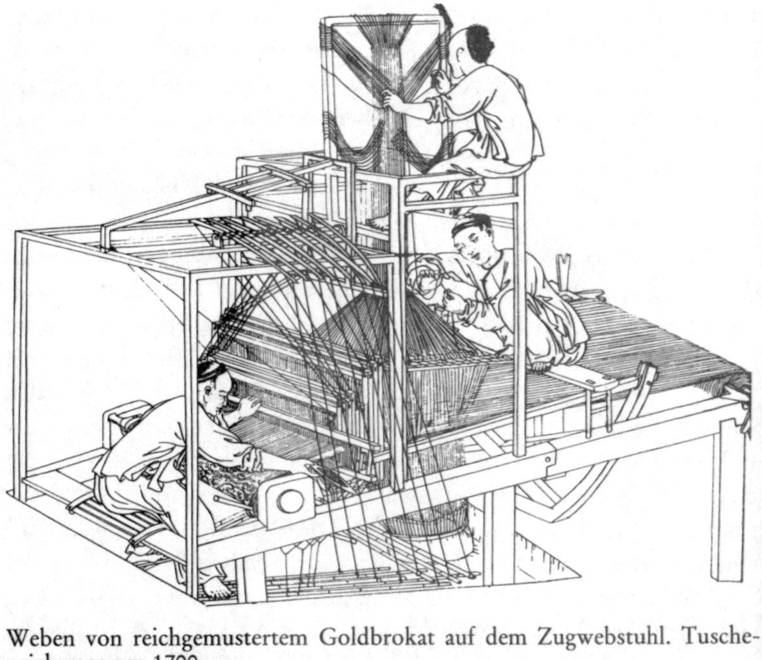

Weben von reichgemustertem Goldbrokat auf dem Zugwebstuhl. Tuschezeichnung um 1700

man mit mehreren Kett- und Schußsystemen alle gewünschten Muster- und Gewebarten in großer Freiheit gestalten.
Eine andere Höchstleistung chinesischer Seidenweberei waren mit Samtflor gemusterte Stoffe, die auf dem mit zwei oder mehr Kettbäumen ausgestatteten Zugwebstuhl gearbeitet wurden. Die Florschlingen entstanden durch Einweben eines dicken »blinden« Schußfadens oder eines Drahtes, den man später entfernte. Selbstverständlich wurden auch die Seidengewänder für das Kaiserhaus, von vielen Diplomaten Europas bestaunt und bewundert, in den Kaiserlichen Seidenfabriken in Nanjing Ende des 19. Jahrhunderts nur auf solchen Handwebstühlen gewebt. Diese Krönung aller Webstuhlkonstruktionen hatte einen großen Nachteil: man brauchte zum Aufstellen sehr viel Platz. Die Grundfläche der Zugwebstühle war etwa so groß wie ein Doppelbett, die Höhe so beträchtlich, daß man das Dach hätte heben müssen. Man half sich, indem man den Webstuhl in einem Vorbau unterbrachte, der zudem gutes Licht hatte, und den Fußboden senkte, wozu man das Erdreich aushob. Im Turm hatte nun die musterziehende Hilfsperson Platz, die Tritte waren in der Grube untergebracht. Die Weberin saß auf einem Brett am Rand der Vertiefung. Die Erdgrube bewirkte sogar einen gewissen Temperaturausgleich.
Eine solche Hausweberin sah noch eine deutsche Diplomatenfrau, die in den zwanziger Jahren in Nanjing lebte. Sie konnte uns als hochbetagte Dame anschaulich und lebhaft darüber berichten: »Wenn wir Seide kaufen wollten, fuhren wir zu unseren Bauern aufs Land. Die Fahrt war hübsch. Es ging durch lauter Maulbeerpflanzungen. Immer zwei Familien hatten sich zum Seidenweben zusammengetan. Sie hatten eine große gemeinsame Veranda gebaut, in der jede der Familien ihren eigenen Webstuhl stehen hatte. Die Erde war für das Webgestell ausgehoben. Oben unter dem Dach waren gefärbte Seidenstränge zum Trocknen aufgehängt, unten auf dem Boden ›wuselten‹ jede Menge Kinder und Hühner herum, für uns ein malerischer Anblick. Jede Familie webte nur ein einziges Muster, nämlich das, wie es sich in seiner Art seit Generationen nur in der einen Familie vererbt hatte. Die Neueinrichtung eines Musters kam schon deshalb nicht in Betracht, weil die Leute den Zeitaufwand von mehreren Monaten nicht hätten verkraften können. Außerdem, warum sollte man das ererbte bewährte Muster aufgeben? Die Weber freuten sich

immer sehr über diesen Direktverkauf, der ihnen einen besseren Verdienst gab als üblich. Die Stoffe kosteten 1 Nanjingdollar pro Yard (ca. 90 cm). Es waren unwahrscheinlich schöne, schwere, glänzende Seiden mit Glückszeichen, Fledermäusen und Kreisornamenten. Meist wurden sie in zwei Farben gewebt. Wir kauften gerne solche mit schwarzen Ornamenten auf blauem oder goldfarbenem Untergrund, die Farbzusammenstellung konnte man wählen. Die Seiden waren sehr weich, aber doch so fest, daß wir sie als Möbelbezüge benutzen konnten.«

In China verwendete man wie in Europa für Damaste (= qi), Samte (= rong) und Brokate (= jin) den Zugwebstuhl, bis es dem genialen Erfinder Jacquard 1806 in Lyon gelang, eine Lochkartensteuerung zu erfinden, die die Musterbildung anstelle der Zugeinrichtung übernahm. Jacquards Konstruktion verbreitete sich mit großer Schnelligkeit und fand auch bald Aufnahme in Chinas Seidenindustrie.

Das Interesse an den traditionellen Webtechniken, angeregt durch die vielen überraschenden archäologischen Funde, die immer mehr reichgemusterte Seidentextilien ans Tageslicht bringen, ist beträchtlich aufgelebt. Wissenschaftlichen Auswertungen folgt sogar Wiederaufnahme etlicher alter Techniken. Technik und unterschiedliche Gewebeart sind es vor allem, mit denen Aussehen, Möglichkeiten der Musterung und Griffigkeit des Seidenstoffes zusammenhängen. Einerlei, ob Seide, Wolle, Leinen oder Hanf verarbeitet wird, ein Gewebe muß sich nach ganz bestimmten Gesetzmäßigkeiten richten.

Alle tausendfach vorhandenen Webmuster – und um 1900 unterschied man in China etwa 200 verschiedene Stoffarten – lassen sich auf nur drei Arten der Fadenverkreuzung, die »Grundbindungen« zurückführen. Die *Leinwandbindung*, bei der Seide »Taft« genannt, ist die dichteste und älteste Art der Verkreuzung, indem abwechselnd ein Faden oben, ein Faden unten liegt. Sie ist dem früher allgemein bekannten Stopfen vergleichbar.

Taftseide war sehr dicht, glänzte aber wenig. Glänzender wurde das Gewebe, wenn man die Kettfäden sehr dicht stellte und einen dickeren, füllenden Schußfaden verwendete, der von den Kettfäden verdeckt wurde. Es bildeten sich Rippen im Gewebe. Dieser Kett-»Rips« wurde im alten China häufig gewebt und auch zur Musterbildung herangezogen, wie wir aus Grabfunden wissen. Höchste künst-

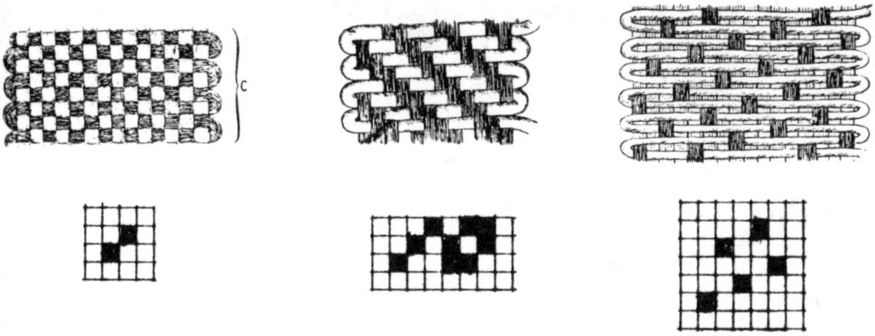

Die drei Grundbindungen.
Oben: links Taft (Leinwand), Mitte Köper, rechts Atlas (Satin); unten schematische Darstellung auf Patronen-(Karo-)Papier: links Taft, Mitte Kett- und Schußköper, rechts Atlas

lerische Qualität hing nicht von technischer Perfektion ab. Daher konnte für viele dieser alten Seiden das Webgerät sogar einfach sein. – Neben der Taftbindung (mit ihren Variationen) ist die sogenannte *Köperbindung* die zweite Gesetzmäßigkeit, Fäden zu verkreuzen. Dazu gehören in der einfachsten Form drei Kettfäden (und drei im Schuß). Ein Faden liegt hoch, zwei Fäden tief, das setzt sich in der Stoffbahn diagonal fort. Bei der Köperbindung sind viele Varianten möglich. Bei chinesischen Seiden wählte man meist den vierbindigen Köper (1 Faden hoch, 3 tief), wenn man viel Schuß zeigen wollte (»Schußköper«), oder umgekehrt, wenn man mehr Kette zu sehen wünschte (»Kettköper«). Durch das Abwechseln von Musterornamenten in Kett- oder Schußeffekt kam zu dem höheren Glanz der Seide das Spiel von Licht und Bewegung hinzu. Sie wirkten reich verziert, selbst wenn das Gewebe monochrom, d.h. einfarbig war. Wegen des teils schwächeren, teils kräftigeren Schimmerns einzelner Partien, des »Dunklen und Hellen«, des Yin- und Yang-Effektes, empfanden Chinesen selbst diese Webart als symbolträchtig. Wir sind gewohnt, derart gemusterte Stoffe »Damast« zu nennen (nach den berühmten Seidengeweben der vorderasiatischen Stadt Damaskus). In China gab es, belegt durch alte Quellen, sehr differenzierte Bezeichnungen, die über Material und Webart Genaues aussagten und sich mit den technischen Entwicklungen wandelten. Als Han-»Damaste« sind jedoch völlig anders gewebte Stoffe in die Kunstgeschichte eingegangen. Bei ihnen wurde das Muster durch flottierende Kettfä-

Schema des Fadenverlaufs in einem Damastgewebe. Han-Zeit

Damastseide der Han-Zeit, dunkelsafranfarbig. Gefunden in Loulan den gebildet, unserem »Gerstenkorn«-Muster nicht unähnlich. Die webende Person konnte die Musterfäden mit Hilfe von zugespitzten Stäben mit der Hand »einlesen«. Zur Han-Zeit gab es gleichzeitig so raffiniert zusammengesetzte (Komposit-) Bindungen, die mit einem Taft-Grundgewebe eine mehrfarbige Musterkette verbanden, von der die jeweils gewünschte Farbe an die Oberfläche des Stoffes geholt werden konnte.

Nach dem chinesischen Seidenexperten Xia Nai geht eine ganz besonders faszinierende Webart auf die Zhou-Zeit zurück, die Dreher-, Gaze- oder chinesisch »Luo«-Weberei. Wir kennen diese wahren Wundergewebe, die wie Spitzenschleier wirken, von den Ausgrabungen her. Die Han-Zeit kannte bereits verschiedene Variationen: bei der einfachen Art liegt von einem Kettfadenpaar der eine Faden stets unten, der andere wird durch den Schußfaden abwechselnd links und rechts von dem ersten gehoben und fixiert.

Mit der Erfindung der Drehergewebe konnte man sich den Wunsch nach einem ganz feinen, unverschiebbaren Gewebe für die heiße Zeit des Jahres erfüllen, denn bei den einfachen »Gazegeweben« für Mehlsiebe in Taftbindung verlagerten sich die Fäden, sobald der Seidenleim entfernt war. Die Dreher-Gazegewebe dagegen behielten ihre Festigkeit und ließen die Luft zirkulieren. Sie spielten eine große Rolle als Bettvorhänge (Moskitonetze), Vogelnetze und bei der Anfertigung angenehm luftiger Sommergewänder, Schleier für Opfergaben, Schleier für Speisen und zum Verhängen des Gesichtes.

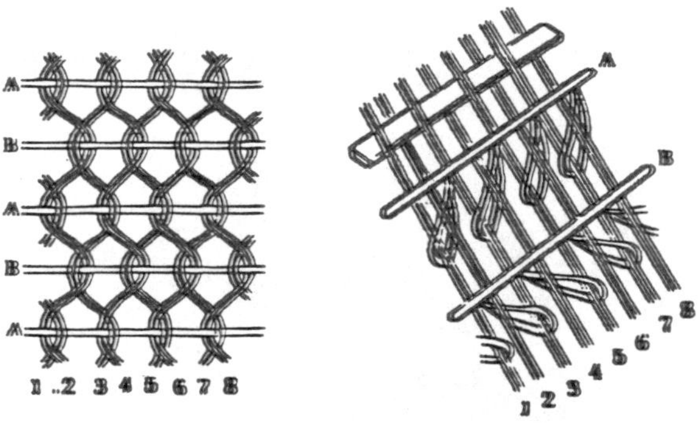

Drehergewebe (links) und Schema (rechts) der Technik der Fadenführung

»... und da saß der Kanzler selber auf drachengeschnitztem Sessel, in rotem, schlangengemustertem Seidengewand, einen juwelenbesetzten Gürtel um die Lenden, das Haupt bedeckt mit einem pfauenfedergezierten doppelflügeligen Staatsbarett, das Antlitz verhüllt mit einem pfirsichgelben dünnen Gazeschleier und zu beiden Seiten in gehöriger Ordnung die höheren Chargen seines Hausstands. Es war ein pomphafter Anblick«, berichtet uns der Roman *Die Rache des jungen Meh* aus dem 16./17. Jahrhundert.

Bei der Gaze ging man von geometrischen Ornamenten, meist Rhomben, aus, später webte man mit Hilfe der Zugvorrichtung große, reiche Muster in die Sommergewänder, wie Drachen, Jagdszenen, Wolken und Glückszeichen. Sie standen nach einer Zeremonieanweisung für Beamte der Han-Zeit einem hohen Offiziersrang zu. In ihren vorwiegend dunklen Farben sind sie von verhaltener Schönheit und Würde. Noch um 1900 wurden zarte Dreherpartien als zusätzliche Ornamentbildung in Damastgewebe eingearbeitet, schließlich wurden die kostbaren Stoffe noch mit farbiger Seide überstickt. Die gedrehten Muster sind so fein, daß man sie fast nur mit der Lupe wahrnehmen kann.

Die volle Leuchtkraft und ihren herrlichsten Glanz erhielt die Seide erst mit der Anwendung der dritten Möglichkeit der Gewebeverkreuzung, der *Atlas- oder Satinbindung*, die allmählich den Köper ablöste. Vermutlich kam diese Webart aus der hochentwickelten Weberei des Vorderen Orients nach China. Man schreibt ihre Einführung

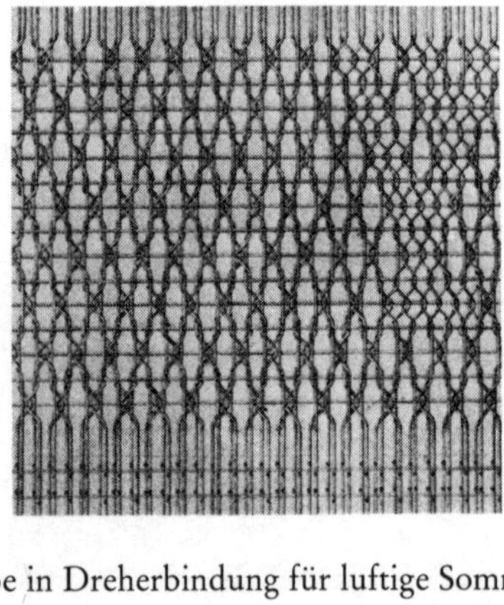

Gemustertes Gewebe in Dreherbindung für luftige Sommerkleidung

囍

einem Handwerker zu, der etwa um 1500 tätig war. Die Anwendung der Atlasbindung war nicht einfach, denn nach der Grundzahl 2 bei der Taftbindung, der Grundzahl 3 bei der Köperbindung, hat Atlas die Grundzahl 5, zusammengesetzt aus einer »Fortschreitungs«- und »Steigerungszahl« 2 und 3. Für den Atlasweber gab es in der Praxis die Kombination von 3+5, also die Möglichkeit, acht Schäfte zu verwenden, die sich gegenseitig ausbalancieren konnten. Doch solche technischen Einzelheiten können wir getrost dem Weber überlassen, seiner Kenntnis von Zahlenordnungen, ja Zahlenmystik war auch das glänzendste kaiserliche Gewand unterworfen.
Mit kleinen Streublumenornamenten sollen die Weber ihre Musterungen auf Atlasseide begonnen haben. Allmählich gingen sie zu großflächigen Gestaltungen über, erst monochrom, dann mehrfarbig. Prächtig leuchteten später die Atlas-Brokate, in deren Ornamente Gold, Silber und farbige Seidenfäden eingewebt wurden. Sie bildeten einen Höhepunkt kostbarer Seidenstoffkunst.
Wegen der mühevollen und daher nicht ständig vorgenommenen Umrüstung der Webstühle gelten Weber als konservativ. Dennoch ist parallel zu anderen Kunstformen eine Stilentwicklung festzustellen, wenn auch in langsamerem Tempo. Schon von den »kurvilinearen« Mustern der Han-Zeit bis zu den Kreis- und Rosettenmustern der Tang-Zeit ergaben sich im Laufe von Jahrhunderten große Veränderungen. Die verheerende Revolte des Rebellen An Lushan zur Tang-Zeit Mitte des 8. Jahrhunderts mit ihren politischen Wirren brachte schlagartig einen Wendepunkt auch für die Musterungen der Stoffe. In kunsthistorischer Sicht wurden die – nun nicht mehr akzeptierten – großen, symmetrischen Kreismuster in Anlehnung an europäische Stilbegriffe als »romanisch-archaisch« und »architektonisch« bezeichnet, die Entwicklung zum Spitzoval und die nachfolgenden freieren Gestaltungen als »der Gotik von ferne vergleichbar«.
Schließlich lösten sie sich ganz auf und wurden zu Wellenranken (etwa wie zur Zeit unseres Barock und Rokoko), dann zu Einzelmustern. Die Blumenstreumuster erschienen in völlig unsymmetrischer Form, als lockere, ausschwingende Ranken mit Fabeltieren durchzogen, in Seidengeweben ebenso phantasievoll wie in Stickereien der Song- und Ming-Zeit. Durch die ständigen Ost-West-Kontakte entwickelte sich später sogar ein »islamischer Mischstil«, da die Chinesen sich nach den Wünschen ihrer Auftraggeber richteten.

Goldbrokate. Links: Goldfasan und Lotosblüte. Rechts: Farbiger Goldbrokat mit Päonie und Drachenornamentik (17. Jh.)

Wenn auch für Fremde meist kaum erkennbar, blieb weiterhin der Symbolgehalt des Dargestellten entscheidend – bis heute für den gebildeten Chinesen lesbar wie eine Bilderschrift. Symbolornamente durchsetzten einfarbige Stoffe als Untergrund, nur durch Licht und Schatten und durch Bewegung sichtbar. Möglich wurde dieser Effekt vor allem durch die Anwendung der Atlasbindung, die es vor der Tang-Zeit nicht gegeben hatte. In der Qing-Zeit (1644–1911) gab es für Neumusterungen zwar größte Freiheit, aber daneben wurden und werden bis heute alte Webmuster ehrfürchtig bewahrt. Noch immer sind Meister im Herstellen alter Brokate chinesische Weber, von denen es heißt, daß sie seit tausend Jahren die kostbaren »Shu-Stoffe« in Sichuan, der alten Seidenprovinz, weben: »An einem Frühlingstag waschen schöne Frauen Brokat im Fluß Shu« *(China 7000 Years of Discovery).*

Nicht abzuschätzen ist der Einfluß von Seidentextil-Mustern auf Nachbarkünste, z.B. Porzellanmalerei. Im *Taoshu,* einem Handbuch u.a. über Porzellanmalerei aus der Zeit des Kaisers Jiaqing (1522–1566), wurden 26 direkt von Brokaten übernommene Mustervorlagen aufgeführt: Drachen, Phönixe, Wolken und Wellenformen bis zu Lotus und Kirschblüten.

Man stelle sich rückblickend die Arbeit eines Seidenwebers vor, wie er – nur wenig durch ein Sitzbrett unterstützt – mit gekrümmtem Rücken am Webstuhl sitzt, mit den Füßen in unterschiedlicher Folge Pedale tritt, die er nicht sieht, mit einer Hand die Kammlade zurückschiebt, mit der anderen das Schiffchen durch das Fach wirft, dann den Kamm mehrere Mahle heranzieht und den Faden festschlägt, also rhythmisch sowohl beide Hände und beide Füße unterschiedlich bewegen muß. Gleichzeitig hat er auf das gezogene Muster zu achten, die Kette nachzustellen, die Breite zu kontrollieren, gerissene Fäden auszubessern und viele andere, stets wiederkehrende oder überraschend auszuführende Handgriffe zu tun: man versteht, daß nur ein gesunder, durchtrainierter Mensch eine solche Aufgabe bewältigen kann.

Bewundernd schreiben Chinareisende Mitte des 19. Jahrhunderts: »Die Bevölkerung ist außergewöhnlich gesund.« Tag für Tag führen Millionen Menschen noch heute im frühen Morgengrauen bewährte gymnastische Übungen durch, die fit und geschmeidig halten. Sie werden heute kurz »Gong fu« genannt. Kenner bestätigen, daß sie nicht zufällig »die alten Kunstübungen der Seidenweber« heißen.

Man kann daher vermuten, daß die Seidenweberübungen – aus ihnen haben sich zahlreiche andere Übungen entwickelt – nicht nur zur Verteidigung einer Handwerkergruppe erfunden wurden, sondern auch dem hochspezialisierten Seidenweber dienen sollten. So wenig die Geschichte der Seide in ihren Anfängen faßbar ist, so unbekannt ist allerdings auch der Ursprung der Übungen. Zur Erhaltung der Arbeitskraft hätte jedenfalls nichts Besseres erdacht werden können als diese Bewegungen, die genauso fließend abliefen wie das Seidenweben auch, und die durch Entspannen, Atmen und Dehnen vor allem Haltungsschäden vorbeugen konnten. Für jede Übung gab es klangvolle Namen: »Tiger reckt seinen Rücken«, »Zwei Hände stemmen den Himmel«, »Kopf und Körper schwingen« etc.

Die Seidenweber in China werden ihre Erfahrungen im Webstuhlbau ausgetauscht haben. Waren die schweren Webstühle einmal aufgebaut, wurden sie über Generationen benutzt. Als Webstuhlkonstrukteure waren nicht nur Männer, sondern auch Frauen bekannt. Hochgeehrt, wenn auch nach ihrem Tode nicht in den Götter- oder Sternenhimmel versetzt, wurde die allgemein bekannte und anerkannte Taoistin *Huang Daopo* aus Wunijiang, weil sie besonders gute Webstühle baute und die Leute systematisch im Weben anleitete. Bewundernd rühmte man ihren Umgang mit Fäden »wie eine Saitenspielerin«. Sie wirkte vor allem gegen Ende des 13. Jahrhunderts im weiten Umkreis um ihren Heimatort (nach *Yuti mian-huatu*).

In einer Sammlung von Volkspoesie, die der große Kaiser Wudi (140–87 v. Chr.) anfertigen ließ, wird einer bescheidenen Weberin der Han-Zeit gedacht:

»Ging auf den Berg, um Mi-wu-Kraut zu pflücken,
Das Kindersegen bringt.
Beim Heimweg traf ich meinen (früheren) Gemahl.
Ehrfürchtig kniend fragt' ich ihn:
›Die neue Frau, wie denn gefällt sie dir?‹
›Man sagt wohl, sie sei hübsch, doch nicht so hübsch wie du.
Ihr gleicht euch an Gestalt, doch nicht an Tüchtigkeit.‹
›Als jene Neue kam durchs Tor,
Schlich ich zur Seitentür hinaus.‹
›Gelb-Seide webt die Neue mir,
Du webst feinen weißen Stoff.
Sie täglich nur ein Stück.
Fünf Ellen webtest du.
Vergleich die Seide ich,
Dann ist die alte Frau
Doch besser als die neue.‹«

Durch seine wachsenden Handelsbeziehungen lernte China, vermutlich von Indien her, die Baumwolle kennen, wenn auch erst vor etwa 1000 Jahren. Chinesische Quellen erwähnen ihre südliche Herkunft; sie soll sich von der Insel Hainan ausgebreitet haben und die Samen sollen ein Tributgeschenk an den Kaiserhof gewesen sein.
Die Annalen der Tang-Zeit berichten, daß eine Gesandtschaft des Fürsten von Bali im Jahr 647 Baumwollkleider als Gaben an den chinesischen Hof brachte; zur Song-Zeit trafen farbige Baumwollgewänder als fürstliche Geschenke aus Java ein, die man der Seide ebenbürtig bewertete und entgegennahm.
Baumwolle spielte als Textilfaser in China lange Zeit kaum eine Rolle, sie wird, ebenso wie Wolle, in Marco Polos Reisebeschreibung (1299) für China nur selten erwähnt, während die Seide daraus nicht wegzudenken ist. Aus Sorge, die Seide könnte für die wachsende Bevölkerung nicht ausreichen, versuchten der erste Kaiser der Qing-Dynastie Shunzhi (1644–1661), der Kaiser Qianlong (1736–1795) und sein Gouverneur Fang Guanchen die Baumwolle als vollwertig neben die

Seide zu stellen. Ähnlich dem *Gengzhitu*, dem alten Anleitungsbuch über Seide, wurde ein bebildertes Werk, *Yuti mian-huatu* mit Liedern von Kaiser und Gouverneur verfaßt, in dem wir zwar viel über Baumwolle, indirekt aber mehr über Seide erfahren. Der Kaiser lobt die Schönheit der Pflanze, die ›der gleichen Erde wie die Maulbeere entwächst‹. Er lobt die Wärme der Stoffe, die die Seide ersetzen könne, die früher dem Brauch nach von allen über Fünfzigjährigen getragen wurde, vermutlich weil sie sich durch körperliche Arbeit nicht mehr erwärmten. Der Kaiser sieht in der Baumwolle die gleichen hohen Werte wie in der Seide, der Gouverneur dagegen sieht, daß ein höheres Arbeitspensum nicht zu schaffen ist. Der Kaiser versucht, die »schlichte, solide Webart des Nordens« als besonders geeignet für den Baumwollstoff zu preisen. Vielleicht wollte er vermeiden, daß sich die üppigere Lebensart der Südchinesen mit ihrer Vorliebe für Musik, Tanz und reiche Seidenmuster auf die Baumwollweberei ausdehnen könnte – schon damals gab es eine »Yangzi-Linie« der Mentalitäts-Unterschiede zwischen Nord- und Südchinesen (unserer Mainlinie vergleichbar). »Schlichte Webart ist von alters her gute Sitte«, so die Forderung des Kaisers. Mit der schlichten Webart war selbstverständlich eine höhere Leistung verbunden, und der Gouverneur machte sich zum Sprecher der Betroffenen: »Das scharfe Geklapper der Webhölzer tönt noch aus dem Keller. Schüchterne Morgensonne am niedrigen Fenster, was vermochte die Tür gegen den Nachtwind! Verglimmend ertrinkt der Docht im Öl der Lampe; ein halber Ballen nur die Frucht eines Kreislaufs der Gestirne« (Burckhardt).

Ein solcher Arbeitstag begann nach mündlicher Überlieferung frühmorgens dann, wenn man seine Finger erkennen konnte. In der Baumwollweberei galt wie bei der Seidenweberei: Erschöpfte man seine Kräfte völlig, vermochte man an einem Tag ein Stück Zeug von zwanzig Fuß Länge zu weben, von grobem Tuch doppelt so viel. Eine ungeschickte Weberin schaffte bei allen Mühen allerdings nur die Hälfte.

Wenn auch der Baumwollfaden als »seidenweich« angepriesen wurde, wenn auch eine geschickte Baumwollweberin einen Tempel erhielt und dort verehrt wurde, als Göttin war und blieb sie zweitrangig, vielleicht eine hübsche kleine Blumengöttin aus legendärer Zeit. Die Baumwolle selbst wurde allerdings sehr schnell zu einer allgemein getragenen, unentbehrlichen Textilfaser im Alltags- und Arbeitsleben.

»Und emsig gehn die Ellen nun, die Messer,
Man näht die Winterkleider schon.
Des abends hallt in Bo-di droben
Des Wäscheschlagens dumpfer Ton.«

(aus dem Zyklus *Herbststimmungen*
des Dichters Li Bai [Li-Tai-Po] 702–763)

Abweichend von den Gepflogenheiten vieler Grenz- und Nachbarvölker, die ihre Kleidung nur kimonoartig aus unzerschnittenen schmalen Bahnen zusammensetzten, verschneiderten die Chinesen ihre Seidenstoffe auf sehr kunstvolle Weise. Die aus der Han-Zeit stammenden Ausgrabungen von Gewändern und Malereien an Puppen zeigen, daß für ein üppig schräg geschnittenes Gewand 32 m (140 Han-Fuß) Seide bei 50 cm Breite gebraucht wurden. Für einen geraden Schnitt »genügten« 23 m (100 Han-Fuß) an Seidenstoff. Die

Zuschneiden der Seidenbahnen.

Gewänder wurden um den Körper gewickelt getragen. Sie waren sorgfälltig kalkuliert geschnitten und aus vielen Einzelteilen zusammengesetzt. Schon diese frühe Zeit kannte den bis heute (wenigstens in der Damenmode) erhaltenen, damals rechtsseitigen Verschluß. Die raffiniert angebrachten Borten in abstechenden Farben blieben ebenfalls Bestandteil chinesischer Bekleidung bis zum Beginn des 20. Jahrhunderts. Sie betonten das Fließen und die Drapierung der Seide, deren Fülle mit Schärpen, Schnüren und Gürteln gehalten wurde, womit sich jedenfalls die wohlhabenden Chinesen selbstbewußt von »Barbaren« unterschieden.
Seit mehr als 3000 Jahren, bereits in der Zhou-Zeit, gab es das »Lange Gewand«. Es wurde zum Hof- und Staatsgewand erhoben und obligatorisch auch bei Opferhandlungen und Hochzeitsfeierlichkeiten von allen gehobenen Klassen getragen. Zur Teilnahme an Trauerfeierlichkeiten war eine kürzere Ausführung vorgeschrieben. Als typische Gelehrtenkleidung ist das Lange Gewand bis heute bekannt geblieben, wird allerdings wohl nur noch zu den Geburtstagsfeiern für Konfuzius angelegt.

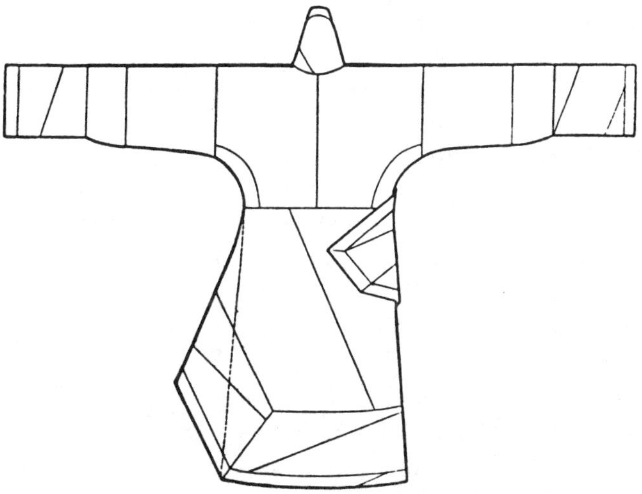

Schnitt eines Gewandes (Rückseite) aus dem Grab von Mawangdui, Provinz Hunan. Frühe Han-Zeit

Die Anfertigung der Gewänder war sogar – wie könnte es anders sein? – ganz bestimmten schneidertechnischen Gesetzen unterworfen, die auf die Li-Philosophie zurückgingen. Aus der Zeit des Konfuzius (ca. 500 v. Chr.), im klassischen Buch *Liji*, gibt es strenge Vorschriften. Man sollte anmutig erscheinen und eine dem Range entsprechende Bekleidung tragen. Sie mußte außerdem, nach Jahreszeit und Anlaß ausgewählt, in Beziehung zur Würde der Leute stehen, die man besuchte: Gewänder als harmonisches Ganzes, alle Details auf verborgene Weise aufeinander abgestimmt! Daher befaßten sich die Vorschriften sogar mit Herstellung und Zuschnitt der Bekleidung, nach denen sich z.B. das Lange Gewand der Gelehrten zu richten hatte: so wie das Jahr aus zwölf Monaten bestünde, solle sich dementsprechend auch das Gewand aus zwölf Streifen zusammensetzen, dessen runde, dem Kreis nachgebildeten Ärmel zu anmutigen Bewegungen einlüden und dessen rechtwinkelig geschnittener Kragen und schnurgerade Rückennaht an Aufrichtigkeit und Korrektheit gemahnen und dessen Saum schließlich, gerade wie ein Waagebalken im Gleichgewicht, den Gefühlen Ruhe und dem Herzen Frieden brächte. Rechteck und Kreis, Waagerechte und Senkrechte: zweimal sei so das Yin-und-Yang-Prinzip der gesamten kosmischen Zuordnungen in einem Schnittmuster verborgen. Wer derartig beziehungsreich gewandet sei, dem gelinge es auch, jene gesetzte, vornehme Haltung mit mildem und gelassenem Gesichtsausdruck zu bewahren, die einen Träger erst zu einem Mann von Würde und Ansehen mache.

Im Ritenbuch *Liji* heißt es ferner, Seidenstücke, die nicht die richtige Anzahl von Fäden hätten oder deren Größe nicht das richtige Maß, dürften auf keinem Markt verkauft werden, denn: paßt man sich dem Zuschneiden der Kleider nicht an, so ist dies eine Verschwendung nützlichen Materials. Vielleicht aus ähnlichen Überlegungen schnitten die Schneider keine Knopflöcher und Taschenschlitze in den Stoff. Statt der Knöpfe benutzte man Goldknebel oder Kugeln, vor allem seidene Knotenknöpfe, die oft von zu blumigen Ornamenten ausgearbeiteten Seidenschlingen gehalten wurden. Anstelle von Taschen im Gewand hing man die mitzuführenden Gegenstände in Täschchen oder Beuteln am Gürtel auf.

Das Lange, Ober- und Unterteil vereinigende Gewand war so sehr im chinesischen Gebrauch verwurzelt, daß das Gebot der Mandschus

Langes Gelehrtengewand und die Schnitte dazu

(1644–1911), Röcke und Jacken zu tragen und das Haar in Zöpfen zu flechten, größten Protest hervorrief. Zuwiderhandlungen wurden im Extremfall mit Hinrichtung bestraft. Aber gerade dieses Bild des Chinesen prägte in Europa auf Seidenstoffen und -tapeten im Stil der Chinoiserien die gängige Vorstellung vom »Land des Lächelns«. Chinesen nannten Reitervölker mit Zopf verächtlich »Flechtköpfe«. Die Mandschus wählten den Kompromiß. Frauen durften weiterhin die Kleidung der voraufgegangenen Ming-Zeit (1368–1644) zu Lebzeiten und zur Bestattung tragen, den Männern war sie nur als Totengewand erlaubt. Erst nach und nach setzten sich allgemein Röcke und Jacken als Bekleidung durch. Vor allem durch die Anfertigung von Frauengewändern erhielt die Schneiderkunst durch kompliziert gefältelte Röcke mit bestickten und applizierten Borten neue Anregungen und Aufgaben. Dazu bedurfte es keiner umfangreichen Werkzeuge. Schere, Nadel und Maß aus Bambusrohr, ein offenes Bügeleisen aus Gußeisen, Messing oder Bronze mit Holzgriff, dazu ein sprichwörtliches Geschick genügten vollauf; mit gleicher Begabung wurden später die Nähmaschinen gehandhabt.
Noch ein Blick auf die bisher kaum erwähnte Kokonseide, die als nicht abhaspelbarer Anteil eine andersartige Nutzung gefunden hat. Denn nach allgemeiner Vorstellung wird Chinas Seide mit der prächtigsten und schönsten, der Haspelseide, gleichgestellt, die als ununterbrochener Faden aus den mittleren Lagen der Kokons des *Bombyx mori* gewonnen wurde. Da die Länge dieses Fadens nur etwa ein Drittel der Seide ausmacht, die die Raupe für das Verpuppen spinnt,

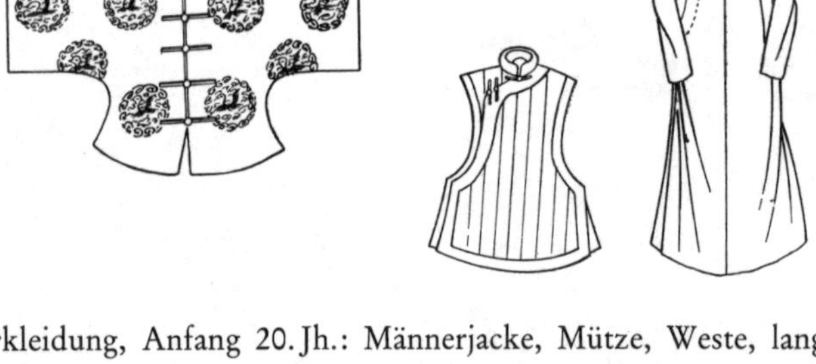

Männerkleidung, Anfang 20. Jh.: Männerjacke, Mütze, Weste, langes Gewand

blieben zwei Drittel für höchste Ansprüche der Gewebe nicht geeignet. Von dieser sogenannten Flockseide fielen daher beträchtliche Mengen an, die die Grundlage für die Versorgung der Bevölkerung mit Kleidung bildeten und noch exportiert werden konnten. Diese Seiden wurden zu Seidenwatte verzupft oder zu Seidengarn versponnen. Gezupfte Seide diente zur Herstellung des Füllmaterials von Bettdecken und zum Wattieren von Jacken und Mänteln, die dringend für die kalte Jahreszeit im Norden des Reiches gebraucht wurden. Selbst im Huanghe-Gebiet sind die Winter wegen der Stürme aus Innerasien sehr kalt. Hier benannte man die Kälte sogar nach der Menge der übereinandergezogenen Mäntel. Bei einem »Dreimäntelwinter« fror der Tee in den Trinkschalen. In einigen Gegenden war es Sitte, die Verstorbenen anstelle eines ersten Totenkleides sorgfältig mit Seidenwatte zu umwickeln, verbunden mit dem Wunsch für ein glückliches Aufwachen im Jenseits – wie aus einem Kokon.

Mit Seiden, die versponnen wurden, deckte man den Bedarf an Textilien des täglichen Gebrauchs, aber ebenso auch mit Hanf und Ramie, soweit man im Sommer außerhalb der Hofhaltung bei der Arbeit überhaupt viel bekleidet sein mußte. Bei einer der zu allen Zeiten vorgebrachten Rüge wegen übermäßiger Verschwendung in der Hofhaltung bemerkte ein »Literat« bissig, das Volk trüge kaum etwas auf dem Leibe, während am Hofe Hunde und Pferde mit bestickten Decken geschmückt seien.

Man nahm Seide für Bekleidung, Dekorationen in der Ahnenhalle, Bettwäsche, Bettdecken, Handtücher. Aber auch Gewebe, die den geforderten Normen nicht entsprachen, dienten als Grundlage für die »Kleider der Armen, Seide für alle«. Bei aller Schönheit, allem Lebensglanz, wie die Seide ihn vermittelt, zeigte doch das Leben in China auch ein anders zusammengesetztes Bild. Man braucht nur einen der klassischen Romane zu lesen oder die Geschichtsschreibung auf sich wirken lassen. Wie es außer den in Seide gekleideten Menschen auch solche gab, die in Lumpen gingen, gab es neben den großen Herrschergestalten solche von brutaler Grausamkeit und völligem Versagen. Neben hohen kulturellen Ansprüchen und der Pflege geistiger Werte blühten die Intrigen und Korruption. Um persönliche Macht zu erhalten, wurde oft jegliches Mittel eingesetzt, wobei die Liquidierung konkurrierender Familien nichts Außerge-

wöhnliches war. Auch Frauen wußten auf diese Weise sich durchzusetzen.
Der Weise Han Shan läßt einen kleinen Seidenhändler sagen:

»Die reichen Leute haben viele Sorgen,
Sie machen nur Geschäfte, wissen nichts dankbar anzunehmen.
Wenn auch der Reis in ihren Kornspeichern schon fault,
Leihen sie doch an niemand einen Scheffel aus.
Ihre Gedanken kreisen ständig um Profite,
Aus billig eingekaufter Seide machen sie ›Erste Ware‹,
Doch dann an ihrem Todestag
Kommen nur Fliegen kondolieren.«

und neben den Luxus der Reichen stellt er die Bedürfnislosigkeit seines letzten Gewandes:

»Nun habe ich nur noch ein einziges Kleid,
Das ist nicht aus Gaze und auch nicht aus Seide.
Solltet ihr fragen: Was ist seine Farbe?
Es ist weder lila noch rot,
Im Sommer trage ich es als ein Hemd,
Benutze es im Winter wie eine Decke,
So brauche ich es abwechselnd, Winter und Sommer,
Jahrein und jahraus – nur dies!«

VII. Seidengemälde

Wer den Weg von der Raupenzucht bis zum fertigen, kunstvoll gewebten und geschneiderten Seidengewand in den vorausgegangenen Kapiteln verfolgt hat, wird immer mehr geneigt sein, die chinesische Seidenproduktion für eine exemplarische Kulturschöpfung zu halten, eng verflochten mit der politischen, ökonomischen, religiösen und künstlerischen Praxis des Landes. Dieser in der Tat erstaunlichen Verflechtung wollen wir in den folgenden Kapiteln nachgehen: der kunsthandwerklichen und künstlerischen zunächst. Chinesische Künstler haben aus den Techniken des Webens und Stickens über die Prachtentfaltung der Kleidung hinaus eigene Bildformen entwickelt, die meist weniger bekannt, aber ebenso vollendet sind wie Kalligraphie und Malerei auf Seide und Seidenpapier.

Manche Seidengewebe sind so kostbar, daß sie nur ganz selten und nur für ganz kurze Zeit dem Licht ausgesetzt werden dürfen. Dazu gehören die seidenen Bildwirkereien »Kesi« (»K'o-ssu«) genannt. Es war daher ein unvergeßliches Erlebnis, daß wir als Gäste im Palastmuseum Taipei, wo ein großer Teil der ehemals Kaiserlichen Schätze aus Peking bewahrt wird, ausnahmsweise einige dieser erlesenen Kunstwerke aus dem Depot sehen und eingehend studieren durften.

Vergessen sind Lärm und Hitze draußen, vergessen auch der betäubende Blütenduft des Tempelblumenbaumes am Tor. Der kühle, kleine Nebenraum im Museum hat die Atmosphäre eines Tempels, wenn die Kesi-Seidengewebe, wie Bildrollen in kostbare Kästen verpackt, mit handschuhgeschützten Händen herausgehoben und aufgehängt werden.

Was dort hängt, wirkt wie ein Gemälde, hat aber wegen des Seidenmaterials und der Webstruktur eine völlig andere Ausstrahlung. Die Darstellung ist wirklichkeitsnah, doch voll geheimer Symbolik. Da sitzt vor einem tiefblauen Nachthimmel, der unmerklich zum oberen Rand hin an Dunkelheit und Tiefe zunimmt, eine braungefiederte Nachtigall auf einem Zweig mit helleuchtenden Pflaumenblüten und Knospen. Sie sieht den Betrachter mit wachem Auge an, jeden Augenblick bereit, sich zum Weiterflug in die Nacht hinein vom Zweig abzuheben. Unvergeßlich ist auch der Eisvogel zwischen Lotosblättern und eine über perlendem Wasser schwirrende Libelle. Die Rollen gehören in die Serie der »Blumen und Vögel«, ein häufig gemaltes Thema der Song-Zeit (960–1279).

Nicht weniger fesselnd sind die Themen aus taoistischem Gedankengut, z. B. die Darstellung der Acht Unsterblichen, die ganz unverkennbar individuelle Züge tragen. Wahre Meisterwerke sind auch die Wirkereien, die in vollendeter Art Kalligraphie wiedergeben. Selbst Kaiser lieferten die Entwürfe. Ein Herrscher der Qing-Dynastie ließ sich auf zartem, mit verschiedenen Streublumen geschmückten Seidengrund zweimal sieben Zeichen in Siegelschrift, darunter mehrfach das Zeichen für Seide, in kraftvoller schwarzer Farbe einweben. – So wie die Malereien sind auch die gewirkten Rollbilder mit Kalligraphie und Stempel versehen, allerdings nicht gemalt, sondern gewebt. Um das zu erkennen, braucht man die vom Museum eigens bereitgelegte Lupe. Selbst in der Vergrößerung zeigt sich keinerlei Unebenmäßigkeit in der handwerklich-künstlerischen Ausführung, auch der Seidenfaden ist von unübertroffener Ebenmäßigkeit und Feinheit und von bestechendem Glanz. Selbst feinste Striche und Punkte wurden noch gewebt; waren sie dünner und kleiner als die Seidenfäden selbst, dann hatte man sie mit zartem Pinsel aufgetupft.

Als die seidenen Rollbilder von ihren Haken abgenommen und sorgfältig in ihre Kästen zurückgelegt waren, wurde die Gegenwart wieder lebendig. Es fiel schwer, in die lärmende Großstadt zurückzukehren.

Allein das Palastmuseum beherbergt 175 Seidenwirkereien edelster Art, darunter auch, obwohl das nicht die Regel war, signierte Stücke. Die meisten stammen aus der Zeit der Südlichen Song-Dynastie (1127–1279), der Ming-Dynastie (1368–1644) und der Qing-Dynastie (1644–1911), wobei die Qianlong-Periode (1736–1795) besonders hervorzuheben ist. Nur wenige dieser Kunstwerke sind aus der Zeit der Mongolenherrschaft (1271–1368) erhalten.

Aus der Zeit der Südlichen Song-Dynastie kennen wir zwei berühmte Künstlernamen, Shen Cufan und Zhu Kouyou, eine Frau. Shen Cufan war ein anerkannter Meister der Bilderwirkerei. Seine Landschaften im blau-grünen Stil sind von bezauberndem »Timbre«, obwohl sein Material der Faden und nicht der Pinsel war. Diese Seidengemälde bilden eine völlige Einheit, indem der Untergrund in leichter Abschattierung in das Bild einbezogen wird; Wasser, Berg, Baum, Hütte, Mensch und Boot sind auch atmosphärisch einander zugeordnet.
Insgesamt entwickeln seine Arbeiten die strengere Stilrichtung einer frühen Phase, die breitere Konturen bevorzugt. Für das Paradies der Unsterblichen z. B. ist der Himmel mit Kranichen und Wolkenornamenten rein dekorativ und so regelmäßig belebt, als wären es am Zugwebstuhl entstandene mechanische Wiederholungen.
Diese Stufe scheint bald überwunden worden zu sein, denn bereits in dem Werk der Zhu Kouyou begegnen wir einem wahren Höhepunkt in der Seidenwirkerei während der Song-Zeit, vor ca. 850 Jahren. Diese Frau stammte aus Songjiang, Provinz Jiangsu, ihr Künstlername war Qiang. Besonders bekannt und berühmt wurde sie unter der Regierung des Song Gaosong (1127–1162). Ihre Arbeiten erzielten einen überaus hohen Preis. Durch die geniale Beherrschung der Technik und durch ihre Sensibilität für alle Naturvorgänge gelang es ihr, Landschaften wie Wasserläufe oder Felsformationen, Bäume, Blumen, Tiere und Menschen in gleicher Schönheit darzustellen, fast möchte man sagen, mit begnadeten Händen. Die Zhu Kouyou webte außer großflächigen Arbeiten auch kleine Albumblätter von feinster Zartheit und tiefem Einfühlungsvermögen.
Von einigen gewirkten Bildrollen und Albumblättern kennen wir die Vorlagen; es mußten nicht immer zeitgenössische sein. In der Ming-Zeit griff man häufig auf die Gemälde der Song-Zeit zurück, deren Motive besonders geschätzt wurden. Einer ihrer besten Vertreter aus der Zeit der Ming-Dynastie ist Wu Shi. Ein eindrucksvolles Beispiel gibt seine Darstellung eines Unsterblichen, der den Pfirsich des Langen Lebens in der Hand hält. Über den Zweigen des nur durch den Stamm angedeuteten Pfirsichbaumes wird der obere Abschnitt des Rollbildes ganz von Schrift eingenommen. Der Maler und Entwerfer war Shen Zhou, der Bildwirker Wu Shi, sein Künstlername war Shang-Zhong, er stammte aus Suzhou. Er signierte jede seiner

Arbeiten. Ohne Zweifel konnte er selbst mit dem Pinsel schreiben und malen, denn das Umsetzen der Mal- in die Webtechnik hat er souverän gemeistert. Außer der Schrift webte er sieben Siegel ein. Oft waren derartige Siegel allerdings unecht. Man konnte sie ja nicht, wie bei der Malerei, später hinzufügen – was den Wert erhöhte –, weil das bei der Wirktechnik natürlich unmöglich war. Die gewirkten Rollbilder waren übrigens genauso auf einen Seidenstoff als Untergrund aufgezogen wie die Malereien und ebenfalls oben und unten zum Abschluß mit einer Rolle und Bändchen montiert.

Nach und nach verflachte diese hohe Kunst und wurde zu einem bloßen Handwerk, das schließlich immer häufiger mit zusätzlicher Malerei arbeitete. Dies verstärkte sich während der Qing-Dynastie, unter der es noch einmal einen Höhepunkt an Erfindungsreichtum, Farbschönheit und Ebenmäßigkeit der Seide in der Qianlong-Periode gab. Dieser Zeit der hohen und reifen Kunst verdanken wir nun auch großformatige Arbeiten, vor allem Staats- und Kultgewänder.

Schließlich wurde die Bildwirkerei so stark bemalt, daß sie im Grunde ihre Eigenart verlor; das war auch die Ursache für den Niedergang der Bildwirkerei oder Gobelinweberei in Europa, wo man mit mehr als tausend Farbschattierungen die handwerklichen Gesetze außer Acht ließ und die Malerei nachahmte. Im heutigen China ist die Wirkerei zu einem Teil durch auf dem Jacquard-Webstuhl gewebte Bilder abgelöst und zur Massenproduktion geworden, die ein Muster viele Male wiederholt. Zwar sind solche Anfertigungen noch Handarbeit, doch ohne das Fluidum der alten Seidenarbeiten.

Im Westen gab es schon im klassischen Altertum in Griechenland, Ägypten und im Vorderen Orient eine blühende Bildwirkerei aus farbiger Wolle, Leinen und »Meereswolle« (Byssus-Seide). Auf einer griechischen Vase sieht man Penelope an einer solchen Borte arbeiten. China lernte diese Technik erst verhältnismäßig spät kennen. Sie kam über die Seidenstraße vermutlich durch »Perser«, aus deren Sprache auch das Wort Kesi abgeleitet sein soll. Glaubte man lange Zeit, die chinesische Bildwirkerei erst in der Song-Zeit ansetzen zu können, frühestens zur Zeit der Fünf Dynastien (907–960), so kann man heute den Weg viel weiter zurück verfolgen.

So kam in der Oase Turfan ein gewirktes Bändchen aus dem 6./7. Jahrhundert an das Tageslicht. Der Archäologe Le Coq fand

(1904–1914) in den Ruinen ehemals uigurischer Niederlassungen in den Turfan-Oasen wunderbare Stücke, nicht nur aus Seide in prächtigen, aber zarten Farben gewebt, sondern auch mit Goldfäden durchwirkt. Ähnliche Gewebe entdeckte Sir Aurel Stein in den Höhlen von Dunhuang aus der Zeit der dortigen Vorherrschaft der Uiguren. Durch uigurische Händler in die »Weltmetropole Chang'an« (Xi'an) gebracht, aber auch durch Gesandte von Vasallenstaaten, von denen sich die Chinesen Wirkereien als Tributleistungen geben ließen, waren Seidenwirkereien bereits in der Tang-Zeit bekannt.

Das mit Seide gewirkte Bändchen in der Turfan-Oase, das von einer dort einheimischen aber auch einer chinesischen Werkstatt ausgeführt sein kann oder sogar in einem Privathaushalt, zeigt zwar den Weg dieser Technik von West nach Ost; die Hauptanregung werden die Chinesen wohl von den im Nordwesten angrenzenden Uiguren übernommen haben, so daß sich die Seidenwirkerei von dort kommend nach Zentralchina ausbreitete. Die Chinesen müssen von der Wirkerei begeistert gewesen sein, denn auch diese Art der Seidenverarbeitung wurde von Gelehrten-Dichtern besungen. Einer von ihnen, Honghao, schreibt zur Song-Zeit, daß die Gewänder der Uiguren überaus schön seien, aus Seide in allen Farben gewebt.

Als 1126 nach Einnahme der nördlichen Hauptstadt Kaifeng durch die Jurchen der neue Kaiser in das Gebiet südlich des Yangzi floh, begann er, durch den Fluß geschützt, in der neugegründeten Hauptstadt ein Leben mit allem Luxus und mit der Förderung von Wissenschaft und Künsten. Kostbare Bücher-Rollen ließ er in Seidenwirkerei neu fassen, darunter auch das *Gengzhitu*, das Werk vom Pflügen und Weben. Sogar die Motive des Einbands werden erwähnt: Palast und Pavillon, Drachen und Wasser, der Drache von hundert Blumen umgeben, Drache und Phönix, dazu Blüten und Zweige. Man hatte geglaubt, das Originalwerk des Malers Lu Chu sei unwiederbringlich verloren. Es war daher eine Sensation, als der Pekinger Verlag für fremdsprachige Literatur im Jahr 1983 melden konnte, daß diese Bilderrolle wieder aufgetaucht sei. Sie war tatsächlich den alten Beschreibungen entsprechend auf kostbarer Seidenwirkerei montiert. In der Geschichte ihrer Überlieferung spielt auch Kaiserin Wu eine Rolle: eine hochintelligente Frau mit schneller Auffassungsgabe, in vielen Künsten ausgebildet und in Literatur bewandert, so daß der Kaiser selbst sie häufig um Rat fragte. Die Bilderrolle war wegen ihres

Wertes und ihrer Schönheit für das kaiserliche Ankleidezimmer im Qing-Palast bestimmt. Vermutlich wurde sie später, in den folgenden Notzeiten, von den Aufseher-Eunuchen privat verkauft. Im Krieg mit Japan tauchte die Rolle dann wieder auf, sie geriet an einen chinesischen Kaufmann und Sammler, der ihren Wert erkannte und sie dem chinesischen Staat vermachte. Die gemeinsame Odyssee von Bilderrolle und Bildwirkerei hatte damit ihr Ende gefunden – das Werk war gerettet.

In der hochkünstlerischen Umgebung des Ming-Kaiserhofes begann das »Goldene Zeitalter« der Seidenwirkerei, man webte Bilder, Glückwünsche, Banner, Behänge, Gewänder und Rollbilder von höchster künstlerischer Vollkommenheit. Die damals gewählten Motive wurden die klassischen Muster für die Seidenwirkerei. Einzelne Meister webten zwar ihre eigenen Namen und Zeichen ein, es gab aber auch Künstler, die alte buddhistische Texte nachwebten und die überkommenen Daten ohne Zusätze als Kopie übernahmen.

Der Gelehrte Zhuang Chuo war von den seidenen Wunderwerken derart beeindruckt, daß er zu Beginn des 12. Jahrhunderts die Technik genau zu beschreiben versucht: »In Dingzhou werden Kesi gewebt. Dazu benutzen die Weber keine großen Webstühle, die Seide wird naturbelassen gefärbt«, d.h. sie enthält, auf alle Fälle für die Kette, noch eine gewisse Menge Seidenleim. »Sie ziehen die Kette an Holz mit Dornen auf. Ganz nach Wunsch weben sie Bilder von Blumen, Pflanzen, Vögeln und Tieren, sie brauchen dazu kleine Spulen. Wenn sie diese ›Schußweberei‹ herstellen, merken sie zuerst die Plätze für jede Spule mit ihrer Farbe an, dann befestigen sie sie an der Kette. Die einzelnen verschiedenen Farben bilden zusammen das fertige Muster, so als wären sie ohne Verbindung. Die Fertigstellung eines Frauengewandes dauert ein volles Jahr, aber obwohl hundert Blütenmuster eingewebt sind, ist es doch möglich, sie alle verschieden zu machen, weil durch das Arbeiten mit kleinen Spulen die Schußfäden nicht über die ganze Breite hinweggeführt werden.« (Camman).

In China bezeichnet man die Bildwirkerei als »Schußfadenweberei«, denn durch Hin- und Zurücklegen des Schusses wurde jeder Kettfaden ganz verdeckt. Vorder- und Rückseite waren gleichwertig. Es gab eine gröbere, seltenere Art der Seidenwirkerei mit einer Hanfkette und eine feinere mit Seidenkette. Die Kette mußte sehr gleichmäßig und straff gespannt sein. Die Schußfäden gingen nicht über die

ganze Breite des Gewebes, sondern nur so weit, wie die Farbfläche des gewünschten Musters es erforderte. Mit allen sich verjüngenden konischen »Bergformen« mußte begonnen werden, dann wurden alle »Talformen« aufgefüllt. An den Umkehrstellen bildeten sich feine Treppenlinien oder Schlitze. Wegen dieser Trennungslinien, die das Licht durchscheinen ließen, hießen die Kesi auch »Geschnitzte Seide«. Oft webte man feine Fäden um eine Form in abstechender Farbe als Kontur herum. So entstand in mühevoller Arbeit das Seidenbild bald an dieser, bald an jener Stelle wachsend, ganz im Gegensatz zu einer Malerei, bei der ein Pinselstrich in einem Zug über das ganze Feld geführt werden kann. Der Wirker mußte sich stets an die vorgegebenen technischen Gesetze halten, sei es beim stufenweisen Einschattieren feinster Farbnuancen oder beim Verschlingen von Schußfäden. Diese mußten mit Stäbchen oder Nadeln fein aneinandergepreßt werden. Um die größte Dichte zu erhalten, schnitt man sich ganz feine Zacken in die Fingernägel. Die nötige Feinfühligkeit verschaffte man sich durch Anfeilen der Fingerkuppen. Die Augen chinesischer Weber waren zwar völlig auf die feinsten, von der Seidenraupe produzierten Fäden eingestellt, und doch muß man für ihre Arbeit wohl eine besondere Schulung des Sehens voraussetzen, wie auch Schnitzer sie erhielten. Sie sahen z. B. lange Zeit durch ein winziges Loch auf einen bestimmten Gegenstand. Noch heute muß sich jedes chinesische Kind längere Zeit an das Schreiben und Lesen mikroskopisch kleiner Schriftzeichen gewöhnen (nach Mitteilung von Experten des Palastmuseums Taipei 1981).
Chinesische Weber werden sehr schnell gelernt haben, daß man für diese feine Arbeit keinen großen Webstuhl mit Tritten oder gar Zugvorrichtung brauchte, da die Fachbildung, die ja nur wenige Fäden betraf, unwichtig oder gar überflüssig war. Zweckmäßig war eine Vorrichtung mit senkrechter oder schräg herablaufender Kette, vielleicht sogar einem Rahmen ähnlich, bei der der Lichteinfall günstig war. Ähnliche, schräg an die Wand gelehnte Konstruktionen haben sich bei Chinas ethnischen Minderheiten erhalten.
Die Kesi-Weberei brauchte zwar wenig Material, aber viel Zeit für die Arbeit; für ein Frauengewand länger als ein ganzes Jahr. Wir kennen einige etwa vergleichbare Zahlen aus der europäischen mittelalterlichen Gobelinweberei, bei der eine sieben Jahre lang angelernte Fachkraft nicht mehr als einen Quadratmeter Bildwirkerei im Jahr fertig-

stellte. Wahrscheinlich waren chinesische Weber wegen der Wendigkeit von Fingern und Gelenken für diese »Bildgemälde«, die auch Marco Polo bewundernd erwähnt, geradezu prädestiniert. Das beweist schon die Fadendichte an einem Kesi-Stück mit feinen blaugrünen Ranken und zartrosa Blüte aus der Qing-Dynastie, bei dem 24 Kettfäden in der Breite und 48 Schußfäden in der Höhe auf 1 cm kamen – das sind doppelt so viel wie bei den meisten europäischen Gobelins.

Um die Staats- und Kultgewänder in Kesi-Technik nicht zu steif werden zu lassen, wurden sie etwas lockerer gewebt. Auch sie zeigen von beiden Seiten das gleiche Bild, man sieht keinen Fadenansatz, keine Unebenheit; bewundernswert ist der vollendete Übergang am Ärmel. Daß man die Kettfäden längst nicht mehr an Dornen, höchstens an Stiften und vermutlich drehbarem Kett- und Warenbaum befestigte, versteht sich wohl von selbst. Wen könnte es wundern, daß die chinesischen Seidenwirkereien, die »geschnitzten Seiden«, von Anbeginn so kostbar waren, daß neben dem Kaiserhaus nur der höchste Adel sich einen derartigen Luxus leisten konnte, sei es als Gewand oder Rangabzeichen, Bilderrolle, Albumblatt oder Schmuck für eine besonders festliche Angelegenheit in der Familie.

War die Seidenbildwirkerei an die Gesetze der Weberei, das rechtwinklige Kreuzen von Kette und Schuß gebunden, so standen der Seiden*stickerei* alle Richtungen frei, sie konnte in der Reliefstickerei sogar in die dritte Dimension übergehen und fand ihren schönsten Ausdruck in der modellierenden Goldstickerei. Anders als die Bildwirkerei war das Seidensticken höchst populär – fast jede Chinesin war mit der Technik vertraut. Stickrahmen waren zerlegbar und transportabel – das Arbeitsgerät für die Frauengemächer.

Entwerfen und Ausführen von Stickereien gehörten zur Ausbildung eines jungen Mädchens, noch bis in unser Jahrhundert. Nach chinesischer Traditon dienten solche Arbeiten der Schwiegermutter dazu, um nach Idee und Ausführung den Charakter der zukünftigen Frau ihres Sohnes zu beurteilen.

Fast in jedem Familienverband verstand sich eine besonders begabte Zofe auf die Stickerei; aufmerksam wurden von ihr auch neueste modische Strömungen, z.B. aus dem Westen, aufgenommen. Im Roman *Der Traum der Roten Kammer* setzt die talentierte, treue

Zofe »Buntwolke« ihre Gesundheit aufs Spiel, um den kostbaren, kunstvoll gestickten Kragen am Großjährigkeitsgewand für ihren geliebten jungen Herrn heimlich auszubessern. Bei nächtlichen Unternehmungen, wohl seiner Sinne nicht mehr ganz mächtig, hatte er das Prachtstück zerrissen. Wäre der Schaden von der Urahne entdeckt worden, er wäre seines Lebens nicht sicher gewesen. Und wie gut stand ihm ein solches Gewand: dunkelrot, mit bunten Blumen und goldenen Schmetterlingen bestickt. Dazu trug er fichtengrüne, brokatseidene Hosen und einen stahlblauen, mit Blumensträußen gestickten Umhang mit regenbogenfarbenen Seidenquasten am Saum. Ein Atlasrock, bestickt in Rot und Silber, machte die Garnitur vollständig. Wen wundert es, daß seine Kusinen von seiner Erscheinung zutiefst berührt waren....

Jahrhundertelang konnte das Werkzeug für die Stickerei unverändert bleiben. Neben ganz feinen Nadeln und der elegant geformten Schere mit kurzer Spitze und großen geschwungenen Griffen brauchte man einen Rahmen zum Einspannen des Stoffes, der aus vier Holzleisten bestand und mit Pflöcken verstellbar war. Wie eine Bilderrolle ließ sich der Stoff von den Schmalseiten her auf- und abrollen. Der Rahmen war nicht breiter, als eine Stickerin vom Rand her das Muster sehen und erreichen konnte. Meist wurde der Stickrahmen schräg gestellt oder er lag, nur seitlich gestützt, auf Ständern.

Erst nach dem Stärken wurde der zu bestickende Stoff mit Hilfe eines Unterstofffes am Rahmen befestigt und seitlich angeschnürt, so daß die Seide schonend und elastisch festgezogen werden konnte, was sich mit den Holzpflöcken regulieren ließ. Zwar hat man für Kettenstich-Stickereien, die aus Ausgrabungen von han-zeitlichen Gräbern stammen, bisher keine Vorzeichnungen gefunden – die späteren, genau festgelegten üppigen Kompositionen erforderten sie. Man führte sie in feiner Kohle aus, die Farben wurden mit entsprechenden Zeichen markiert.

Bei der Stickarbeit am Rahmen blieb die rechte Hand über, die linke Hand unter dem Stoff. Die rechte Hand führte die Nadel von oben nach unten, die linke von unten nach oben. Man nahm besonders locker gedrehte Stickseide, die nach dem Sticken mehr Volumen bekam und erst dann ihre volle Schönheit an Farbe und Glanz entwickelte. Ein Auftrennen bei solchem Stickgarn war nicht möglich.

An Stickarten gab es außer dem Kettenstich, der besonders häufig auf ausgegrabenen Seidenfragmenten gefunden wurde, den Stielstich und seine Gegenseite, den Steppstich. Manchmal wurde der Steppstich noch dekorativ mit Schlingen bewickelt. Auch Schlingen-, Zopf- und einfache Saumstiche wurden gleichzeitig zum Ausschmücken benutzt. Sehr häufig wurde eine Spann- oder Plattstichart, der Satinstich verwendet, er füllte Figuren, Blüten und Blätter, Vogelgefieder und Berge und entwickelte sich zu der besonders schwierigen Nadelmalerei, bei der die Farben ineinandergreifen. Lang geübte Seidenstickerinnen zaubern sogar heute beidseitig Gemälde auf fast durchsichtige Seide, ihre einzigartige handwerkliche Geschicklichkeit läßt sich nur bestaunen.

Zu den klassischen Stichen gehörte auch der Knötchenstich, der der »verbotene Stich« genannt wurde, weil die Stickerinnen erblinden konnten. Er entstand durch mehrfaches Umwickeln der Nadelspitze vor dem Ziehen durch den Stoff. Winzig klein, füllte er ganze Flächen in vollkommener Gleichmäßigkeit aus. Die Knötchenflächen wurden bisweilen mit Goldfaden umrahmt.

Die ursprünglich überschaubaren Sticharten vermehrten sich im Laufe der Jahrtausende. Rund 50 mit Hunderten von Kombinationen gab es um das Jahr 1900. Zur Zeit der Song-Dynastie, also um 1000, hatten sich eigene Stilrichtungen in den Provinzen Suzhou, Hunan, Guandong und Sichuan ausgebildet, erkennbar an gestickten Gemälden auf »insektenflügelleichter« Seide, an leuchtenden Farben, großzügigen Arrangements für Wandschirme und Gold- und Silberstickerei. In der Ming-Zeit (1368–1644) wurden gestickte Wandschirme, oft mit Rosenholz montiert, und gestickte Gemälde in kaiserliche und private Sammlungen aufgenommen; überliefert ist uns z.B. der Name des Sammlers Zhang Yiwen.

Gold- und Silberstickarbeiten galten als besonders exquisit. Mit Gold- und Silberfäden wurden ganze Flächen bedeckt, und in dieser Anlege- oder Legetechnik gelangte die Goldstickerei zu höchster Blüte. Die Stickerin legte hierzu, von der Mitte eines Musters, z.B. eines Granatapfels ausgehend, zwei Goldfäden nebeneinander und zwar so dicht, daß der seidene Untergrund völlig bedeckt wurde. Mit feinster, ungezwirnter farbiger Seide übernähte sie die Goldfäden, die dadurch der Stickerei auf der Oberseite einen schimmernden Farbhauch verliehen. Auf der Unterseite erschienen die Muster in farbiger

Seide. In dieser Technik hätte die Jacke gestickt sein können, die die Zofe Buntwolke im *Traum der Roten Kammer* ausbesserte – außen mit Gold- und Silberblüten bedeckt, innen eine traumhafte blaue, rote, violette und grüne Farbenpracht, die, nicht zum Ansehen bestimmt, unter einem weißseidenen Futter verschwand. Der Gold- und Silberfaden (Lahn) hatte das früher verwendete vergoldete flache Riemchen abgelöst. Er ließ sich elastisch auflegen, weil das Metall spiralig einen Seidenfaden, die sog. »Seidenseele« umschloß. Die Kunst der Verarbeitung bestand darin, den festhaltenden Stickfaden der Schräge dieser Wicklung anzupassen. Das Goldgarn konnte man auf Echtheit prüfen, wenn es, in bestimmte Papiere gelegt, keine schwarze Farbe annahm.

Für die zweiseitige Stickerei wurden haarfeine Nadeln verwendet und ein Garn, das nur 1/50 des normalen Stickfadens betrug. Der überfeine Nähfaden ist oft dem Metallfaden nicht gewachsen; diese Kunstwerke sind daher besonders empfindlich und gefährdet.

Die Goldstickerei ließ sich noch weiter verfeinern, indem man die Formen nicht nur flach anlegte, sondern als Hoch- oder Reliefstickerei ausarbeitete. Die Formen wurden so unterlegt, daß sie schließlich dreidimensional modelliert waren. Goldfische und Schleierfische wirkten dann wie lebendig, geschuppt und mit lebhaften runden Augen; Schwanz und Flossen schienen sich im Lichteinfall zu bewegen.

Am üppigsten war die Reliefstickerei an Operngewändern, an denen Drachenköpfe mit Mäulern, Krallen und rollenden Augen, Tempel und Schirme mehrere Zentimeter hoch hervortraten. Zur Unterlegung dieser Figuren nahm man anscheinend jedes sich bietende Material. An beschädigten Stellen findet man in Kranichflügeln und Tierköpfen gezupfte Seide, Rohbaumwolle mit Samen, Stroh und Holzstückchen. Wenn ausgedientes beschriebenes Papier eingearbeitet wurde, ergibt sich im Glücksfall sogar ein Datierungshinweis.

Durch die Stickerei, die freieste der Seidenkünste, wurden die Stoffe noch kostbarer. Sie schimmerten und glänzten in herrlicher Farbenpracht als Gewänder für Tote und Lebende, als Behänge für die gesamten Wände von Festräumen, als Decken, Bett- und Türvorhänge, Fahnen, Sänftenvorhänge, Tisch- und Stuhlschmuck für die Ahnenhalle, Ausstattungen von Wagen, Booten und Barken. Dazu kamen die vielen liebenswerten kleinen Geschenke, die Beutel,

Taschen, Parfümfläschchen- und Brillenbehälter, Gürtel und Mützen, Schuhe und selbst Ohrenschützer. Von den gestickten Seidenpantöffelchen nahmen später nicht wenige Damen ungern Abschied. Oft hatten sie mehr als fünfzig Paar in ihrer Ausstattung mit in die Ehe gebracht. Die Trägerinnen gingen damit bestenfalls im Park spazieren, wenn sie nicht überhaupt bis zur Sänfte getragen wurden, und bei der Dicke der Filzsohlen kamen die Stickereien ohnehin nicht mit dem Straßenschmutz in Berührung.

Die Kaiserin Xiaojing, Gemahlin des Kaisers Wanli (1573–1619), ließ sich nach eigenen Wünschen eine rotgrundige Jacke der »Hundert Söhne« sticken, auf der zwischen Jahreszeit- und Glückssymbolen die erhofften Kinder allerlei Spiele treiben. Sie vergnügen sich mit Vogelfangen und Drachensteigen und spielen Sichverkleiden als hohe Beamte.

Üppigkeit und Schmuck an Seidentextilien wurden immer weiter verfeinert. Im ausgehenden 19. Jahrhundert, zum Ende der Qing-Dynastie, wurden die Seidentextilien oft noch mit Spiegeln, Pailletten, Korallen, Perlen und Pelz überladen. Die Farbpalette war jetzt unbegrenzt, die Seiden schimmerten in allen nur denkbaren Farbtönen und Schattierungen, überhöht von Gold und Silber. Zwar wurden die alten Symbole aus der Zeit des *Li* noch verstanden, aber die symbolträchtigen Muster durften sich in freier Phantasie ohne strenge Regeln entfalten. Vielleicht wirken die Darstellungen deshalb auf uns so besonders liebenswert; wir bewundern die vielen gestickten Abwandlungen von Kranichen und Pfauen, von Fischen und Schmetterlingen, von Drachen, Phönixen und Fabeltieren; die Fülle buddhistischer und taoistischer Symbole und die figürlichen Darstellungen aus Historie und Literatur bis zu den Szenen spielender Kinder. Für den einen Betrachter mag dies ein Höhepunkt freier Entfaltung sein, für den anderen eine bedauerliche Entwicklung zum rein Dekorativen. Fast jeder Chinese wird aber noch die Aussage einer seidenen Chrysantheme, dieses Sinnbilds eines langen Lebens, verstehen. Der Dichter Tao Yuanming (365–427) hatte seine Beamtentätigkeit freiwillig aufgegeben und erlebte nun die gesamte Welt in seinem kleinen Garten, der aus drei Wegen, fünf Weiden und einem Bambuszaun bestand, an dem er Chrysanthemen züchtete.

»Mein Herz weilt fern, ist an sich selbst verfallen.
Am Ostzaun pflück ich müßig Chrysanthemen,
Sehe den Südberg von meinem stillen Ort:
Des Berges Hauch so schön im letzten Licht;
Schweifende Vögel fliegen in Paaren fort.«

Schon bevor Cailun, der Oberaufseher und Obereunuch der kaiserlichen Werkstätten des Han-Kaisers Hedi (89–105) das Schreib- und Malpapier erfunden hatte, diente Seidenstoff auch als Untergrund für wichtige Dokumentationen, für Landkarten, Buchhaltung, klassische und religiöse Texte. Seide war dafür zwar verhältnismäßig teuer, ließ sich aber als Buch raumsparend falten und rollen, während für die Wiedergabe eines Klassikers auf Bambustafeln ein ganzer Hain gefällt und untergebracht werden mußte. Die ersten Papiere – übrigens auch das erste Papiergeld aus dem 11. Jahrhundert – setzten sich aus Maulbeerbaumbast *(Morus nigra)* und Textilresten zusammen, vorwiegend aus verbrauchter Seide, und waren damit echte »Seidenpapiere«. Zwar verdrängte das spätere Papier die Seidenstoffe für den allgemeinen Schreibgebrauch – für Kalligraphie und Malerei wurden sie nie überflüssig. Weder in der Ming– noch in der folgenden Qing-Zeit verzichteten berühmte Kalligraphen, Maler, Literaten und die Beamtenelite auf den edelsten der Malgründe; heute wächst das Interesse zeitgenössischer Künstler daran wieder in der ganzen Welt. Meist bestand der Grundstoff aus schlichter Taftweberei, seltener aus schimmerndem Atlas. Berge, Wasserfall, Bäume und Gebäude überraschen auf Atlasmalgrund mit einer durchscheinenden, leuchtenden Wirkung wie bei dem Meisterwerk *Sage vom Pfirsichblütenquell* des Fan Qi aus dem 17. Jahrhundert (*Ausstellung: Im Schatten hoher Bäume*).
Der Pfirsichbaum mit Zweigen, Blüten und Früchten gilt als Zeichen für ein langes glückliches Leben, dazu für die Unsterblichkeit. Die Götter gewannen das Elixier aus himmlischen Pfirsichgärten. In der berühmten utopischen *Geschichte vom Pfirsichblütenquell* findet ein einfacher Mann tief im Pfirsichblütenwald eine Quelle, die aus einer Höhle fließt. Als er dort eintritt, befindet er sich plötzlich in einer anderen Welt, in der die Menschen ein glückliches Leben führen. – Im Volksmund aber wird der Pfirsichquell sehr irdisch als Umschreibung der Vagina benutzt.

Die Entwicklung des »beweglichen Bildes« der chinesischen Malerei ist nur durch die ursprüngliche Verwendung von Seide denkbar. Die Rollenform, in der Länge kaum begrenzt, wurde durch die ursprüngliche Webbreite auf ca. 50 cm festgelegt. Die Malereien, auch die auf Papier, werden aus Gründen der Ästhetik und um sie zu schützen auf Seide montiert. Die Hintergrundseite hat meist einen weißen oder zarten Farbton und wird mit kleinen einfarbigen Damastmustern aufgelockert. Noch heute werden solche Spezialstoffe gewebt. Zusätzliche schmale Vorsatzstücke bestanden aus kostbarem, aber unauffälligem Brokat.
Vielleicht tauchte diese Frage in China nie auf: Wohin mit den ausgedienten Seiden, z.B. den Gewändern der obersten Herrscher? Im angrenzenden Burma durften sie der Überlieferung nach nicht vernichtet werden, wohl aber zu Seidenpapier umgewandelt als Schreibgrund für die heiligsten Texte dienen.

Hatte Seide als Bildträger eine sichtbare Funktion, so blieb sie als Dienerin der *Lackkunst*, in die sie eingearbeitet wurde, völlig verborgen. Lackarbeit, seit der Shang-Zeit bekannt, wurde zur späteren Han-Zeit wie auch Seidenstoff in kaiserlichen Werkstätten hergestellt; die Ornamentik beider Kunsthandwerke scheint sich gegenseitig beeinflußt zu haben. Lack und Seide fanden sich in den Ausgrabungsstätten entlang der Seidenstraßen, beide Erzeugnisse waren leichte Transportgüter. Ein besonders glücklicher Fund war eine seidene Landkarte, die durch ein Lackkästchen geschützt war.

Hirt und Weberin. Volkstümlicher Scherenschnitt als Fensterschmuck

Genauso wichtig waren die unterschiedlichsten Gefäße für den Alltag, die mit einem Dichtungsmittel angefertigt wurden (z. B. Schöpfgeräte), und viele andere nützliche Dinge, deren Grundlage Seide war. In nördlichen Lößlehmgebieten Chinas gibt es das noch heute: Seide anstelle von Glas. Wenn der Winter kommt, werden Tür- und Fensteröffnungen von Häusern und Wohnhöhlen mit dünner Seide verspannt und mit phantasievollen Scherenschnitten beklebt. Das »Seidenfenster« hat hier eine ganz eigenständige Volkskunst entstehen lassen, die heiter stimmt und alle Innenräume wohnlich macht.

In diesem Zusammenhang soll auch das chinesische Geld nicht vergessen werden. Der englische Handelsname für die feinsten Silberbarren »Sycee« soll von der chinesischen Beziehung »xi si« = »feine Seide« abgeleitet sein, denn das wertvolle Barrensilber entwickelte beim Gießen eine seidige Oberflächenstruktur. Daneben gab es »Seidenschuh-Silber« als Zahlungsmittel, das die Form gebundener Füße hatte.

Gewebte, gefärbte, bestickte und kunstvoll dekorierte Seide: all diese eigenständigen handwerklichen und künstlerischen Tätigkeiten hätten sich nicht annähernd so entfalten können, wäre der Bedarf nicht von zentraler Stelle bestimmt und in höchsten Kreisen zur Ausdrucksform und zum Vorbild für die unteren Schichten geworden.

VIII.
Des Kaisers glänzende Gewänder

Im Jahr 1936 fand in London eine große Chinaausstellung statt. Dem westlichen Besucher öffnete sich plötzlich ein Tor in die fernöstliche Welt – dem Mondtor vergleichbar, das den Blick auf den chinesischen Garten freigibt. Unter den erlesenen Kunstwerken befanden sich eine ganze Anzahl von Seidentextilien. Ihre Krönung war eine riesige goldfarbene Seidendecke, ausgebreitet wie ein Baldachin, farbig mit den kaiserlichen Symbolen bestickt, den höchst majestätischen gewundenen Drachen. Diese eindrucksvollen Kunstwerke aus Seide entfachten eine unvorhergesehene Begeisterung und gaben der Forschung einen kräftigen Anstoß. Endlich konnte man sich in Europa wenigstens eine geringe Vorstellung von der Seidenpracht der Gewänder des Kaisers von China und seines Hofstaates machen.
Längst vergangen waren die Zeiten, da die »Drei Erhabenen« der chinesischen Mythologie Felle und Blätter trugen. Geblieben bis in geschichtliche Zeiten aber waren die Grundsätze des legendären Gelben Kaisers Huangdi, daß Kleidung wärmen und den Sinn für die Tugend hervorrufen und stärken solle, daß sie aber auch dazu bestimmt sei, den Rang eines Menschen kenntlich zu machen, einerlei, ob sie aus grobem oder ganz feinem Stoff bestand. Ideeller und materieller Wert sollten einander entsprechen. Kleidung sollte äußerlich Autorität und Macht, Eleganz und Reichtum anzeigen, aber auch eine innere vorbildliche geistige Haltung. Eng verbunden mit dem Träger selbst, sollten die Gewänder seinen Wunsch ausdrücken, im Einklang mit der Natur nach höchster Harmonie zu streben.
Auch das ferne römische Weltreich hatte ein streng festgelegtes System für die Kennzeichnung von Amt und Würde geschaffen, weithin sichtbar an der Breite des Purpurstreifens an der sonst völlig weißen, ungefärbten Toga. Ähnlich gekleidet brachte die kaiserliche

Familie Chinas ursprünglich die vorgeschriebenen Opfer dar, nämlich im ungefärbten, weißseidenen Gewand von einfacher Webart, das nur mit rotem Saum, rotem Kragen und mit der Axt als Machtsymbol geschmückt war.

Der legendäre Kaiser Yu (etwa 2000 v. Chr., also noch bevor es ein Kaiserreich China gab) soll sich Farbe und Glanz in bestimmten Symbolen an seinen Gewändern gewünscht haben: »Ich wünsche Sonne, Mond, Sterne, Berg, Drachen und Fasan bildhaft dargestellt zu sehen auf meinem Obergewand, die heilige Vase, Wasserkraut, Feuer, Reiskörner, Axt und Streifensymbol gestickt auf das Untergewand.« Damit gilt er als Schöpfer des unvergleichlichen kaiserlichen Gewandes für den Himmelssohn auf dem Drachenthron.

Die zwölf heiligen Zeichen des Kaisers Yu hatten folgenden Sinngehalt:

die *Sonne* auf der linken Schulter, der *Mond* auf der rechten Schulter und die *Sterne* vorn auf der Brust sollten die Weisheit des Herrschers anzeigen und seine Fähigkeit, sein Volk vorbildlich zu regieren;

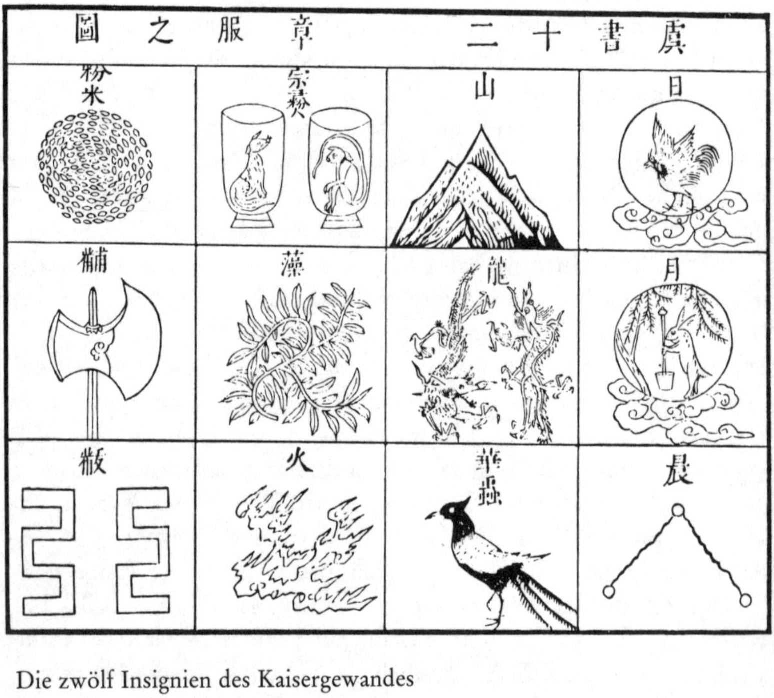

Die zwölf Insignien des Kaisergewandes

die *Berge* sollten Festigkeit und Standhaftigkeit in Zeiten der Not symbolisieren;
der *Drache* sollte bedeuten, daß der Kaiser sein Volk mit allen Mitteln zu höchster Tugend und rechtem Verhalten führen möge;
der *Fasan* sollte mit seiner Schönheit und seiner Farbenpracht an das Beispiel erinnern, das der Herrscher geben soll, indem er selbst höchste Rechtschaffenheit übt.
Die sechs weiteren Symbole waren:
die *Vase* oder das Gefäß, das auch in der Ahnenhalle verehrt wird als Zeichen von Reinheit und loyalem Verhalten;
ein Zweig des *Wasserkrautes* als Zeichen der Weisheit;
das *Feuer* sollte daran gemahnen, sich mit allen Kräften für das Gute einzusetzen;
das *Getreidekorn*, Hirse oder Reis, sollte daran erinnern, jederzeit genügend Nahrung für das Volk herbeizuschaffen;
die *Axt* war das Zeichen für eine gerechte Justiz und die Bekämpfung des Verbrechens;
das *Ya*, zwei Zeichen in Hakenform, die sich symmetrisch gegenüberstehen, auch die zwei Fu genannt, sollten bedeuten, daß der Herrscher Gut und Böse zu unterscheiden wisse.
Die Embleme am oberen Teil des Gewandes sollten in sechs verschiedenen Stickarten angebracht werden, zum Zeichen dafür, daß alle dargestellten Tugenden ins Herz des Trägers gehörten, so als wären sie dort fest eingraviert.
Das *Shujing*, eines der klassischen Bücher, zählt nicht nur die vom Kaiser gewünschten Symbole auf, sondern berichtet auch, wie der Kaiser die Ausführung überwacht und dann seine Beamten als seinen »Händen und Füßen« mit der Bedeutung der Symbole vertraut gemacht habe.
Wie erwähnt verlangte das dem Gelben Kaiser zugeschriebene Gesetz, daß Kleidung Rangstufen ausdrücken, den Sinn für Tugend hervorrufen und fördern und dazu insgesamt mit dem Himmel in Einklang stehen solle. Folglich wurde die Bekleidung in China sehr früh eine Angelegenheit staatlicher Regelung. Die textile Ausstattung erlaubte keine private Freiheit, wenn auch im Laufe der Geschichte manchen Modeströmungen von außen nachgegeben wurde; man hat sie immer in die alten Rangvorschriften eingeschmolzen. Nach der Gesetzessammlung des *Zhouli* hatte das folgende Auswirkung: Es

gab sechs Ministerien, die allein für die Belange des Hofes zuständig waren. Sie waren nach Himmel und Erde und den vier Jahreszeiten eingeteilt und benannt.

Zwölf Abteilungen der Himmelsministerien waren nur für die Regelung textiler Angelegenheiten zuständig und verantwortlich:

1. Herstellung der Kaiserlichen Sakralgewänder für die Kulthandlungen im Rahmen der Himmelsverehrung und zur Verwendung bei Staatsbegräbnissen.
2. Beschaffung und Bereitstellung von Leder und Pelzen für den Kaiserlichen Bedarf, den Jahreszeiten entsprechend.
3. Überwachung und Verteilung von Materialien für die Web-, Stick- und Näharbeiten der Frauen im Palast.
4. Vorratshaltung von Seide mit Überwachung von Qualität und Preis sowie Verteilung der verschiedenen Seidenprodukte.
5. Überwachung jeglicher Art von Hanfprodukten.
6. Zuständigkeit für die sechs Kleidergarnituren der Kaiserin und der Bekleidung der Palastfrauen sowie der Frauen ranghoher Beamter, dazu jeglicher Nähereien im Palast.
7. Verantwortung für alle Nadelarbeiten, einschließlich der Musterung und Herstellung der Gewänder für das kaiserliche Paar, ferner für alle Textilien, die zum Ausschmücken bei Bestattungen gebraucht wurden (wobei die Innenausstattung des Sarges eine besonders wichtige Rolle spielte).
8. Waschen und Färben von Seide.
9. Verantwortung für die verschiedenen Kopfbedeckungen, Kopfputz und Perücken der Kaiserin, einschließlich der Schleier.
10. Bereitstellen von Fußbekleidung des Kaiserpaares, der Palastfrauen und der Frauen hoher Offiziere, abgestimmt auf den Rang und die Jahreszeit.
11. Bedeckungstextilien für Kultgefäße und der für den Kaiser bestimmten Speisen.
12. Zelte und verschiedene weitere Zwecke.

Das Erdministerium hatte folgende Aufgaben:

1. Beschaffen von Federn (die u.a. in sehr kostbare Seidenstoffe eingewebt wurden).
2. Sammeln bzw. Beschaffen von pflanzlichen Fasern, z.B. Hanf,

ferner Färbematerial zum Färben und Bedrucken von Stoffen. Diese Beschaffung wurde auf dem Weg über Steuerzahlungen in Naturalien abgewickelt.

Das Frühlingsministerium war für folgende Sparten zuständig: Aufstellung von Richtlinien und Verantwortung für den korrekten Gebrauch aller Zeremonialgewänder sowie Ritualgewänder der Würdenträger, wozu Flaggen, Wagenausgestaltung und -bereitstellung gehörten – sowie Bekleidung nach Anlässen und symbolischen Farben, dem Rang entsprechend. Der höchste Rang besaß alle Gegenstände in neunfacher Ausfertigung, dann verringerte sich die Zahl auf sieben, fünf, usw.

Diesen Gesetzen liegt ein alle kulturellen Strukturen Chinas durchdringendes Streben nach Gesittung und Harmonie zugrunde. »So wird durch Betonung der Sitte in allen Lebenslagen ein Mittel geschaffen, die Menschen zu einer freiwilligen sozialen Bindung zu bringen. Die Sitte verlangt Abstufungen in Familie und Gesellschaft Abstufungen; denn nur, wenn es den Unterschied von hoch und niedrig gibt, kann der Niedrige vom Hohen geehrt werden.«
Es heißt aber auch in Richard Wilhelms Kommentierung des *Liji*, des Buches der Riten, Sitten und Gebräuche: »Der ›Edle‹, der von jetzt ab das Ideal der chinesischen Gesellschaft wird, ist nicht mehr Geburtsadel, sondern Geistesadel. Ein Edler kann künftig jeder sein, der sich durch seine Gesinnung dieses Titels würdig erwies.«
Ein Schlüsselwort zum konfuzianischen Gedankengebäude ist das *Li*. Es läßt sich weder mit »Moral«, noch »Gesetz«, mit »Ritus« oder »Innerer Haltung« umschreiben. Die chinesische Bezeichnung »Li« soll hier beibehalten werden; prinzipiell ist es dem Ritus, nicht dem Gesetz zuzuordnen. Jia Yi, ein Philosoph aus dem 2. Jahrhundert v. Chr., grenzt diese Begriffe ab: »Der Ritus richtet sich gegen etwas, was noch nicht geschehen ist. Das Gesetz dagegen richtet sich gegen etwas, was bereits geschehen ist.« Im westlichen Denken entspricht dem *Li* am ehesten die Haltung des englischen »Gentleman«.
Jahrtausendelang, bis zum Umbruch im Jahr 1911 und der Abschaffung des Kaisertums, waren diese Grundsätze gültig. Allerdings blieb es nicht bei den strengen Symbolen der Frühzeit. Sie wurden durch neue Religionen und neue Philosophie außerordentlich bereichert.

Die *Acht Kleinodien* des konfuzianischen Gelehrten

Konfuzianismus, Taoismus und Buddhismus trugen mit je acht Zeichen erheblich zur Erweiterung des Formenschatzes bei. Welche Möglichkeiten an Kombinationen von Farben und Motiven ergaben sich für die Textilkünstler zum Einweben oder Sticken von Mustern! Die »Acht Kostbarkeiten«, wie die Symbole des Konfuzianismus auch genannt werden, charakterisierten gleichzeitig den Gelehrten. Es waren die *Perle* (der Reinheit oder eines köstlichen Kleinods), der *Klangstein*, die *Münze*, der *Rhombus*, *Bücher* und *Gemälde* (bzw. Bildung), *das Rhinozeroshorn* als Zeichen eines festen Charakters, und das *Schafgarbenblatt* zur Orakelbefragung.
Die taoistischen Symbole gehörten gleichzeitig den »Acht Unsterblichen«, jenen chinesischen Heiligen, die nach ihrem irdischen Tod ein glückliches Leben auf hohen Bergen oder den Inseln des Ostens führen.
Es waren dies: der *Fächer* als Zeichen des Beamtenranges oder als magisches Mittel zur Erweckung von Toten, ein Dämonen vertreibendes *Schwert*, ein *Flaschenkürbis* mit seiner eingezogenen und

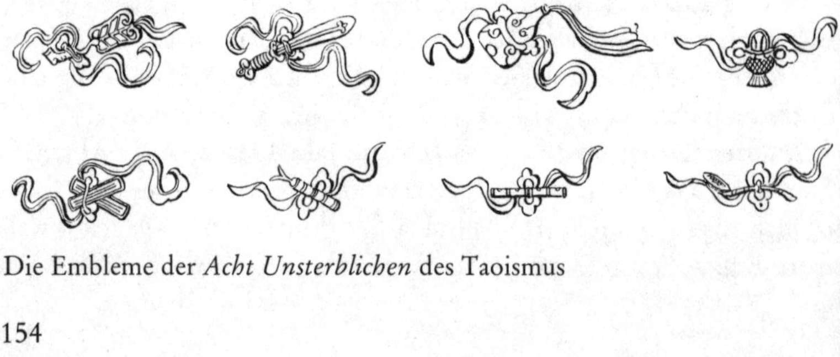

Die Embleme der *Acht Unsterblichen* des Taoismus

Acht buddhistischen Embleme

wieder aufschwingenden Form, ein Zeichen für Himmel und Erde, zur Aufbewahrung des Lebenselixiers oder zum Einfangen und Bannen von Dämonen. Außerdem gehörten ein *Blumenkorb* und *Klanghölzer* dazu, schließlich eine *Flöte*, ein *Bambusrohr* mit dem Gedanken der elastischen Widerstandskraft und der Langlebigkeit – »Möge sein Name auf Bambus und Seide überliefert werden« – und der *Lotos* als alles überstrahlendes Symbol für Reinheit.
Auch *Lotos* gehörte zu den acht Symbolen des Buddhismus dazu, die *Vase* als Zeichen für vollkommene Weisheit, die *Meeresschnecke* als *»Muschelhorn«*, *Schirm* und *Baldachin* als Zeichen für Würde, Reinheit und den Himmel. Hinzu kamen der *Fisch* als Symbol für Erlösung und Opfergabe, der *endlose Knoten* als Glückszeichen oder als Wunsch für langes Leben. Alles wurde umschlossen durch die allumfassende Lehre Buddhas, veranschaulicht im *Rad*.
Doch nicht genug damit: der Formenkanon wurde noch reicher und mannigfaltiger, bis schließlich alle Lebenszusammenhänge ihren Ausdruck fanden, weil schon einzelne Zeichen oder gar die Komposition von mehreren Symbolen soviel aussagen konnten wie ein ganzes Gedicht. Glückszeichen kamen hinzu, wie einzelne oder in Gruppen zusammengefügte Fledermäuse *(=fu)*, die mit dem Wort Glück *(=fu)* lautgleich waren. Fünf Fledermäuse waren gleichzeitig die »fünf Segnungen«: hohes Alter, Gesundheit, Reichtum, Liebe zum Guten und ein sanfter Tod. Eine rote Fledermaus, hong fu, bedeutete großes Glück, denn die dämonenabwehrende Glücksfarbe rot *(hong)* war lautgleich mit hong = groß, riesig.
Denken wir nun noch an die Schriftzeichen, die geradezu webgerecht aus dem Quadrat gestaltet waren, und die meist Glück und langes Leben wünschen sollten, an die Bedeutungsinhalte von Tieren, wirk-

lichen und unwirklichen, an Pflanzen aller Art, an die Götter- und Menschengestalten aus Mythologie und Geschichte, so können wir nur erahnen, welche Sinnverflechtungen es in der Ornamentik insgesamt gab. Greifen wir dazu nur einmal die vier Jahreszeiten heraus: den Frühling symbolisiert die Päonie, den Sommer der Lotos, den Herbst die Chrysantheme und den Winter die Pflaume.

Die *Päonie* gilt als Königin der Blumen, sie verkörpert Schönheit, Reichtum, Vornehmheit. Sie ist gleichzeitig die Blume junger Mädchen. Zusammen mit Pfirsich, Kiefer und Felsen drückt sie den Wunsch für langes Leben, Reichtum und Ansehen aus.

Lotos, eine Seerosenart, bedeutet Reinheit und Harmonie, ein gemeinsames Empfinden, Lotos ist ein Sinnbild der Liebe. Pickt eine Elster Lotossamen aus dem Fruchtstand, heißt das »Mögest du eine Prüfung nach der anderen bestehen«, und ein Lotospäckchen ist ein Geldtäschchen aus Seide, das böse Einflüsse abwehren kann.

Die *Chrysantheme* ist ein Sinnbild der Dauer und des langen Lebens, zusammen mit Kiefer und Stein überbringt sie den Wunsch für langes Leben, zusammen mit der Zikade soll sie sagen: »Mögest du ein Beamter sein (werden), der den höchsten Rang innehat!«

Die *Pflaume*, eigentlich eine Schlehenart, die in der kalten Jahreszeit an kahlen Zweigen blüht, zeigt Reinheit und Unberührtheit an. Zusammen mit Bambus und Kiefer gehört sie zu den »Drei Freunden der kalten Jahreszeit«, die treu und beständig sind. Pflaumenblüten und Elstern auf einer Grußadresse sollen, vor allem auch einsamen Menschen, Freude bringen. »Pflaumenblüte« hieß eine alte Methode zur Berechnung des Schicksals, und »Pflaumenblütendecke« die seidene Decke des Hochzeitsbettes.

In der Darstellung der Jahreszeiten fehlten oft Tiere, was aber nicht bedeutet, daß sie weniger wichtig waren. Eher im Gegenteil; wer könnte sie auch nur annähernd aufzählen, wie sie einzeln oder paarweise auftreten: Eisvogel, Elster, Mandarinente, Kranich, Fasan, Pfau, Phönix, Drache, Schildkröte, Tiger, Pferd, Hase, Hirsch, Qilin (Einhorn), Zikade, Grille und natürlich der Seidenschmetterling. Zusammengefaßt wurde schließlich das ganze Leben durch die Darstellung der acht Trigramme mit dem Yin-Yang-Symbol in der Mitte, das als Verdichtung des Kosmos aufzufassen war und in 64 Hexagrammen alle menschlichen Gegebenheiten und Zustände enthielt: eine Art genialer Weltformel. Die Zeichen waren, wie auf alten

Yin- und Yang-Symbol und die Acht Trigramme. Symbole für Gegensätzliches, zur Einheit sich Ergänzendes:
Irdisches und Himmlisches – weiblich und männlich – dunkel und hell – Norden und Süden – kalt und heiß – feucht und trocken – u.a.m. In den Trigrammen die zusätzlichen Abstufungen zwischen diesen beiden sich ergänzenden Polen

Gemälden zu sehen ist, schon auf der Kleidung des Ziang Ziya, des berühmten Militärberaters der ersten Zhou-Herrscher um 1000 v. Chr., als Symbol angebracht; auch das Gewand des Himmelsmeisters (tjanshi) trug dieses Motiv (Eberhard).
Wer könnte sich angesichts dieses bildhaften Reichtums noch wundern, daß trotz exakter kaiserlicher Angaben die Staatsgewänder recht frei ausgeschmückt wurden. Obwohl die Zeichen unabdingbar waren, hielt man sie nie für starre Schablonen. Weder die künstlerische Darstellung noch die Technik oder die genaue Plazierung unterlagen einem bestimmten Schema. Die einzelnen Muster erstarrten nie zu einem symmetrisch-geometrischen Ornament, wenn es auch für gewisse Objekte wie Fledermäuse oder Wolken bestimmte Darstellungs»kürzel« gab; das nahm ihnen nichts von ihrer Lebendigkeit. Nahezu naturalistisch überzog man die Flächen des Gewandes mit geschwungenen, verschlungenen, phantasievollen Linienführungen und verteilte die Embleme zwar nach Regeln, doch in freier Komposition gewebt, gestickt, appliziert.
Zu den besonderen Schätzen des Kaiserhauses gehörten auch reiche Vorräte an seidenen Staatsroben für die ganze Hofhaltung. Sie wurden mit größter Sorgfalt gepflegt, waren sie doch viel empfindlicher als Kunstwerke aus Bronze, Jade, Lack oder Porzellan.

Beim kaiserlichen Hofstaat konnte man die Ranghöhe an der Zahl und Art der Symbole ablesen. Nur dem Kaiser wie auch seiner ersten Gemahlin standen alle zwölf Zeichen zu. Bei ihnen unterschieden sich nur die Drachen in ihrer Form. Das männliche Tier war kenntlich an seinem geschlossenen fischartigen Schwanz, das weibliche daran, daß sich der Schwanz in zahlreiche geschwungene Enden aufspaltete, der kaiserliche Drachen hatte stets fünf Klauen. Jeweils dem Rang entsprechend änderte sich die Zahl der Embleme, den Ranghöchsten nach dem Kaiser fehlten die Himmelszeichen Sonne, Mond und Sterne, auch hatte der Drache entsprechend weniger Klauen. Bei den nächstniederen Rängen fielen Berge und Drachen fort. So ging es weiter bis zu den sehr zahlreichen Vertretern der untersten Stufen. »Ya«, zwei gegenüberstehende Bogensymbole, erschien am häufigsten, womit wohl ausgedrückt werden sollte, daß das Erkennen von Gut und Böse die wichtigste Vorbedingung für die Übernahme eines Amtes sei.
Glücklicherweise blieb in den Staatssammlungen im ehemaligen Kaiserpalast in Peking vieles erhalten; prächtige Exemplare bewahrt auch das National-Historische Museum in Taipei auf.
Dort konnten wir eines dieser herrlichen Kaisergewänder aus der Zeit der Qing-Dynastie betrachten. Welch ein Glanz auf tiefblauer Atlasseide! Auf diesem Untergrund, der in weitere Fernen zu führen scheint, erheben sich die heiligen Symbole vom unteren Gewandsaum her. Das beginnt mit den farbigen Diagonalstreifen, die blaugrün abschattiert sind und rhythmisch von schmalen Streifen in goldener, roter und violetter Farbe unterbrochen werden. Durch den beweglichen, schimmernden Seidenstoff scheint es, als ob diese Bänder wellenartig nach oben wandern könnten. Zu ihrer Begrenzung bauen sich Wolken- und Wasserformen darüber auf. Wir sehen große und kleine Wogen, Wellenkämme kippen über, Tropfen übersprühen wie Perlen den blauen Untergrund. Aus den Wassern erhebt sich in der Gewandmitte der Felsen, blau gerändert, mit weißer Kontur und roter Mitte. Um den Fuß des Berges schlingen sich Ewigkeitsknoten, die Spitze wird von runden, goldenen Glückszeichen gekrönt. Von den Bergflanken her schlängeln sich kleinere, goldschuppige Drachen, die zu dem großen Drachen nach oben schauen. Sie greifen nach dem Kleinod, der runden Scheibe, die von vielzackigen roten Korallen umschlossen ist.

Unser Blick wird durch einen zierlichen bunten Blumenkorb weiter nach oben geführt, zum eigentlichen Höhepunkt dieses »Kosmos in Seide«. Genau über der Brust des Trägers, der die Achse zwischen Himmel und Erde bilden sollte, thront der majestätische Drache und hält seinen hypnotisierenden Blick auf den Betrachter gerichtet. Auch der große Drache mit seinen fünf Klauen umschlingt die runde, mit Korallen gezierte Kleinodscheibe.
Alle Symbole, Streifen, Wellen, Berge und Drachen, ziehen sich über das ganze Gewand, auch über Schultern und Rücken. In verkleinerter Form bilden sie den Anschluß am Saum der weiten Ärmel. Die noch fehlenden Embleme können wir überall entdecken, auch wenn sie unauffällig in den blauen Grund des Stoffes eingefügt sind. Er ist übersät mit blaugrünen Wolkenformen, goldenen Schriftzeichen und rotviolett getönten, silberfarbenen Fledermäusen, die dazwischen flattern und fliegen.
Von Kaiser Kangxi (1661–1722) ist im Victoria-und-Albert-Museum in London ein ebenso prächtiges Kultgewand erhalten. Auf seinem schwarzen Grund leuchten die Farben ganz besonders intensiv. Der Künstler hat bei seinem Entwuf großen Wert auf die Darstellung der Tiersymbolik gelegt, Affe und Tiger sind auf je einer heiligen Vase abgebildet. Beide zusammen sollten bedeuten, daß der Kaiser im Umgang mit Rebellen diplomatisches Geschick und Durchhaltevermögen zeigen möge. Eine große Sonnenscheibe, mit Getreidekörnern übersät, bedeutet kaiserliche Machtbefugnis über alle Dinge. In der Sonnenscheibe selbst erkennt man als Tier den glückbringenden heiligen Raben mit drei Beinen, der in mythischen Zeiten das Feuer der allzu sengenden Sonne auf das den Menschen dienliche Maß reduzierte. Ein besonders fein ausgestaltetes Bild ist in den Mond gesetzt, schön und rührend zugleich. Es ist der kleine weiße Mondhase, der sich selbst als Speise für Buddha hingab, als der Heilige ihn unerkannt als Bettler besuchte. Der arme Hase hatte seinem Gast keinen Bissen mehr anzubieten. So sprang er selbst in das kochende Wasser des Kessels. Zum Lohn für sein Opfer wurde er in den Mond versetzt. Auf dem Kaisergewand stampft er unter einem Cassiabaum aufrecht stehend, das Elixier der Unsterblichkeit.
Die Auseinandersetzungen zwischen konfuzianischem und buddhistischem Gedankengut hatten noch vor Beginn der Tang-Zeit unerwartete Konsequenzen für die Seidenweberei, jedenfalls in Südchina.

Mit Xiao Yan, später als Kaiser Wudi (Regierungszeit 502–549) aus der Liang-Dynastie bekannt, kam ein Herrscher an die Macht, der zunächst ein völlig überzeugter Anhänger von Konfuzius war und seine Lehren begünstigte. Unter dem Einfluß der Kaiserin und ihrer Hofdamen wurde er, dem eine chamäleonartige Natur nachgesagt wurde, zu einem strengen Buddhisten und Schutzpatron der Klöster. Im Jahr 517 verbot er alle Blutopfer, also die Verwendung lebender Tiere bei Staats- und Ahnenopfern; Tiere wurden durch Mehlgebäck ersetzt. Nicht zu ersetzen waren die Tiere und Fabelwesen, die die musterfreudigen Seidenweber des Südens in ihre Stoffe eingewebt hatten. Mit der Begründung, die Tiere würden beim Schneiden der Bahnen zerschnitten, also »getötet«, wurden nun solche Muster verboten.

Die zur Armut verpflichteten buddhistischen Priester sollten als sichtbares Kennzeichen ihres Gelöbnisses nur Flickengewänder tragen. Viele von ihnen wollten aber nicht auf kostbare Seide verzichten und zerschnitten die herrlichsten gemusterten Brokate, um dem Gebot Genüge zu tun.

Das Verbot der Tierdarstellung im Gewebe blieb über Jahrhunderte gültig, so daß sich für die Weber lohnte, den komplizierten Webstuhl in der Mustergebung zu verändern. Erst im Jahr 1350 wurde das Verbot aufgehoben, nicht aus vorwiegend religiösen Gründen, sondern weil die letzten Mongolenherrscher den Unmut dämpfen, der Rebellion zuvorkommen wollten. Der letzte Kanzler hob daher eiligst einige als besonders einschränkend empfundene alte Bestimmungen auf. Der Konfuzianismus wurde erneut zugelassen. Chinesen durften endlich wieder Pferde besitzen und mit Tierornamenten reich geschmückte Kleidung tragen. Die Textilkunst Chinas wäre um viele seidene Kostbarkeiten ärmer, wäre es bei dem alten Verbot geblieben.

Seit die Kleidung als Zeichen für äußere Größe und innere Würde galt, wurde sie für einen stets wachsenden Kreis zielstrebiger Leute besonders attraktiv. In dem verhältnismäßig lockeren Staatsverband der Zhou gab es zahlreiche Lokalherrscher, die diverse Kleiderregeln übernahmen und sogar durch Üppigkeit zu übertreffen suchten, schon um die eigene Größe zu überhöhen und die eigene Person als bedeutend herauszuheben. Dies war einer der Gründe für das fast atemberaubende Tempo in der nun ständig wachsenden Seidenpro-

duktion, worüber das *Hanshu* aus der Zeit der Han-Dynastie berichtet. Während der frühen Han-Zeit führte man charakteristische Kleidungsstücke der Xiongnu-Nomaden ein: Lederhosen und Stiefel. Zeitgenössische Chinesen empfanden diese Sitte, die zum Reiten natürlich sehr praktisch war, als Barbarisierung der Gewandung und somit des Benehmens (Yü). Wiederholt mußten, genau wie im europäischen Mittelalter, Kleiderordnungen erlassen werden, z.B. im Jahr 197 gegen den zu üppig auftretenden Kaufmannsstand. Da die Kaufleute noch keine Beamtenprüfungen ablegen konnten, fand man ihre Nachahmungen besonders anmaßend.
Das Volk nahm es als naturgegeben hin, daß es durch seine Arbeit die Regierenden stützte und dieser Klasse einen höheren Lebensstandard als der eigenen zubilligte, wobei den Gelehrten die höchste Achtung galt. Ein Ausnahmezustand ergab sich in Umbruchszeiten, wenn die Bevölkerung sich über Gebühr ausgenutzt fühlte und daran zweifeln mußte, daß das »Mandat des Himmels« pflichtgemäß und der kosmischen Ordnung entsprechend ausgeführt wurde. Daß in solchem Fall, vielleicht durch auf Erden herbeigeführte »Zeichen« des Himmels, eine Dynastie-Linie abgelöst werden mußte oder auch erlosch, war gleichbedeutend mit dem Beweis der Unfähigkeit, zum Wohl des Volkes nach den Geboten des Li zu handeln. Damit verlor die Dynastie die himmlische Entsprechung der ihr zugeordneten Farbe, deren Kraft gleichsam verwirkt war. So hatten die frühe Han-Dynastie und die Tang-Dynastie das Gelb als Hauptfarbe, die spätere Han-Dynastie und die Song-Dynastie das Rot des Südlichen Feuers, und die Fünf Dynastien das Weiß des herbstlichen Metalls. Mit jedem dynastischen Wechsel mußten folglich auch alle offiziellen Seidengewänder und Seidentextilien ausgetauscht werden. Das betraf nicht nur alle Feste und Feiern auf höchster Ebene, sondern ging hinunter bis in die geringsten Ränge der entferntesten Adelssitze. Doch hinzu kamen – und dieser Verbrauch an Seidenmengen kann nur erahnt werden – der Bedarf der Hofbeamten, der der Hofdamen und Konkubinen, der Eunuchen, Diener und Dienerinnen, Tänzerinnen und Musikanten. Alle hatten die Farben zu wechseln. Eine bedeutende Rolle im Seidenverbrauch spielte auch die Gepflogenheit der »Gesellschaft«, sich zur eigenen Profilierung mit Scharen von Gästen zu umgeben, die dem Rang des Gastgebers gemäß als weithin sichtbares Prestigeobjekt eingekleidet werden mußten.

Die in Riten festgelegte, fast symbiotische Verbindung zwischen Herrschertum, Beamtentum und Volk (das auch für Ackerbau und Seidengewinnung steht) bahnte sich bereits während der Shang-Dynastie und Zhou-Dynastie an und festigte sich nach zeitweiligen Krisen und Auflösungserscheinungen erst recht in der Han-Zeit. Die Symbiose bestand bis in das 20. Jahrhundert, also durch wenigstens zweieinhalb Jahrtausende. An ihrem Anfang beschäftigten sich die großen Philosophen wie Laotse und Konfuzius intensiv mit Kleiderfragen. Laotse befürwortete das »einfache Leben« und meinte, das Volk solle lieber wie bisher Stricke knoten und keinerlei Schrift erlernen. Konfuzius trug mit seinem Lehrgebäude hierarchischer Strukturen ganz entscheidend zum schnellen Aufkommen verfeinerter Seidengewebe bei. Als Repräsentant der Gelehrtenelite befürwortete er in der Kleidung Würde ohne Übertreibung. Von seinen Schülern wurden einige seiner klaren Richtlinien überliefert:

Danach trägt der würdige und gebildete Mann keine auffallenden Rottöne, auch nicht in den Ornamenten seiner Kleidung und als Untergewand.

Bei warmem Wetter trägt er stets ein Untergewand unter seiner Kleidung.

Über dem Lammfell trägt er ein schwarzes, über Rehfell ein weißes, über Fuchsfell ein gelbes Gewand.

Das Pelzkleid ist in dem Fall lang, der rechte Ärmel kurz.

Am ersten Tag des Monats stellt er sich in seinen Hofgewändern im Palast vor.

Festgelegt ist auch die Art der Trauerkleidung und die Dauer des Anlegens, je nach Anlaß. Erkrankt er und erwartet er den Besuch eines Prinzen, legt er sich mit dem Kopf gen Osten und läßt sich mit seinen Hofgewändern, die von einem geschmückten Gürtel gehalten werden, würdig bedecken.

Das Untergewand besteht aus Seide, es ist oben schmal, unten weit geschnitten, und schließlich wird die Größe des Nachtgewandes auf die eineinhalbfache Länge des Körpers festgelegt.

Die rechte Ordnung des Gewandes stand für Ordnung und Tugend des Charakters. Dies Gesetz des Li galt selbstverständlich auch im Himmel. In der Geschichte des Mönchs und Schriftensuchers Xuanzang heißt es in der *Reise nach dem Westen* immer wieder von der Göttin Guanyin, ehe sie bei bedrohlichen Situationen eingreift: »Sie ordnete ihre Kleider und ihre Haare...« Wie wichtig auf Erden die »rechte Kleidung« war, erfahren wir nicht nur aus der Literatur aus der Zeit des Konfuzius, sondern bereits aus dem *Shijing*, einem der ältesten Dokumente über die Bekleidungssitten der frühen Zhou-Zeit. Die konfuzianische Auslegung der Bekleidungsriten wurde später kanonisiert. Dadurch war einerseits jeder gebildete Chinese über Seide, Stoffarten, Muster und Farbzusammenstellungen genau unterrichtet, andererseits lag die Gefahr einer Formalisierung und Erstarrung nahe. Insgesamt wurde die Kleidung der herrschenden Klasse, da das »Was« und »Wie« entscheidend war, zu einer Art Körper- und Symbolsprache dem Volk gegenüber; sie wurde von jedem verstanden und verfehlte nicht ihren Eindruck.

Zusammenfassend läßt sich über die Seidenkleidung nach dem Li sagen, daß sie die menschliche Persönlichkeit schön, anmutig und auch verpflichtend zur Geltung bringen sollte. Das wußte schon der Sozialphilosoph Xun Zi (ca. 300–230 v. Chr.), der von der Seidenraupe schrieb: »Ihr Nutzen erstreckt sich über den ganzen Erdkreis, und sie bietet Schmuck für alle Generationen. Man braucht sie für die traditionellen Bräuche (Li), und um Musik zu machen. Sie dient dazu, die verschiedenen Stufen von vornehm und gering anzuzeigen.«

Darum wies die Art der Kleidung jedem seinen Platz zu, auch nach der Altersstufe. Die Kleidung hatte eine harmonische Einheit zu bilden, so als würden sich Farbe und Accessoires miteinander verständigen, und als wären sogar die sichtbare Farbe und der hörbare Ton aufeinander abgestimmt: denn zum korrekten Gewand gehörten die am Seidengürtel befestigten Klangsteine, die durch jegliche Bewegung auch eine akustische Sinneserfahrung vermittelten.

So ein Gürtel wird in seiner Art, seiner Ausschmückung und als Träger von angehängten Gegenständen ebenfalls eingehend beschrieben. Zu einem bestimmten Rang ist er nur »zwei Daumen breit«, darf aber doppelt so breit aussehen, weil es erlaubt war, ihn zweimal um den Körper zu wickeln. Dafür mußte er aus »gehärteter«, d. h. nicht entbasteter, also aus Rohseide sein.

Die Männer hatten dicke Filzsohlen unter ihren verzierten Schuhen. Wie Ausgrabungen (Astana, Turfan) belegen, hatten sie eine vorn hochgezogene Spitze in der schwungvollen Form einer Szepterspitze, einer »Jui« genannten umgekehrten Herzform ähnlich, welche die bodenlangen Gewänder so zurückhielt, daß ein würdevolles Schreiten möglich war.

Den Kopfbedeckungen aus Leder oder Seide kam besondere Bedeutung zu, sie galten als vornehmstes Bekleidungsstück und als Zeichen der Volljährigkeit für Männer. Mädchen erhielten einen Haarnadelschmuck zum Aufstecken der Frisur. Die Grundfarbe der Barette, Kappen, Hüte war meist schwarz, vielleicht in Anlehnung an die stets schwarzen Haare der Träger, die die farbigen Gewänder besonders leuchten ließen. Dem Gesetz nach wurde die Kopfbedeckung kaum je abgenommen, wohl aber dem Anlaß entsprechend gewechselt, etwa für Trauer, Enthaltsamkeit, Zeiten der Ungnade, des Zurückziehens zur Ruhe, für die Erledigung von Geschäften u. a.

Das klassische Beispiel für die Auswirkungen der konfuzianischen Rangordnungslehre wurde der Kult der Mandarin-Abzeichen, mit denen die zahlreichen Beamten im Riesenreich China je nach Ranghöhe und Funktion gekennzeichnet wurden. Ausnahmsweise geht die Entwicklung der Mandarin-Abzeichen nicht in legendäre Zeiten zurück, es sei denn, man denkt an den Kaiser Shaohao, den Sohn des »Gelben Kaisers«, der seine Offiziere nach Vögeln benannt und eingeteilt haben soll. Erst die Mingzeit führte sie 1391 per Dekret als eine ihrer wenigen Neuerungen ein.

Eine völlig eigene Erfindung waren die Abzeichen allerdings nicht, sie wurden bereits in ähnlicher Form wie im Vorderen Orient – so zeigen es persische Miniaturen – von den Mongolen der Yuan-Dynastie (1271–1368) getragen. Deren Adlige ließen ihre Jacken mit großen eindrucksvollen Schmuckteilen, zumeist Blumenmustern, vorn und auf dem Rücken verzieren. Nach der Ablösung der Mongolenherrschaft griffen die Ming-Kaiser auf diese Sitte zurück, um ihre Zivil- und Militärbeamten weithin sichtbar zu kennzeichnen und auszuzeichnen, nun aber in einer bestimmten Ordnung, die sich mit verhältnismäßig geringen Änderungen bis zum Ende des Kaiserreichs im Jahr 1911 behaupten konnte.

Als Zeichen für Bildung gab es Vogelmotive für die Verwaltungsbeamten, Raubtiere sollten den Mut des Offiziers sichtbar machen. Hohe Beamte, hohe Eunuchen in der Umgebung des Kaisers, seine nahen Verwandten und seine Leibgarde trugen das Fabeltier »Qilin«, etwa unser Einhorn, auf der Kleidung, ein Tier, das in der Seidenweberei äußerst beliebt war. Rangabwärts folgten: weißer Kranich, oft mit Wogen und Sonnenscheiben dargestellt, goldener Fasan, Pfau, Wildgans, Silberfasan, Mandarinente, Goldamsel. – Die Offiziere trugen: Löwe, Tiger, Leopard, Bär, Wildkatze, Rhinozeros und schließlich das Walroß, ein ohne Zweifel besonders imponierendes Tier.

Die Rangstufen wurden vom Kaiser als persönliche Auszeichnung nur verliehen, die entsprechenden Abzeichen nicht verschenkt. Jeder Träger mußte sich seine Gewandung selbst »maßschneidern« lassen. Das bedeutete für den einzelnen eine ungeheure finanzielle Belastung, zumal er für die unterschiedlichen Anlässe mehrere Gewänder bereithalten mußte. Die Vertreter der höchsten Ränge ließen die Abzeichen in ihre Gewänder einsticken. Die weniger Begüterten konnten sich die entsprechenden Quadrate von ungefähr 30 cm Kantenlänge als Einzelteile anfertigen und auf die Roben nähen lassen.

Das Quadrat für die Rückenpartie wurde als Ganzes gearbeitet, ebenso das für die Vorderpartie. Erst bei den Mandschus mit ihrer vorn zu schließenden Kleidung mußten sie in zwei Teilen gearbeitet oder zerschnitten werden. Es war erlaubt, ein niedrigeres, nicht aber ein höheres Abzeichen zu tragen. So wartete man oft mit der Anfertigung bis zur nächsten oder übernächsten Beförderung. Wie der berühmte Staatsbeamte der Ming-Zeit Qui Jun im Jahr 1488 dem Kaiser berichtete, hatte diese Hinhaltepraxis zur Folge, daß einige Seidenweber und Sticker, die auf die Herstellung bestimmter Abzeichen spezialisiert waren, fast ruiniert wurden. Ein Chronist beklagt noch eine weitere Unsitte, die den Seidenarbeitern jedoch einen entsprechenden Verdienstausgleich gegeben haben mag: die Abzeichen wurden käuflich, vor allem wenn die Staatskasse leer war. Korruption war die Folge.

Selbst ein Kaufmann sah auf den Kollegen herab, dessen Rangzeichen weniger würdig ausgestattet waren. Kaiserliche Dekrete versuchten Einhalt zu gebieten, gleichzeitig aber wurde die Verleihung auf immer mehr Berufe ausgedehnt, bis hin zu den Hofmusikanten. Ein Mandarin, der sich erdreistet hatte, gleich mit zweierlei Abzeichen geschmückt zur Audienz zu erscheinen, soll einen respektablen Wutanfall des Kaisers ausgelöst haben. Solche Vorkommnisse führten vorübergehend zu verschärften Dekreten.

Und die Frauen? Auf alten Gemälden tragen sie auf üppigen Seidengewändern mit weiten Ärmeln den gleichen Schmuck wie ihre Män-

ner. Auf ihren Quadraten sind die Tiere spiegelverkehrt angebracht, um die ihres Mannes symmetrisch zu ergänzen, wenn das Paar bei offiziellen Empfängen nebeneinander stand. Beide Eltern sollten nach einem Gesetz aus dem Jahr 1665 die Rangabzeichen eines berühmt gewordenen, höher gestiegenen Sohnes tragen. Außer der den Chinesen kennzeichnenden Verehrung der Eltern bedeutete diese Regelung auch eine wirkungsvolle Arbeitsbeschaffung.
Statt der in anderen Länden oft sparsamen Auszeichnung durch Streifen, Knöpfe und Orden nahm man im Reich der Mitte dafür einheitlich Seide und Gold in kostbarster Ausführung. Es fällt auf, daß sich unter den erhaltenen Stücken verhältnismäßig wenige Exemplare der Offiziersklasse befinden, vermutlich weil sie oft mit dem Besitzer bestattet oder in ausweglosen Situationen zum Selbstschutz vernichtet wurden. Weithin sichtbar waren die militärischen Kennzeichen jedermann bekannt.
Neben den positiven Auswirkungen der Lehre des Li in den Bereichen des Staates gab es auch negative wie die Übertreibung der Bürokratie, z. B. die Festschreibung von Äußerlichkeiten der Riten gehörte dazu. Konfuzius' Lehre ging allerdings nie so weit, daß sich »Kasten« hätten bilden können, denn die Staatsprüfungen zur Auswahl der Beamtenschaft standen im wesentlichen jedem offen. Auf dem Begriff des Li baute sich eine Art Kodex der Kleidung auf, der seinerseits die Textilherstellung bestimmte. Neuere Untersuchungen haben bewiesen, daß der Li-Begriff, vor allem in der Han-Zeit, *der* Motor für den enormen Seidenverbrauch wurde und blieb.

Im alten China kannte man etwa 70 Kulthandlungen und Feste, die über das Jahr verteilt waren. Im Lauf der Zeit wurde die Seide zum Stoff für die festliche Kleidung schlechthin. Eine der bescheideneren Feiern war die Ehrung des Konfuzius an seinem Geburtstag, die seine Lehre immer neu vermittelte. Aber welche Pracht- und Farborgien muß es gegeben haben, wenn sich die ganze Fülle dieses Reichtums von der wir nur noch einen schwachen Abglanz verspüren können, bei den großen Staatskulten, Zeremonien und Audienzen voll entfalten konnte.
Unvorstellbar prächtig müssen Staats-Rituale wie die des Ahnenfestes gewesen sein. Der Aufzug zu einem solchen Kultgeschehen konnte mehr als 1500 Staatswagen umfassen, geschmückt und bedeckt mit

goldgestickten Seidenbrokaten, mit Bannern, Wimpeln, Fahnen, Kordeln, Bändern, überhöht durch Hunderte von kostbarsten aufgespannten Seidenschirmen.
Peinlich genau waren Zufahrten und Plätze auch vom letzten Staub gesäubert worden, ehe der Kaiser zum Ahnenfest in seiner mit Seide ausgeschlagenen, mit seidenen Kissen und Vorhängen ausgestatteten Drachensänfte zum Vollzug der Rituale auf den Opferhügel getragen wurde. Dann bestieg der Kaiser den Verbeugungsplatz und die Opferstätte. Nach Speise- und Trankopfern wurden Körbe voller Seide geopfert; zwölf Seidenrollen für den Himmel mit seiner Zwölfteilung von azurblauer Farbe, eine Rolle rote Seide für die Sonne, weiß für den Mond, je ein Stück blaugrün, gelb, rot, schwarz und weiß wiederum für die Planeten, die Himmelsrichtungen, die Element-Substanzen. Von Sonnenaufgang bis Sonnenuntergang soll dieses Fest gewährt haben. In seinem gesamten Aufbau und Zeitablauf, in der Einteilung der zahllosen Gruppen von Menschen, mit seinen Riten und seiner Musik, wurde es zu einem Kunstwerk, bei dem das Schwingen und Glänzen der Seide und ihr Farbspiel sicher als wesentlicher Faktor in den Festplan einbezogen war.
Fröhlicher und noch bunter wurde das Fest der Frühlingssonne gestaltet, das am Vorabend der Zeit der »klaren und hellen Luft« allgemein in Häusern und Palästen gefeiert wurde. Da soll der Kaiser Xuanzong (712–756), angetan mit bestickten Seidengewändern und seinem edelsteinverzierten Kopfschmuck, zugesehen haben, wie seine dreitausend Konkubinen auf langen seidenen Schaukelseilen in den Farben der Sternbilder sitzend, in feinste bunte Seidenstoffe gekleidet, mit Perlen und Jade geschmückt, als bezaubernde Wesen wie Schmetterlinge durch die Luft wirbelten und, gedreht durch purpurrote Räder, zwischen Himmel und Erde, Seidenbändern und Wimpeln, auf und ab zu schweben schienen.
Das größte und eigenste Fest für die Seide war das Fest der Seidenrituale, ausgeführt von der Kaiserin und ihrem Hofstaat. Das Fest geht auf geschichtliche Überlieferung bis in die Zeiten der Zhou-Dynastie zurück, bestätigt durch Angaben in den älteren Teilen der Bücher *Shujing*, dem Buch der Urkunden, und *Liji*, dem Buch der Riten.
Zu Beginn der späteren Han-Dynastie scheint das »Seidenfest« zu einem Staatskult geworden zu sein mit Riten, die zu einem Kanon ausgearbeitet wurden und im wesentlichen ihre Gültigkeit behielten.

Wenn auch der religiöse, ethische und wirtschaftliche Sinn der Zeremonien nie ganz verloren ging und eindeutig festgelegt worden war im kanonischen Werk *Baihu tongyi* des Rechtsgelehrten Banju (32–92), so muß doch Kaiser Hong Wu um 1369 beklagen, daß es bei verfallendem Ritus kein Mittel zur Verbindung »nach oben« gäbe, um Pietät zu beweisen, und keins »nach unten«, um Ermahnungen wirksam werden zu lassen.
Auch Zeitpunkt und Örtlichkeit wechselten. Der Bezirk der Seidenzeremonie lag gegenüber dem Bezirk des Heiligen Pflügens. Lag dieser im Süden (männliches Prinzip), lag der Maulbeerhain im Norden, wurde der kaiserliche Acker in den Osten verlegt, dann lag der Hain im Westen der Palastgärten. Befand sich die Hauptstadt im Norden des Reiches, so verschob man die Zeremonie des kühleren Klimas wegen auf einen günstigeren Frühlingszeitpunkt, stets unter Berücksichtigung der vorgesehenen astrologischen Aspekte.
Wie der Kaiser, das Yang-Prinzip verkörpernd, innerhalb des Staatskultes die Ackerbauzeremonie durch kultisches Pflügen vollziehen mußte, so oblagen der Kaiserin als Vertreterin des Yin-Prinzips die Riten zur Seidengewinnung. Im Sinn der göttlichen Ordnung schuf die Beachtung dieser Zeremonien die eigentliche Voraussetzung für Nahrung und Kleidung für das ganze Volk, bei der Seidenkulthandlung auch die Vorbedingung für die Herstellung der gesamten Opfer-Seidengewänder; damit war im kommenden Jahr das harmonische Gleichgewicht zwischen Himmel und Erde – Göttern, Menschen und Ahnenkette – gesichert. Das *Gengzhitu* schildert die Vorbereitungen zu dem hohen Fest in poetischer Form (nach O. Franke):

»Nun hebt für Ackerbau und Raupenzucht die Arbeit an.
Die Zeit verbotner Feuer ist vorüber,
Es sind die Tage, da ein leiser Wind weht
Und die Schwalben zurückkehren,
Es ist die Zeit, da sanfter Regen fällt
Und man die Seidenraupeneier badet.
Im Frühlingskleid schlagt die weißseidnen Ärmel auf
Und füllt das Becken mit kristallnem Naß!
Dort im Palast denkt man daran zu fasten,
Und eigenhändig Maulbeerlaub zu pflücken,
Damit das Volk ein Beispiel habe...«

Die klassischen Bücher *Liji* und *Zhuli* berichten von den nun folgenden Feierlichkeiten. Danach forderte der Vorsteher des Hofstaates die Kaiserin auf, an der Spitze der Palastdamen und der Frauen der höchsten Würdenträger mit der Seidenraupenzucht zu beginnen. Der Kaiser selbst hatte im weißseidenen Zeremonialgewand mit dem Schildkrötenorakel die am meisten glückbringenden Damen von den Nebenfrauen des zweiten und dritten Ranges aus den drei Palästen bestimmt; später mag man auch nach astrologischer Sicht die geeignetsten Damen ausgesucht haben.
Der Feierlichkeit gingen strenges Fasten, Meditation und sexuelle Enthaltsamkeit voraus (vielleicht ein Grund, weshalb sich Kaiserinnen später auch von Eunuchen vertreten ließen). Zur festgesetzten Zeit hatte sich die Kaiserin mit ihrem Gefolge – alle Damen trugen grüne Seidengewänder – in den dafür bestimmten Palastgarten zu begeben, in dem sich der grünglasierte Tempel der Seidengöttin befand. Das Gebäude lag in einer Lichtung mitten in einem Maulbeerhain. Die Tempelmitte zierte ein hoher weißer Altar. Nun mußte in einem Becken mit klarem Wasser der Seidensamen gebadet und für soeben geschlüpfte Räupchen mußten Maulbeerzweige gepflückt werden, wobei die Kaiserin den Altar bestieg und die Damen sich auf der Ostseite aufstellten. Je nach Rang sollte gepflückt werden; drei Zweige von der Kaiserin, fünf bis neun nach abnehmender Stellung von den begleitenden Damen. Sechs zu Raupenmüttern bestimmte Damen, »Canmu«, nahmen die Zweige in Empfang und trugen sie in die dafür aufgestellte Raupenhütte. Am Schluß der Zeremonie, die sich über einen ganzen Tag hinzog, mußte die höchste Dame eigenhändig einige Kokons abhaspeln. Nach einem Festmahl wurden Seidengewänder verteilt und zum Abschluß große Mengen an Seide verbrannt, um als Dankopfer mit dem Rauch den Himmel zu erreichen. Allerdings wurde bei diesem Schlußakt auch viel duftendes Räucherwerk verwendet, da verbrannte Seide ähnlich aufdringlich riecht wie verbranntes Haar oder Horn.
Seit der Zeit des Kaisers Wudi (140–87 v. Chr.) wurde das Hauptgewicht bei der Zeremonie nicht mehr auf das Baden von Samen und das Verbrennen von Opferseiden gelegt, sondern auf das Pflücken der Maulbeerblätter; gerade dieser Ritus ist immer wieder dargestellt worden. Der Altar wurde zu einer Art Terrasse ausgestaltet, von der man die Blätter von den umstehenden Maulbeerbäumen bequem

erreichen konnte. Aus der Song-Zeit sind seine Maße überliefert: 30 (chines.) Fuß lang und 5 Fuß hoch, also ein Quadrat mit ca. 7 m Seitenlänge und gut 1 m Höhe. Zusammen mit der Raupenhütte, dem Maulbeerhain und den Gewässern gab die ganze Anlage für dieses einmal im Jahr stattfindende Seiden-Ritualfest den weiträumigen, würdigen Rahmen.

Unter den zahlreichen Festen gab es eines, bei dem die ganze damalige Welt bewundernd zusah. Es war auch auf diese Wirkung hin mitkonzipiert. Das war die große Bittprozession des Kaisers, die Besteigung des Taishan, des Heiligen Berges der Drei Erhabenen. Dieses »Fengshan«-Opfer wurde, wie andere Staatsopfer aus der Zeit der Han, als einer der großen Staatskulte von den späteren Dynastien übernommen, allerdings dann nicht mehr regelmäßig abgehalten. Mit ihm sollte und konnte der Kaiser der obersten Gottheit melden, daß sich das Reich in seiner Gesamtheit im Zustand der höchsten Harmonie befände. Zur Überbringung der Botschaft wurden beschriftete Jadetafeln in goldverschnürten und versiegelten Kästen im höchstgelegenen Tempel deponiert. An einem runden Altar hatte der Kaiser sein Kommen angekündigt, ehe er am folgenden Tag begann, die 6293 Stufen bis zur »Krone des Himmelskaisers« zu ersteigen, vorbei an Inschriftentafeln seiner Vorgänger, über das »Studio, wo man der Quelle lauscht«, vorbei an der Sonnenhöhle, verschiedenen Himmelstoren und -straßen, bis zum kupfergedeckten »Tempel der Blauen Wolken«. Nach geglückter Rückkehr gab es an einem viereckigen Altar ein letztes Opfer an die Erdgottheit, das die Kaiserin Wu (später Wuzetian) nach eigenem Wunsch selbst übernahm, wobei sie von ihrem Hofstaat und Eunuchengefolge begleitet wurde.

Das Fest endete mit der Verkündung von Beamtenbeförderungen, Gesetzeserleichterungen und Amnestien, vor allem auch mit der großzügigsten Verteilung von Seide an Witwen und Waisen und an alte Menschen, die über 70 Jahre alt waren. Hochgeschätzt waren vor allem die alten Männer, deren Existenz man als besonders glückbringend für ein friedliches, wohlgeordnetes Reich ansah, und die man in Ehrfurcht und Dankbarkeit vor dem Frieren bewahren wollte.

Die schlichten Formen des Festes zur Zeit des Kaisers Wudi, der den heiligen Berg Taishan mit nur wenig Begleitung noch wirklich selbst bestiegen haben soll (110 v. Chr.), wandelten sich zu immer größerem Prunk; W. Eichhorn hat das anschaulich beschrieben:

»Unter den Tang begann das übliche Drängen zum Vollzug des Fengshan bereits im Jahre 631 mit der Begründung, daß jetzt ›die vier Barbaren zur Botmäßigkeit gebracht seien‹, d.h. die gesamte Menschheit Frieden habe. Der Kaiser, der berühmte Li Shimin (Regierung 626–649), lehnte zwar zunächst ab, zeigte aber im folgenden Jahr doch Neigung, den Ritus auf neuerliche Aufforderung hin auszuführen. Alle hohen Würdenträger redeten ihm dabei eifrig zu, nur einer nicht. Das veranlaßte den Kaiser, ihn zu befragen: ›Sind etwa meine Verdienste nicht groß genug?‹ – ›Sie sind es.‹ – ›Ist mein De (meine Tugend) nicht kräftig?‹ – ›Es ist stark.‹ – ›Hat das Reich nicht Frieden?‹ – ›Es hat.‹ – ›Sind die Barbaren nicht botmäßig?‹ – ›Sie sind es.‹ – ›War die Ernte reichlich?‹ – ›Sie war es.‹ – ›Gab es keine glücklichen Vorzeichen?‹ – ›Doch.‹ – ›Nun dann, warum sollte ich nicht Fengshan abhalten?‹ – ›Obgleich diese sechs Vorbedingungen erfüllt sind, so ist doch das Volk noch nicht wieder zur Ruhe gekommen. Wenn Majestät nach Osten reisen, dann wird man eine große Anzahl Wagen und Reiter aufbieten. Deren Unterhalt und die weiteren damit verbundenen Leistungen und Ausgaben sind nicht leicht aufzubringen. Zu der Fengshan-Feier werden außerdem aus allen Ländern und auch von den Barbaren große Gefolge herbeikommen. Jetzt ist die ganze Gegend von den Flüssen Yi und Lo (Henan) bis zum Meer erst wieder kaum besiedelt, und diese schwache Stelle nun den Barbaren aus Westen und Norden zeigen? Dazu geben sich die Fremden mit noch so verschwenderischen Geschenken nicht zufrieden ...«. Der Kaiser verzichtete auf das Fest.

Das zu Ehren von Hirt und Weberin am 7.7. des Mondkalenders gefeierte *Chin-hsi-Fest* war das wichtigste Fest zum Sommerende, wenn das Seidenjahr sich neigte. Es gehörte den Frauen und wurde in Palast und Hütte bis zum Ende der Kaiserzeit gefeiert.

Am Feiertagmorgen fanden Orakelbefragungen statt. Vorsorglich hatte man dafür eine Kreuzspinne gefangen und in ein Lackkästchen gesperrt. Hatte das gesponnene Netz Ähnlichkeit mit einer Blume oder Wolke, wurde die Fragende zu einer ausgezeichneten Seidenweberin. Die Begabung für Stickerei zeigte sich an den Schattenformen der feinsten Nadel, die Anfängerinnen auf Wasser schwimmen ließen. Blumen- und Wolkenmuster waren natürlich wieder ein gutes Omen, bei einem Balkenschatten mußte die Betroffene Neckereien und Scherze über sich ergehen lassen.

Haus und Gehöft hatten die Frauen in tagelanger Vorarbeit dekoriert. Für den Hirten waren Miniaturlandschaften mit extra angesätem jungen Reis hergerichtet, den Altar für die Weberin hatte man als besonders geschmückten Schminktisch mit Utensilien in Puppengröße ausstaffiert. Dabei wurden Farbe und Pinsel nicht vergessen, die die Augenbrauen in die Idealform einer Seidenraupe bringen sollten. Die Bitten um ein gutes Seidenjahr und um persönliches (Liebes-) Glück, das die Frauen herbeiflehten, wurden mit ein paar Stichen an den Opfergewändern festgenäht. Besonders von jungen Mädchen reicher Häuser waren die Gaben üppig verziert, gewebt und bestickt. So rechtzeitig sollten sie als Rauch den Himmel erreichen, daß die Seide webende Stern-Göttin Wega sich noch hochzeitlich schmücken konnte, ehe sie dem Hirten als Stern Ataïr begegnete. Man beobachtete die Sterne am Himmel, dann begann ein fröhliches Feiern, das erst am Morgen endete.

In den sechziger Jahren dieses Jahrhunderts begann in Taiwan eine bewußte Kulturrenaissance mit betonter Würdigung von Konfuzius, dem Begründer der Staatsphilosophie und dem »großen Lehrer« des chinesischen Volkes. Seither wird der Geburtstag als Lehrer-Schüler-Tag in einer althergebrachten rituellen Zeremonie gefeiert, die vom Ende der Nacht bis in die Morgendämmerung hinein andauert. Im Schein flackernder Lichter leuchten, ähnlich wie in alter Zeit, Farbe, Glanz und Muster der Gewänder auf. Die hohen Beamten des Ortes haben sich zum feierlichen Schreiten im Tempelhof eingefunden, eingerahmt von Schülern in ihren Schuluniformen, in seltsamem Gegensatz der Bekleidung, aber von genauso disziplinierten Bewegungen. Die Beamten tragen lange, rotviolette Gewänder aus Seidendamast und schwarze Barette. Sie werden von einem schwarz und blau gekleideten Zeremonienmeister gelenkt, der unbeweglich stehend das Programm verkündet. Die mehrstündige Zeremonie wird von Gong- und Trommelmusik begleitet, die den Zuhörer in ihre Schwingungen einholt. Von den vielen dunkelwogenden Seidengewändern hebt sich auf der Balustrade die gelbseiden schimmernde Kleidung junger Tänzer mit schwarzen Kappen ab, deren gemessene Bewegungen durch das Wiegen des langen Fasanenfederschmuckes in Bambusköchern noch unterstrichen werden. Pinkfarben gekleidete Musikanten lassen dazu Klangsteine, Blasinstrumente und auch die Seiden-Saiteninstrumente Qin und Se erklingen.

Aus dem Wunsch nach Stille, Einfachheit und Harmonie sind die alten tempelartigen Schreine für Konfuzius in Taiwan würdevoll restauriert und neue errichtet worden. Fast zehn Jahre nach der Kulturrevolution auf dem Festland nimmt man auch dort eine Rückbesinnung auf die unauslöschliche Bedeutung von konfuzianischem Gedankengut für die chinesische Geschichte wahr. Im Jahre 1984 fand zum ersten Mal wieder anläßlich des 2535. Geburtstages von Konfuzius in seiner Heimatstadt Qufu eine rituelle Zeremonie im Glanz seidener Gewänder, mit alter chinesischer Sakralmusik und rituellen Tanzschritten statt. Von Qufu in der Provinz Shandong ist der Weg nicht weit zum heiligsten Berg Chinas, dem Schauplatz des Fengshan-Opfers chinesischer Kaiser, dem Taishan.

In der vielfältigen Wende von »kaiserlicher« zu »neuer« Zeit vollzog sich auch ein Wandel in der Einstellung zur Kleidung. Nach Recht und Sitte hatte die übergeordnete Persönlichkeit den Anspruch, sich aufwendiger, festlicher kleiden zu dürfen. Diese Gewohnheit blieb noch bis in die Umbruchzeit der Revolutionsjahre erhalten.
Daß die peinlich genaue Beachtung der Kleidung auch ein entsprechend unterwürfiges unnatürliches Verhalten zur Folge hat, wird in einer kurzen Szene die um 1900 spielt mit einiger Ironie geschildert. Ein geladener Besucher betrat den Empfangsraum seines hohen Gastgebers, zu dessen Ehre er, der Vorschrift entsprechend, sein bestes Gewand angelegt hatte. Sein Eintritt erschreckte eine Ratte, die einen im Gebälk zu sicherer Aufbewahrung abgestellten Ölkrug inspizierte. Der fallende Topf traf den Besucher, das Öl ergoß sich über sein Seidenkleid. Gerade in diesem Augenblick trat der Gastgeber ein. Der Zorn im Gesicht des Eingeladenen wandelte sich zu einem freundlichen Lächeln. Erst nach der zeremoniell vorgeschriebenen Begrüßung konnte der Gast, dem chinesischen Kodex folgend, seine mißliche Situation mit unnachahmlichen Worten erklären wie: ›Als ich Euer ehrenwertes Gemach betreten und mich unter Eurem ehrenwerten Dach niedergelassen hatte, erschreckte ich versehentlich Eure ehrenwerte Ratte, die darauf verschwand, aber Euren ehrenwerten Öltopf umwarf, dessen ehrenwerter Inhalt sich über meine billigen und schlechten Kleider ergossen hat. Dies ist der Grund für mein unwertes Aussehen in Eurer ehrenwerten Gegenwart.‹

Einen schweren Konflikt in bezug auf korrekte Kleidung griff die aus Peking stammende Schriftstellerin Lin Haiyin in ihren Novellen auf. In der Geschichte von »Golden Carp« führt sie den Leser in die Zeit zurück, als Kinder in ein wohlhabendes Haus hineingekauft wurden. So war »Goldkarpfen« als Dienerin in das Haus der Hsu gekommen und mit den Töchtern aufgewachsen. Sie war liebenswert, klug und geschickt, vor allem im Sticken, dem ihre ganze Vorliebe galt. Da dem Hsu-Haus der Erbe fehlte, empfahl die Stickmeisterin, die zum Unterricht in westlichen Techniken aus dem Palast ins Hsu-Haus kam, Goldkarpfen zur Nebenfrau zu bestimmen. Man befolgte den Rat. Sobald der gewünschte Sohn geboren war, wurde sie wieder Dienerin, ihr Kind wurde von der Dame des Hauses erzogen.
Als seine Hochzeit bevorstand, ließ sich seine Mutter einen roten reichbestickten Seidenrock von ihrer alten Meisterin anfertigen. Er war so schön, daß man die Staubgefäße der Blüten und die Federn der Vögel hätte zählen können! Nach der herkömmlichen Regelung hätte nur eine Hauptfrau ihn tragen dürfen, nach der neuen, freieren Denkungsart gab es solche Beschränkungen nicht mehr.
Nun war die Sache mit dem Seidenrock nicht verborgen geblieben. Als Gegenmaßnahme gab Frau Hsu die Anweisung, in westlicher Kleidung am Hochzeitstag zu erscheinen. Goldkarpfen überwand die Demütigung nur äußerlich. Sie starb unerwartet früh. Ihr im Ausland studierender Sohn, der von dorther die Konflikte hatte verstehen lernen, konnte ihr gerade noch die Ehre erweisen, daß ihr Leichnam aus dem Haupt- und nicht dem Seitentor des Familienanwesens herausgetragen wurde.
Goldkarpfens Enkelin, die Tochter dieses Sohnes und Familienerben, fand den roten Rock in einer alten Lacktruhe. Unbeschwert wird sie ihn zu einer Theateraufführung in ihrem College tragen, man wird ihn als Meisterwerk alter chinesischer Kunst bewundern, ohne an seine Geschichte zu denken.

IX.
Seidenwirtschaft – Seidenpolitik

War Seide schon früh für einen anspruchsvollen Tauschhandel wie geschaffen, so ließen ihre Menge und ihr Wert sie lange Zeit zu einem dem Stein-, Bronze- und Münzgeld, selbst Gold- und Silberbarren vergleichbaren Zahlungsmittel werden. Mit Seide wurde sowohl gehandelt als auch bezahlt. Die Erhebung einer Seidensteuer, die staunenswerte Geschenkpraxis wie auch die Seiden-Tributzahlungen der chinesischen Kaiser an angrenzende Nomaden sind volkswirtschaftlich von Bedeutung, und alle drei Aspekte sind nicht unabhängig voneinander zu denken. Ein wirtschaftliches Gleichgewicht zwischen Produktion und Verbrauch hing zum großen Teil von dem Repräsentationsaufwand der Kaiser und auch der übrigen herrschenden Gruppen ab; um hier ausgleichend einzugreifen, hatte die konfuzianische Ethik ihren guten Sinn. Jeweils mit der Lockerung des Li-Begriffes aber wuchs der Bedarf an Seide, und dies in einem Maße, dem die bäuerlichen Heimarbeiter allein nicht mehr nachkommen konnten.

Mit aufkommendem Reichtum, mit den Unabhängigkeitsbestrebungen und mit der Bildung eigener Regierungszentren entwickelte sich schon zur Zeit der Streitenden Reiche (475–221 v. Chr.) ein derartiger Prunk und Luxus, daß der Philosoph Mozi (ca. 470–380 v. Chr.) diesen verschwenderischen Mißbrauch bitter beklagt, vor allem die nutzlose Menge an Beerdigungstextilien, die die Lebenden verarmen ließen.

Um 100 v. Chr. geißelt der Konfuzianer Dong Zhongshu die Auswirkungen der Verschwendungssucht der Reichen, da die Bauern durch die Besteuerung nicht das Nötigste zum Leben hätten und ihre Frauen nicht einmal Zeit zum Weben fänden, sondern nur noch exklusive Stickereien machen müßten. Jeder kleine Herrscher hielt

Hof wie ein König – nachrangige Kaisersöhne als Herrscher in zugewiesenen Provinzen durften sich König nennen und hatten für ihre üppige Hofhaltung direkte Vorbilder in ihrer eigenen Kaiserfamilie. Und da Land gekauft und verkauft werden durfte (oft mit dem ganzen lebenden »Inventar«), existierte eine ganze Schicht ohne daß, wie es heißt, »die Männer je geackert und die Frauen je Seide gehaspelt hätten«. An der Steuerlast können wir uns die Arbeit und Mühe einer Bauernfamilie vorstellen. Ein Drittel der Steuern mußte als Getreide, ein Drittel als Seide abgeliefert und ein Drittel als Fronarbeit geleistet werden. Teilweise basierte die Steuerschätzung auf der Personenzahl der Familie, wobei willkürlich Kleinstkinder mitgezählt und Verstorbene auf der Liste nicht gestrichen wurden, z. B. solche, die beim Bau der Großen Mauer verschollen waren.
Über die Höhe der Seidensteuer sind uns einige Angaben erhalten geblieben. Im 3. Jahrhundert, zur Zeit der Drei Reiche, sollte jede Familie zwei Jin Strangseide und zwei Rollen Seidengewebe als Steuer abliefern (je Rolle 4 Klafter bei 1 Fu Breite), das entspricht einem halben kg Garn und 18 ½ m Stoff, ca. 50 cm breit. Um das Jahr 750, zur Zeit der Tang-Dynastie, wurde von der bäuerlichen Bevölkerung so viel an Stoff-Steuer abgeliefert, daß jeder Chinese des damals 50 Millionen zählenden Volkes 3,50 m Gewebe hätte erhalten können. Ein monatliches Offiziersgehalt betrug zur Han-Zeit zwei Ballen Seide, jeder Ballen 600 bis 700 Kupfermünzen wert. Das entsprach einem Goldwert von ca. 15 g, denn 10000 Kupfermünzen hatten einen Wert von 244 g Gold. Der große Unterschied in der Entlohnung könnte auf Rangstufen zurückzuführen sein.
Um das Jahr 800 schreibt der Dichter Bai Juyi über das Fest der Päonie, deren Blüte mit Seide bezahlt wird: »Einfach oder kostbar – es sind verschiedene Preise, wie viele Blüten die Pflanze trägt. Für die erlesensten Sorten – hundert Ballen Damast. Doch die einfachen schon für fünf Stück Seide.« Dazu ein alter Landarbeiter: »Eine Pflanze mit dunkelroten Blumen bezahlt die Steuer für zehn arme Häuser.«
Und – hatte ein Mensch einen Seidenwert? Aus den alten Zeiten der Zhou-Dynastie ist überliefert, daß ein Pferd und ein Bündel Seide dem Gegenwert von fünf menschlichen Arbeitskräften entsprach. Eine Arbeitskraft war so viel wert wie 20 Lu oder Lian (vermutlich Kupfermünzen = zwanzig »Handvoll«).

Ganz selbstverständlich errechneten sich kaiserliche Reisekosten nach Seide. Nur eine einzige Inspektionsreise des Han-Kaisers Wudi, die ihn sicherlich mit riesigem Gefolge nach Shanxi und Shandong führte, kostete mehr als eine Million Seidenrollen. Ebenfalls mehr als eine Million Seidenrollen wurden als Steuer allein im Gebiet von Zhejiang während der Regierungszeit des Songkaisers Gaozong (1127–1161) abgeliefert, bzw. beschlagnahmt. Nicht nur die verschwenderische Elite mußte von den Arbeitenden mitgetragen werden, hinzu kam auch die aufstrebende Kaufmannschaft, die die Höherstehenden imitierten. »Selbst Dienstboten und auf dem Markt feilgebotene Sklavinnen wurden in Gewänder eingekleidet, wie sie früher dem Kaiserpaar bei Kulthandlungen zugestanden hätten«, so schreibt Jia Yi im 2. Jahrhundert. Den Kaufleuten (shang) stand Seidenkleidung ursprünglich in keiner Weise zu – sie durften nicht einmal alle Farben tragen –, denn sie waren nach den Gelehrten (shi), den Bauern (nong) und den Handwerkern (gong) in der seit der Han-Zeit festgelegten Berufshierarchie der niedrigste und am wenigsten geachtete Stand. Seide zu tragen sowie zu Pferde zu reiten, war ihnen anfangs sogar ausdrücklich verboten. Das änderte sich erst, als sie sich zum Geldadel emporgearbeitet hatten und eine nicht mehr auszuschaltende wirtschaftliche Rolle spielten.
Bevölkerungswachstum, gesteigerter Reichtum, vor allem die Bedeutung der konfuzianischen Li-Gesetze, dazu das Entstehen einer Klasse von Menschen, die Geld, Zeit und Muße hatten, Seidenluxus zu genießen, ließen den Bedarf an Seide und damit die Besteuerung zeitweise derart steigen, daß viele Bauern die hohe Steuerlast nicht mehr aufbringen konnten, in die Berge flüchteten oder zu Rebellen wurden. Damit verringerte sich wiederum die Seiden-Geldquelle für die Herrschenden, eine Situation, der man mit immer neuen Reformen zu begegnen suchte.
Neben der bäuerlichen Seidenerzeugung und der Herstellung in Familienverbänden der Wohlhabenden wurden daher sehr früh größere Produktionsstätten nötig, und man vermutet erste zentrale königliche Textilwerkstätten in der Shang-Zeit (ca. 16.–11. Jh. v. Chr.). Den Funden nach war die damalige Seide gehaspelte Edelseide von höchster Qualität. Die Entwicklung dieser später kaiserlichen Manufakturen kann man durch die Geschichte der Seide bis in unser Jahrhundert hineinverfolgen.

Zur Zeit der Östlichen Zhou-Dynastie (770–256 v. Chr.) waren die Handwerkerquartiere so wichtig geworden, daß die Mauern der Hauptstadt erweitert wurden, um diese einzubeziehen. Handelsquartiere schlossen sich an. Durch diese Maßnahme konnte sich neben der bäuerlichen eine recht selbständige Textilproduktion entwickeln. Da der Seidenbedarf fast ins Unermeßliche gestiegen war, könnte man fast schon von einer »beherrschenden Großindustrie« sprechen, vor allem, wenn wir dazu einige Zahlenangaben erfahren. In der Hauptstadt Chang'an (Xi'an) und in Shandong waren je einige tausend Menschen in den kaiserlichen Manufakturen beschäftigt.
Allein der Bedarf an Seiden- und Kopfschmuckmaterialien (u. a. die leuchtend blauen Eisvogelfedern) erreichte in einem einzigen Jahr einen Wert von mehreren Zentnern Gold. Den beiden Werkstätten in Chang'an wurde für die Herstellung der höfischen Seide jeweils umgerechnet eine Summe im Wert von fünf Zentnern Gold zur Verfügung gestellt!
Den Stand der Entwicklung bis zum 13. Jahrhundert und das Ausmaß des Seidengewerbes in China hat uns Marco Polo, der große Weltreisende aus Venedig, anschaulich geschildert. Während er in seinen Berichten Wolle fast gar nicht erwähnt und Baumwolle sehr selten, schreibt er immer wieder über die Seide und ihre Bedeutung, die sie für Zoll- und Steuereinnahmen (an zweiter Stelle nach Salz), für Handel und Gewerbe hatte. Er beschreibt vor allem die Provinzen mit Seidenproduktion, die im 14. Jahrhundert zur Zeit der Mongolenherrschaft den enormen Bedarf sowohl für das Inland als auch für den Export deckten. So heißt es aus der Provinz Hebei: »Ihren Lebensunterhalt verdienen sie durch Handel und Gewerbe, denn hier gibt es Seide im Überfluß, aus der sie golddurchwirkte Stoffe sowie sehr schöne Schärpen herstellen.«
Ähnliches berichtet er z. B. aus Zhuozhou und von Jiangli, aus der Provinz Shandong und bemerkt außerdem: »Es sind große Handelsplätze, die dem Herrscher beträchtliche Zolleinnahmen bringen. Durch die Stadt fließt ein breiter und mächtiger Fluß, auf dem Seide, Spezereien und andere wertvolle Artikel transportiert werden.«
Wie ein Märchen aus Tausendundeiner Nacht wirkt auf uns Europäer die Schilderung der damaligen südlichen Hauptstadt Ling'an (das heutige Hangzhou), seit 1132 Residenz der chinesischen Kaiser aus der Song-Dynastie.

Da sind die Straßen mit den Häusern der reichen Beamten, Ärzte und Astrologen, der gebildeten Kurtisanen mit ihren zahlreichen Dienerinnen, und dem ehemaligen Palast des Vorgängers des Groß-Khan, der durch Seidenluxus verweichlichte, »was dem Groß-Khan erlaubte, ihn seiner glänzenden Herrschaft zu berauben«. Der Palast, dessen zauberhafte Gärten an einen See grenzten, bot Platz für 1000 junge Frauen in des Khans Diensten.

Lustpartien in seidegepolsterten Barken wurden unternommen und große Festgelage im Freien veranstaltet, bei denen eine offene Halle mit vergoldeten Pfeilern 10000 Personen aufnahm. Der Groß-Khan setzte seinen Ehrgeiz darein, so viel Pracht zu entfalten, wie ihm seine Verhältnisse erlaubten.

Ganz selbstverständlich hatte er das Tragen kostbarster, goldverzierter Gewänder übernommen. Je 36 Garnituren in allen Farben und für alle Anlässe des kommenden Jahres ließ er für sich und seinen Hofstaat im voraus anfertigen – auf Kosten der Steuerzahler.

Marco Polos Schilderungen führen uns dann in die verschiedenen Stadtviertel:

»Auf jeder Seite der Hauptstraße stehen große Paläste und Häuser mit Geräten und neben diesen die Wohnungen von Handwerkern, die in ihren Läden arbeiten. Zu jeder Tageszeit bewegen sich so große Menschenmassen, die zu den verschiedensten Berufszweigen gehören, durch die Straßen. Die Mehrzahl unter ihnen pflegt sich in Seide zu kleiden, die in gewaltigen Mengen in der Stadt produziert und außerdem noch aus anderen Provinzen eingeführt wird. Für jedes Gewerbe gibt es tausend Werkstätten, und jede Werkstatt beschäftigt etwa zehn bis zwanzig Handwerker, in einigen Fällen wohl auch vierzig.«

Absatzsorgen kannten die Werkstätten dieser Kaiserstadt nicht. »Die reichen Meister arbeiten nicht selbst, sondern stolzieren nur mit vornehmen Mienen umher. Auch ihre Frauen enthalten sich der Arbeit. Sie sind sehr schön und werden in zärtlichen und schmachtenden Gewohnheiten aufgezogen. Die Üppigkeit ihrer Kleidung und ihres Schmuckes kann man sich kaum vorstellen. Obgleich nach ihren alten Gesetzen jeder das Gewerbe seines Vaters ausüben muß, ist es den reich gewordenen Bürgern doch gestattet, die Handarbeit aufzugeben und Leute einzustellen, die in dem väterlichen Betrieb für sie arbeiten.«

Wenn auch die Besitzer in dem Fall nicht mehr arbeiteten, so war das Gebot der Weiterführung des väterlichen Handwerks eine sehr weise Einrichtung. Über Generationen hinweg wurde so ein Facharbeiterstamm herangezogen und gehalten. Technische Neuerungen, wie sie die Entwicklung des Gewerbes mit sich brachte, konnten langsam, ganz organisch, eingeführt werden.
Marco Polo erwähnt auch das Verbot der Nachtarbeit. Jeder Schein einer Lampe wurde von Wächtern beobachtet und dem Hausbesitzer ein Strafzettel an die Tür geheftet.
Wenn Marco Polo die Sitten dieser »Seidenstadt« beschreibt, bestätigt sich die erzieherische Wirkung der Seidenraupen auf die gesamte Bevölkerung.
»Tumult und Streit sind ihnen unbekannt, ihre Handels- und Berufsangelegenheiten erledigen sie mit vollkommener Aufrichtigkeit. Sie sind freundlich miteinander. In ihren häuslichen Sitten sind sie frei von Eifersucht gegenüber ihren Frauen, denen sie große Achtung entgegenbringen, und jeder Mann würde verachtet werden, der es sich herausnehmen wollte, sich unanständig gegenüber einer Frau zu benehmen.« Und er fügt noch hinzu, daß man hier den Anblick des Militärs nicht liebe und keine guten Soldaten abgebe.
Während die bäuerliche Seidengewinnung als Einrichtung konstant erhalten blieb, ja geradezu Pflicht war, hatte das zu Ansehen gekommene, hochspezialisierte Seidenhandwerk, so wie Marco Polo es erlebt hatte, andere Entwicklungen durchlaufen.
Zur Zeit der Nördlichen Wei-Dynastie (386–534) gab es ein Verbot, private Werkstätten zu betreiben, und noch zur Nördlichen Jin-und Zhou-Zeit (550–581) wurde das Führen solcher Werkstätten, etwa als »Nebentätigkeit« von Beamten, bestraft. Der Seidenbedarf war so groß, daß der Staat nicht bereit war, die Kontrolle aufzugeben; vielleicht wurde eine private Seidenherstellung sogar als Steuerhinterziehung empfunden. Bei der Vorliebe für Prachtentfaltung des Kaisers Yangdi, des zweiten Kaisers der Sui-Dynastie (605–617), stellte sich z.B. heraus, daß der Staat nicht genug Seide hatte. Zur Einweihung des Kaiserkanals reichten die gesamten Seidenlager des Reiches nicht für die geplante Ausschmückung aus, denn nicht nur ganze Stadtviertel wurden »in Seide gehüllt«, selbst die Bäume wurden umkleidet und umwickelt. Verpackungskunst also im alten China, selbstverständlich in Seide.

Yangdi wies auch den Direktor der kaiserlichen Manufakturen an, sassanidische Stoffe und Goldbrokate in heimischer Seide nachzuweben, was so gut gelang, daß diese die Originale übertrafen.

Den chinesischen Wissenschaftlern Li Renpu und Xia Nai (bis 1985 Direktor des Palastmuseums in Peking) verdanken wir außerordentlich wichtige Aufschlüsse über die Entwicklung der Seidenhandwerker Chinas. Sehr früh gab es die von hohen »Seidenbeamten« geleiteten staatlichen Werkstätten, am Hof der Wu um 258 waren z. B. mehr als 1000 Leute beschäftigt. Aus diesen Werkstätten freigelassene Seidenarbeiter begannen sich selbständig zu machen; ebenso gründeten geschickte Weber in den Dörfern eigene Betriebe, und weitere Werkstätten entstanden in Beamtenhäusern, die es riskierten, das Verbot privater Arbeit zu ignorieren. Aus der »Seidenhochblüte« zur Han- und Tang-Zeit gibt es vor allem zu letzterer aufschlußreiche Angaben über die Organisation der Handwerker.

Unter den 25 Textilabteilungen gab es zehn für Weberei, fünf für Bandweberei, vier für Schnüre usw., zusätzlich acht für den »Inneren Palast«. Für diese Arbeiten wurden die besten und geschicktesten Seidenspezialisten des Landes ausgewählt. Sie waren verpflichtet, jedes Jahr während einer bestimmten Zeit Dienst zu leisten. Man nannte sie daher »Kurzzeit- oder wechselnde« Handwerker, also Saison-Fronarbeiter. Die »Langzeit«-Handwerker blieben ständig in den Werkstätten, denn sie übernahmen stellvertretend für andere, eigentlich festverpflichtete Personen, deren Dienst gegen Bezahlung. Sie waren der eigentliche Facharbeiterstamm. Neben Dienern und Dienerinnen wurden auch Sträflinge und Eunuchen herangezogen. Reichte die Zahl zur Herstellung der gewünschten Seide nicht aus, wurden zusätzlich Seidenarbeiter angeheuert (Natschläger).

Als sich in den aufblühenden Städten und Märkten auch die privaten Textilwerkstätten vermehren konnten – in Dingzhou, dem nördlichen Webereizentrum der Tang-Zeit gab es unter dem Kaiser Taizong (626–649) einen Handwerksbetrieb mit 500 Webstühlen –, kam es zu Konkurrenzkämpfen unter den zu zahlreich ausgebildeten Seidenwebern. Man versuchte, seine Spezialkenntnisse geheim zu halten oder gezielt untereinander zu heiraten. So gelang es drei Familien, die eine besonders leichte Gaze herstellen konnten, ihr Geheimnis 300 Jahre lang für sich zu bewahren. Das bedeutet nach früher üblichen Generationsfolgen in China rund 15 Generationen hindurch.

Kenner des Reiches der Mitte haben immer wieder festgestellt, daß die Chinesen in besonderem Maße »Geschenke auf Gegenseitigkeit« zur Regelung selbst außenpolitischer Aufgaben bewußt eingesetzt haben. Schon innenpolitisch stellten Geschenke einen beträchtlichen Posten im Staats- und Privathaushalt dar. Sie staffelten sich je nach der Stellung der Schenkenden und Beschenkten. Vom Kaiserhaus wurden kostbare, meist golddurchwirkte Seidengewänder und Seidenstoffe, die nicht käuflich, sondern als Sonderanfertigung hergestellt waren, an auswärtige Herrscher geschenkt. Einige dieser Prachtseiden haben sich in weltlichen und kirchlichen Schatzkammern außerhalb Chinas erhalten, viele sind aus Abbildungen von Herrschern und Heiligen zu erschließen. In China war jede Beförderung, jedes Fest, jeder Gast Anlaß zu Geschenken. Mit anderen erlesenen Kunstwerken ging vor allem Seide an Prinzen, Konkubinen, hohe Beamte und Offiziere, an alle, die solche Gaben aus Freundschaft oder zur Belohnung erhalten sollten. Diese uralte Stitte des Schenkens, offenbar tief im chinesischen Wesen verwurzelt, erhielt sich bis zum Ende der Kaiserzeit.

Genau genommen handelt es sich um ein Geben und Nehmen. Bei vielen Anlässen, z.B. bei Hochzeitsabsprachen war es noch bis zum Beginn der Volksrepublik üblich, die beiderseits vorgesehenen »Geschenke« zur Besichtigung, Begutachtung und Bewertung aufzubauen, um sie gegeneinander abzuwägen, wie beim uralten Tauschhandel.

Anstelle einer Statistik – die voller Lücken bleiben müßte – über die Millionenwerte, die die Geschenke aus Seide erreichten, soll uns nur eine einzige Traueranzeige Einblick in die tatsächlichen Gepflogenheiten, jedenfalls der Reichen, gegen Ende der Kaiserzeit geben. Im Jahr 1908 überreichte der Herzog Kong dem kaiserlichen Gouverneur in Qingdao (Tsingtau) folgende chinesische Totenklage (Auszug):

»Die Leiche ist aufgebahrt in der Wohnung in der Nähe des Südtores der Innenstadt von Jinan.

Ich, Kong Lingyi, melde, daß das Unheil ereilt hat: meine erhabene Mutter, die durch kaiserliche Huld mit dem ersten Beamtenrang ausgezeichnete Herzogin Kong vom Stamme Peng. Durch kaiserliches Edikt hat Ihre Majestät, die Kaiserin-Witwe, von ihr erklärt, tugendhaft und lauter sei ihr Herz gewesen und sie hätte es verstanden, ihren Sohn zu erziehen. Im Jahre 1894 befahl Ihre Majestät, die Kaiserin-Witwe, meine Mutter zu ihrer Geburtstagsfeier nach Peking, verlieh ihr das Recht, in einer Sänfte mit zwei Trägern sich zu Hofe tragen zu lassen, gewährte ihr huldvollst im »Palast der Ruhe und des Langen Lebens« in der Verbotenen Stadt zu wohnen und weibliche Dienerschaft mit sich zu führen, stellte ihr acht Eunuchen zur Bedienung, ließ sie aus der kaiserlichen Küche verpflegen, schenkte ihr Früchte, Wein, Salzgemüse, einen goldenen Ring, 18 durchsichtige Nephritsteine. Auch ein Gastmahl mit Theateraufführungen gab Ihre Majestät meiner Mutter zu Ehren, ließ Drachentänze aufführen, schenkte ihr ein eigenhändig gemaltes Bild, Reiher darstellend, und eine selbstgeschriebene Wandrolle mit dem ›Langes-Leben-Zeichen‹, ein Staatsgewand, zwei Sortimente Kämme aus Elfenbein, goldene Armbänder, Ringe mit Nephrit und Perlen, einen Kalender, Konfekt, Walnußgebäck, Wassertabak, schwarzblaue Zhejiang-Seide mit runden Langes-Leben-Ornamenten zu einem langen Rock, eine Rolle Seidenstoff, ein gesticktes farbiges Tuch, ein Kopftuch aus schwarzer Seidengaze, einen Teller aus fremdem Lack, rotbraune Zhejiang-Seide, Stoff zu einem Staatsgewand mit goldenen Drachen bestickt in fünf Farben, grüne Zhejiang-Seide mit in fünf Farben gestickten goldenen Drachen zu einem Staatsrock, zwei Ballen Zhejiang-Seide mit Langes-Leben-Ornamenten, zwei Ballen Zhejiang-Seide mit gleichen Ornamenten, zwei Ballen schwarzblaue und rotbraune Nanjing-Seide, verschiedene Sorten Tee, Süßigkeiten, Schwalbennester, weiße Morcheln, Zhejiang-Seide zu einem langen Rock.

In diesem Jahr geruhte Ihre Majestät, die Kaiserin-Witwe, meiner Mutter durch Edikt folgende Geburtstagsgeschenke zu übersenden: ein eigenhändig gemaltes Bild mit neun Pfirsichen, einen Buddha des Ewigen Lebens, durchsichtige rotbraune Seidengaze, halbdurchsichtige mittelblaue Seidengaze, undurchsichtige hellblaue und seefarbene Seidengaze mit runden Langes-Leben-Ornamenten, moderne Bänder in allen Farben.

Jetzt ist sie am 9. April dieses Jahres verschieden. Ich, ihr Sohn, der ich hier in Jinan weile, habe den Bestimmungen gemäß Trauer angelegt... Auf den 23. Juni sind die Totenopfer angesetzt.

Die Hinterbliebenen

Kong Lingyi«

Reichliche Geschenke waren in China nicht nur innerhalb des Reiches oder bei Empfängen ausländischer Gäste gebräuchlich, sie wurden auch für außenpolitische Belange mit gezielter Berechnung bedacht und eingesetzt. Schon vor der Gründung des ersten Kaiserreiches durch die Qin-Leute (221–206 v. Chr.) hatten die Chinesen begonnen, umgebende Nomadenvölker mit Seide zu beschenken – allerdings nicht aus reiner Freundschaft, sondern sowohl als Lockmittel als auch als Abwehrmaßnahme. Das komplizierte System der Grenzvölkerbeziehungen wurde *hejin* genannt, was etwa friedliche Übereinkunft bedeutet und in Europa als Tributsystem bekannt wurde. Von Anfang an wurden in den chinesischen Annalen zu diesem Thema beachtenswerte Unterschiede gemacht: kamen die Tauschobjekte vom chinesischen Hof, dann hießen sie »kaiserliche Geschenke«; was dagegen Nomaden oder die Völker Südost- und Ostasiens – die Nichtchinesen, die »Barbaren« – lieferten, hieß bei Hof »Tribut«. Die historische Forschung bringt immer mehr Einblicke über die jeweils wahren Empfänger und Verteiler von »Tribut« und »Geschenk«. Tatsächlich beschönigte dieses Vokabular zeitweise die konkreten Machtverhältnisse: die Hejin-Politik konnte auch die zeitweilige Unterlegenheit des Kaiserreiches z. B. gegenüber den Xiongnu-Barbaren im Norden und Nordwesten zum Ausdruck bringen. Das bezeugen etwa folgende Beispiele: im Jahre 133 v. Chr. schloß der Kaiserhof der westlichen Han-Dynastie mit dem Häuptling dieser hunnischen Nomaden, dem Shanyü, wieder einmal ein Friedensabkommen zur Grenzsicherung im Norden. So sah die Abmachung aus:

1. Eine chinesische Prinzessin heiratet den Häuptling.
2. In festgesetztem Umfang sind jährlich Güter wie Seide, Wein, Reis und andere Nahrungsmittel zu entrichten.
3. Der Han-Staat und das Xiongnu-Reich sind gleichwertig/brüderlich.
4. Der Große Wall gilt als Grenze zwischen den Han und den Xiongnu.

Über eine Gegengabe der Nomaden wird bei diesem Beispiel nichts gesagt. Der Wortlaut klingt weder nach gegenseitigem Austausch noch ist von Gleichrangigkeit etwas zu spüren; der Shanyü soll dem

chinesischen Kaiser gelegentlich »ein oder zwei Kamele oder Pferde« dediziert haben!
Im Jahre 89 v. Chr. verlangten die Xiongnu jährlich: 10000 shi Wein, 5000 hu Getreide, 10000 pi Seide; und im Jahre 50 v. Chr. mußten die Chinesen u.a. 10000 Rollen Seidenstoffe, 10000 catties Seide (= 2500 kg, entspricht der mittleren Jahresproduktion von 800 Seidenbauern) »schenken«.
Und bei alldem garantierten die Abmachungen nach dem Hejin-Prinzip keineswegs den Frieden; sie schlossen weder Plünderungen noch Feldzüge gegen den »Bruder« aus.
Eine Zusammenstellung der registrierten Seidenmengen – und es ist nicht sicher, ob alles registriert und Registriertes erhalten bzw. aufgefunden worden ist – zeigt ständig steigende Ansprüche der Nomaden in den letzten 50 Jahren vor der Zeitwende (Yü):
Als im Jahre 757 die Uiguren die Hauptstadt Luoyang erobert und geplündert hatten, erhielten sie von der Regierung der Tang 10000 Rollen Seide und das Versprechen, fernerhin jährlich 20000 Rollen geliefert zu bekommen. Die Uiguren hielten die Hauptstadt besetzt und zwangen die Chinesen, Pferde von ihnen anzukaufen, für die sie weitere enorme Mengen Seidenstoffe als Bezahlung forderten.
Das Hejin-Prinzip hatte nicht nur militärische Aufgaben im Blick, sondern genauso Befriedung durch Hinführen zur Lebensform der Chinesen, eine Sinisierung der Barbaren, außerdem Förderung des Handels, eines gehobenen Tauschhandels, um vor allem vom Kaiserhof gewünschte Ware aus dem Ausland zu erhalten. Gerade dieser letztgenannte Anteil hat immer wieder die Diskussion angeregt. Zwei von Yü Ying-shi überlieferte Beispiele mögen das zeigen:
Han-Gold und andere unerhebliche Tributgegenstände wären Verlockungen für fremde Länder und legten unauffällig Schlingen nach Schätzen der Qiang und Xiongnu-Nomaden aus. Mit einer solchen Methode, Wünsche geschickt zu wecken, könne eine einzige Rolle ungemusterte Seide bei den Xiongnu gegen solche Güter eingetauscht werden, die mehrere Goldstücke wert seien. Zudem würde man die Hilfsmittel seiner Feinde mindern. Maultiere, Esel und Kamele kämen in ununterbrochenem Zug über die Grenze (ins Land). Gescheckte und fuchsige, prunkvoll geschirrte Pferde gelangten in den eigenen Besitz. Pelze von Zobel, Hamster, Füchsen und Dachsen, farbige (Woll-)Decken und gemusterte Teppiche würden die

kaiserlichen Schatzkammern füllen. Jade und andere kostbare Steine, Korallen und Glas würden als Nationalschätze eingeordnet werden. Ungewohntes, Neues würde hereinkommen, der eigene Wohlstand nicht vergeudet. Der nationale Wohlstand fließe nicht ins Ausland. Das Volk würde an der ungeheuren Fülle Gefallen finden.
In der gleichen Schrift liefern die Zivil-Beamten aber auch die entgegengesetzte Bewertung dieser Außenhandelskomponente:
Nun – Maultiere und Esel seien wohl nicht so nützlich wie Rindvieh und Pferde. Pelze von Zobel und Hamster, Woll- und Filzwaren würden Seide nicht verstärken. Beeindruckende Jade käme vom Kunlungebirge. Perlen, Korallen und Elfenbein seien Produkte aus Guilin. Die Herkunftsbereiche lägen weiter als 10000 li (das bedeutet etwa »in vorstellbar weiter Ferne«) von Han (-China). Wenn man die Mühen von Ackerbau und Seidenraupenzucht und die Kosten an Material und Kapital in Rechnung stelle, dann würde man herausfinden, daß ein einziger Gegenstand des Imports aus dem Ausland einen Preis erfordere, der hundertmal höher als sein Wert liege.
So wie der Herrscher sein Entzücken an Luxusartikeln pflege, verstärke sich beim Volk die Neigung zu verschwenderischer Bekleidung. In dem Maße, wie der Herrscher Güter aus fernen Ländern anhäufe, fließe der eigene Reichtum außer Landes. Daher solle ein wahrer König nutzlose Sachen nicht überbewerten. Er solle ein beispielhaftes Vorbild in bezug auf Sparsamkeit für seine Untertanen bieten und nicht exotische Gegenstände haben wollen. (Nach Yü.)
In dieser Überlieferung ist die Hervorhebung des Aufwands an Mühe, Materialien und finanziellen Mitteln ebenso bedeutsam wie die Meinung über den überlegenen Gebrauchswert der Seide gegenüber Wolle, Filz und Pelzen. Aus dem Hinweis auf Materialien und finanzielle Mittel des Kaisers geht nur indirekt hervor, daß hier von Seidenprodukten als bäuerlichen Abgaben, ja von der Besteuerung sogar der Futterlaubbäume, der Maulbeerbäume für die Seidenraupenzucht, die Rede ist.
Entgegen der oben wiedergegebenen Meinung der Beamten waren damals bereits Maultiere und Esel als außerordentlich nützliche Tragtiere für die schwierigen Wege durch die binnenländischen Gebirge im Gebrauch. Aber noch ein anderer Gegenstand der unvollständigen Luxusliste verdient im Zusammenhang mit dem Tribut-Tauschhandelssystem unsere Aufmerksamkeit: Jade. Er ist für die Entstehung

der »Seiden«-Straße in die Westregionen äußerst bedeutsam, aber in diesem Zusammenhang recht unrealistisch eingestuft. Vielleicht liegt im Wort »beeindruckend« eine Bemäntelung, eine Kennzeichnung des Jade bewußt »unter Wert«. Im Kapitel über die Seidenstraße mehr darüber.

Auch in der Song-Zeit (960–1279) hielt der Druck der Nomaden aus dem Norden an. Die Großhandelskreise und der mit diesen engverbundene Landadel hatten ein Interesse daran, statt militärischer Abwehrmaßnahmen lieber jährlich an Nomaden Geschenke zu liefern und damit einen Frieden zu erkaufen. So zum Beispiel zahlte man im Jahr 1004 jährlich 100000 Unzen Silber und 200000 Ballen Seide an die Qidan, was einen Gegenwert von etwa 270000 Geldschnüren zu je 1000 Geldstücken entsprach. Diese Zahlungen betrugen keine 2 % der Staatseinnahmen, während die Ausgaben für das Militär bis zu 25 % des Budgets beanspruchten. Es war also wirklich viel billiger, »Geschenke« zu liefern, als große Heere zu unterhalten und zu kämpfen.

Mit Seide wurden aber nicht nur die Nomaden »bezahlt«, sondern auch die eigenen Soldaten, die zur Grenzsicherung gegen die »Westlichen Regionen« eingesetzt waren. Zur Han-Zeit gab es im Tarim- und Turfanbecken chinesische sogenannte Soldatenbauern in eigenen Siedlungen, die Getreide zur Selbstversorgung und für durchreisende chinesische Delegationen zu produzieren hatten. In besonderen Lagerhäusern wurden beträchtliche Mengen Seide gestapelt – vermutlich zur Auszahlung als Sold, aber auch als »Devisen« für die Delegationen. Während der Yongchu Periode (107–114) überließ der Prinz Su von Donghai der Verwaltung 10000 Stück Seidengewebe, um einen Teil der Kosten für die Nordwestgrenze zu decken. Sir Aurel Stein hat ein Dokument aus der Han-Zeit gefunden, aus dem hervorgeht, daß der Chef eines namentlich genannten Wachturms im Nordwestabschnitt der Großen Mauer »32 Fuß Seidenstoff« (ca. 7½ Meter) empfangen habe.

All diese kaiserlich-staatlichen Ausgaben im Zuge des Tributsystems waren, wie der Einkauf ausländischer Luxusgüter, nur zu finanzieren, wenn es gelang, die erforderliche Menge an Seidenstoffen und -garnen als Steuern einzutreiben. Um das zu erreichen, war jede sich bietende Gelegenheit recht; in der späteren Han-Zeit wurden sogar Geldbußen meist in Seide gezahlt! Es ist daher nicht verwunderlich,

Mehrfarbiger Seidenstoff aus der Han-Zeit mit eingewebtem Drachen-Phönix-Motiv und Schriftzeichen

wenn von Zeit zu Zeit nicht nur verbale Klagen erhoben wurden, sondern auch Unruhen im Lande entstanden; ging doch in den Augen der Allgemeinheit die wirtschaftlich wertvolle und mühsam erarbeitete Ware Seide ins Ausland im Austausch für Luxusartikel wie Pretiosen und Rassepferde, die im Leben des Volkes keine Rolle spielten.

In all diesen wirtschaftlichen Zusammenhängen wird die Seide nicht als das vielseitig verwendbare Material beschrieben, sondern eben als wichtiges Zahlungsmittel im Staatsbudget. Seide war ein Wertgegenstand besonderer Art in der Staatswirtschaft – auch als »Devise« für Käufe aus dem Ausland –, der mit den geprägten Münzen konkurrierte, ja als der beständigere überlegen war. Gold und andere Metalle ließen sich ebensowenig wie Nutzland beliebig vermehren. Die Seidenproduktion dagegen brachte nicht nur jährlich neue Ware, sondern konnte wachsen, indem z. B. durch Regierungsverordnung Teestrauch- in Maulbeerbaumpflanzungen umgewandelt wurden.

Die eigentliche Produktion aber mit ihren unabdingbar hohen Spezialkenntnissen und Erfahrungen, Zeiteinsatz und Geduld, großen Mühen und Risiken und der drückenden Besteuerung wird in den herangezogenen Schriften stillschweigend übergangen. Bezeichnend ist, was Wang Fu in der Mitte des 2. Jahrhunderts in Pinselschrift festgehalten hat:
Gegenwärtig sei Mode, Anbau und Seidenraupenzucht aufzugeben und zu handeln. Man wolle Ochsen und Pferde. Frachtwagen und Handkarren verstopften die Straßen, und die Städte seien überflutet mit Müßiggängern. Nur ein geringer Teil der Bevölkerung gehe einer geregelten Beschäftigung nach. Viele bestritten ihr Leben mit Gelegenheitsbeschäftigungen ... Ein flüchtiger Blick auf die Situation in Luoyang zeige bereits, daß es zehnmal mehr Händler als Bauern gebe, während Müßiggänger zehnmal so viele als Händler da seien ... Unter solchen Umständen kämen auf einen Landbauer einhundert Esser und auf eine Seidenraupenzüchterin und Seidenweberin einhundert Personen, die sich kleiden wollten. Wenn für hundert einer zu sorgen habe, wie könne das reichen?
Spricht aus diesen Gedanken die tiefe Besorgnis eines Sittenpredigers oder der Schmerz um den Verlust alter chinesischer Tradition? Wegen unserer ganz anderen Etwicklung in Europa vermögen wir das kaum zu entscheiden.
Bis in die Tang-Zeit blieb die Seide ein begehrtes Zahlungsmittel, dann wurde sie durch Geld verdrängt. Als Zeichen der Gunsterweisung aber wie als Geschenk behielt die Seide ihre alte Stellung. Ehe es zur Ablösung der Naturalien durch Metallgeld kam, zahlte man in Rom mit »Pecunia«, dem Vieh (lat. pecus), das dem Arbeitsgebiet des Mannes zugeordnet ist. In China dagegen wurde mit Seide gezahlt, dem Produkt des von der Frau gepflegten kleinen Tieres.

X.
Die Straße aller Straßen

An keiner der antiken Handelsstraßen hat sich, bis auf den heutigen Tag, menschliche Phantasie so entzündet wie an der großen Ost-West-Verbindung, die im wesentlichen zwischen 140 v. bis 1370 n. Chr. bestand: der berühmten Seidenstraße.

Mochte es auch andere länderverbindende Routen und Transitstrekken geben, die nach dem Haupttransportgut benannt wurden – eine Weihrauchstraße, eine Bernstein-, Zinn- und Pelzstraße, dann das Geflecht von Salzstraßen –, keine von diesen hat auch nur annähernd solche Bedeutung erlangt.

Was wir heute als Seidenstraße bezeichnen, war in der Antike schlechthin *die* Verbindung zwischen China und den Mittelmeerländern. Sie verknüpfte Herrscherresidenzen und Oasensiedlungen, Zollstationen und Wehrburgen, Herbergen und Wasserstellen (mit unermeßlichen Durststrecken dazwischen). Sie verhalf zu blühendem Wohlstand und kulturellem Austausch, und sie brachte später, als sich der Seidenhandel andere Wege suchte, wirtschaftlichen Niedergang, Armut, Exodus und Vergessenwerden. Der Wüstensand der Gobi und der Taklamakan, der mit der Zeit die alten Kunst- und Kulturstätten verwehte, ermöglicht heute die erstaunlichsten archäologischen Funde. An seinen Spuren läßt sich ermessen, daß der alte Karawanenweg im Buch der Menschheit ein ganzes Kapitel schreibt, mit glanzvollen Epochen, Völkerschicksalen, tiefgreifendem geschichtlichen Wandel. Die Seidenstraße: das umfaßt nicht nur Handel mit kostbaren Stoffen, sondern auch imperiale Strategien, Transfer von Religionen, Entdeckerleidenschaft – von Alexander dem Großen über Marco Polo zu Sven Hedin – und einen immer noch lebendigen Mythos.

Seidenstraße, Silk Road ist ein überraschend junger Name für die beiden Hauptrouten des alten Seidenhandels zwischen dem mediterranen Europa, Innerasien und China. Erst 1877 ist dieser Begriff, der sich weltweit rasch durchsetzte, vom Geographen Ferdinand von Richthofen geprägt worden*. Und die Chinesen selbst? Bei ihnen hieß diese Straße, die bis an den westlichen Rand des »Reiches der Mitte« führte, zu den am weitesten vorgeschobenen Garnisonen, schon im Umkreis der *Barbaren*völker verlaufend – aus chinesischem Blickwinkel also, die »Kaiserstraße«. Verständlicherweise ist dieser Begriff in der Volksrepublik nicht mehr opportun; 20 Folgen »Die Seidenstraße« (Zs. China im Bild, Jg. 1979ff.) und eine gleichnamige Fernsehserie in chinesisch-japanischer Koproduktion verdeutlichen dies: Hier wird filmisch nur auf das chinesische Teilstück zwischen Xian und Kashgar eingegangen.

Westwärts, im Bereich der »Barbarenländer« verliert sich eher die Spur, obwohl auch hier markante Punkte der Route lagen, die in der Antike jedem Asienreisenden bekannt waren. Das waren das »Eiserne Tor« und der »Steinerne Turm«, eine Sperrfeste und das Zeichen der großen Abzweigung nach Indien: wo genau, ist nicht mehr bekannt. In diesem Zusammenhang verdienen die Forschungen des Geographen Albert Herrmann genannt zu werden (»Seidenstraßen«, Wien 1915; »Land der Seide und Tibet im Licht der Antike«, Leipzig 1938). In Baktrien ist dieser Forscher jedem historischen Hinweis, selbst Legenden wie der von goldgrabenden Ameisen nachgegangen – er fand keinen Nachfolger.

Wohl kennt man die Lage der alten Hauptstadt Baktriens am Nordrand des Hindukusch, die heute ein riesiges Ruinenfeld ist. Ob auch dieser grandiose westliche Abschnitt der Seidenstraße einmal für Reisende erschlossen werden kann?

Xi'an, das alte berühmte Chang'an, während der Älteren Han-Zeit (206 v. bis 8 n. Chr.) die Kaiserresidenz, ist seit jeher der östlichste Punkt auf der Seidenstraße. Westwärts führt sie durch die heutigen Provinzen Shaanxi, Gansu und Xinjiang (Sinkiang), quert das Tarimbecken und erreicht mit Kashgar den westlichsten Ort Chinas, 4000 km von Peking entfernt. Sie führt dann über das Pamirgebirge in die weiten Räume Russisch Turkestans, nationalstaatlich gesehen

* in seiner Bonner Vorlesung »Über die zentralasiatischen Seidenstraßen bis zum 2. Jahrhundert nach Christus«

Tadschikistan und Usbekistan. Von Samarkand, dem legendären alten Handelsplatz und Herrschersitz des Timur Lenk, des Großen Tamerlan, führt die Seidenstraße weiter durch Iran, Irak und Syrien, bis sie jenseits Damaskus das Mittelmeer erreicht; in der Antike sind es die westlichen Endpunkte Antiochia, immerhin drittgrößte Stadt des Römischen Reiches, und das phönizische Tyrus.
Auf einem Globus oder im Weltatlas überblicken wir diese ungeheure Strecke im Nu. In Stunden sind die Entfernungen mit dem Flugzeug überbrückt. Der Karawanenzug vom Mittelmeer nach China brauchte sechs bis acht Jahre, um die Distanz – ein Viertel des Erdumfangs – zu bewältigen. Rechnet man die Strecke von den beiden äußersten Stationen des Seidenhandels her, von Cadiz am Atlantik und Kanton am Delta des Perlflusses, so ergeben sich ganze 12000 km.
Aber gibt es überhaupt *die* Seidenstraße? Zunächst sollte man sich trennen von der Vorstellung einer befestigten Straße, sondern an ein durchfurchtes Weggelände denken, an Schlammböden, Furten und Wüstenpisten, von zahllosen Hufen der Tragtiere geprägt oder vom Sand halbverweht und nur an gelegentlichen Markierungen kenntlich. Mitunter auch Kletterpfade an Steilabhängen, vom Steinschlag gefährdet, auch verschneite Paßhöhen, reißende Flüsse, die sich nur mit Geduld und Bereitschaft zum Risiko überwinden lassen.
Warum es dennoch zu einem jahrtausendlangen Handelsverkehr auf so unsicheren Wegen kam, liegt in der Exklusivität der Güter, die transportiert wurden, und auch in ihrem exotischen Nimbus begründet: sie versprachen Ansehen, Glanz, Überlegenheit und mächtiges Prestige. Wie kaum ein anderes Handelsgut erfüllte Seide diese Wünsche. Und so war es nur folgerichtig, daß die vielen Händler zwischen Herkunfts- und Empfängerland, zwischen den frühen Großmächten Kaiserreich China und Imperium Romanum, am Nimbus dieser Ware mitwirkten; wenn sie die Herkunft der Seidenballen mit dem Schleier eines Geheimnisses umgaben und konkretes Wissen für sich behielten, ließ sich der Gewinn steigern. Und hohe Gewinne brauchten sie, allein der Beschwernisse und Gefahren wegen, die sie auf sich nehmen mußten. Ausschließlich Seide wäre ein schlechtes Geschäft gewesen und hätte die »Wüstenschiffe« nicht ausgelastet. So wurden Glas, Gold, Edelsteine und andere Pretiosen von West nach Ost befördert.

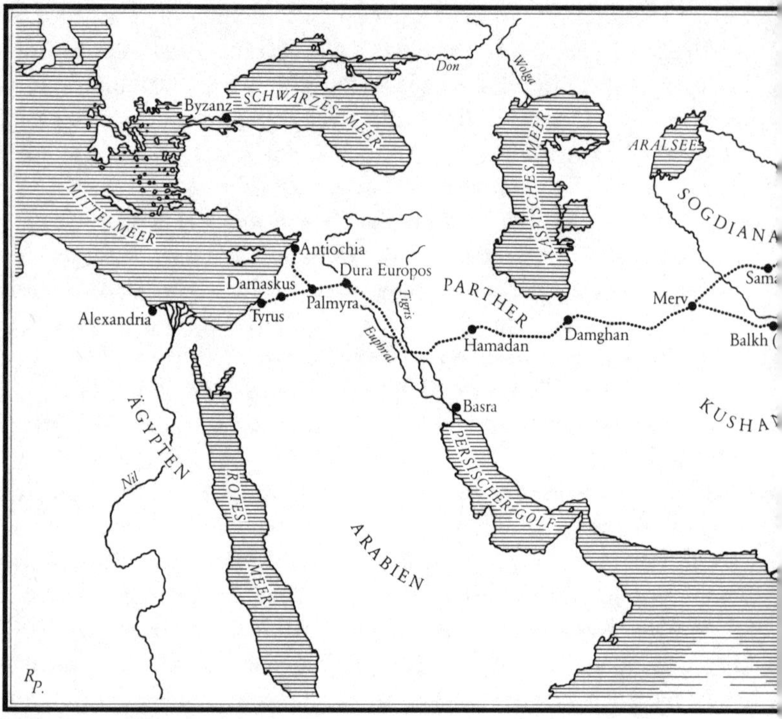

Die alten Seidenrouten – vom Gelben Fluß zum östlichen Mittelmeer

Aber auch noch aus anderem Grund muß man den Begriff »Seidenstraße« einschränken. Es gab ja mehrere Routen, die von der alten Hauptstadt Chinas, Chang'an, nach Westen führten: eine nördliche Seidenstraße, die entlang dem Nordrand der Wüste Taklamakan über die Oase Turfan nach Kashgar führte, und eine südliche Seidenstraße, die über Khotan verlief, um sich – ebenfalls in Umgehung der Zentralwüsten – in Kashgar wieder mit der nördlichen zu vereinigen. Um dann zur turkmenischen Oasenstadt Merv (vor achthundert Jahren die Hauptstadt des Seldschukenreiches) zu gelangen, verzweigte sich die Seidenstraße erneut und umging teilweise das Massiv des Pamir.

Jüngere Funde machen deutlich, daß bereits vor den beiden Han-Dynastien (206 v. bis 220 n. Chr.) ein Wegenetz für den innerasiatischen Handelsverkehr bestand. Der Ausbau zur »Seidenstraße« hatte

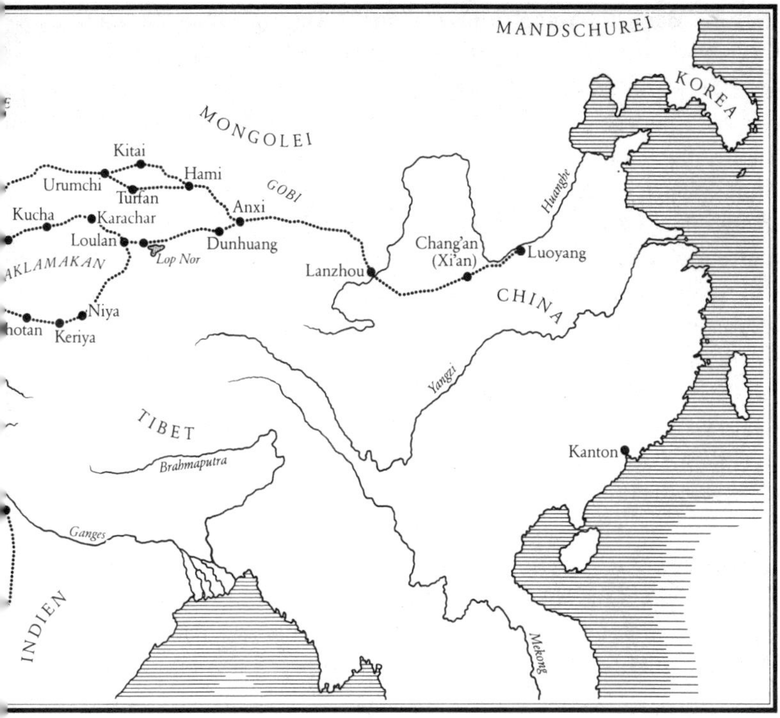

viel mit den kaiserlichen Strategien zu tun, die »Westländer« im Bereich des Tarimbeckens zur chinesischen Provinz zu erheben; im Jahre 60 n. Chr. wurde dort ein Statthalter des Kaisers als Generalprotektor eingesetzt.

Aber wie war es damals, noch vor der Zeitwende, zu Seidenexporten in Länder jenseits des Reiches der Mitte gekommen? Über das System der Hejin, der angestrebten »friedlichen Koexistenz« mit den Grenzvölkern, haben wir schon im vorigen Kapitel berichtet. Konkret begann es damit, daß Kaiser Wudi (140–87 v. Chr.) gegen die Xiongnu Bundesgenossen suchte und sie westwärts, im Stamm der Yuezhi, zu finden hoffte. Als Unterhändler sandte er den »Obersten der Türhüter«, einen vorzüglichen Diplomaten und scharfen Beobachter, aus und gab ihm hundert Begleiter mit. Nach langen dreizehn Jahren kehrte der kaiserliche Botschafter Zhang Qian zurück, und nur ein Begleiter war noch bei ihm. Er konnte Wudi Unglaubliches berichten: von großen Barbarenreichen und fremden Lebensweisen, von Trauben und Rebenwein in der Beckenlandschaft Fergana (Usbekistan) und von den Pferden dort, die in ihrer Schnelligkeit Schwalben glichen und auch an Widerstandskraft selbst den gefürchteten mongolischen Pferden überlegen seien. Zhang Qian, den die feindlichen Hsiung-nu für zehn Jahre gefangengesetzt und verheiratet hatten, war danach zwar in Fergana zu den Yuezhi gelangt, die aber hatten inzwischen das reiche Baktrien erobert und zeigten äußerst geringes Interesse an einem Bündnis mit dem fernen Chang'an. Um so mehr bot sich Tauschhandel an: Pferde gegen Seide (wieder diese eigentümliche Verbindung mit dem Pferd!).

Kaiser Wudi schickte Gesandtschaften nach Westen, stattete sie reichlich mit Seidenballen und mit dem Gastgeschenk eines in Gold getriebenen Pferdes aus – alles vergeblich. Es mußte erst zu gewaltsamen Auseinandersetzungen kommen, bis die Chinesen mit diesen Pferden als Kriegsbeute abziehen konnten. Da Zhang Qian in weiser Voraussicht Luzerne-Samen mitgebracht hatte, konnte planmäßig mit der Zucht begonnen werden; die neue Pferderasse schien so ausschließlich auf eine Futterart abgestimmt zu sein, wie der edle Seidenspinner auf die weiße Maulbeere. Dieses Geheimnis aber behielt man in China – einstweilen noch – für sich.

Zhang Qian aber wurde als der eigentliche Begründer der Seidenstraße angesehen und, zumindest in seinen späteren Jahren, entsprechend geehrt. Von nun an entwickelte sich der Seidenhandel, durch seine Reisen in Gang gebracht, sehr rasch und erfolgreich zu jenem großen Fernhandel, der durch den Ausbau der Großen Mauer auch den nötigen Schutz erhielt. Das Jahr 140 vor der Zeitenwende, der Beginn von Zhangs erster Erkundungsreise, gilt als das Geburtsjahr der Seidenstraße. Eine Folge war die weitsichtige Maßnahme des Kaisers, Spurbreiten, Gewichts- und Längenmaße zu vereinheitlichen.

Begehrte man im Westen die Seide, so war China speziell an einer Kostbarkeit interessiert, die schon in vorkaiserlicher Zeit einen hohen Stellenwert einnahm: Jade. Bereits in den Opferzeremonien vor der Zeit des Konfuzius (551–479) wurden Seide und Jade dargebracht, Jade dabei sowohl als Yang-Symbol (»versteinerter Samen des Himmelsdrachen«) wie auch als Yin-Symbol (»kristallische Mondstrahlen«) angesehen. Jadeseidenraupen sind als frühe Grabbeigaben nachgewiesen, oder auch Jadeplättchen, mit Golddraht verknotet, als Umhüllung eines prinzlichen Leichnams. Welchen Wert der Jadestein im kosmischen Denken der Chinesen einnimmt, davon gibt Konfuzius ein Beispiel:

»Jade ist geschmeidig, glatt und milde glänzend – wie Intelligenz;
Seine Kanten erscheinen scharf, aber schneiden nicht – wie Gerechtigkeit;
Er hängt herab nach unten – wie Demut;
...
Er strahlt vor Klarheit – wie der Himmel;
Seine feste Substanz kommt aus Bergen und Gewässern – wie die Erde.«

Da die eigenen Jademinen in der Älteren Han-Zeit so gut wie erschöpft waren, wurde es zwingend, auf dem Landweg neue Fundstellen zu erkunden und sicherzustellen. Ein solcher Fundort war die Oase Khotan, in deren Flußschottern die kostbaren Steine lagen. Aus dem chinesischen Kernraum am unteren Huanghe (Gelber Fluß) stieß die Straße um dieses Zieles willen durch den sog. Hexi-Korridor, einer nur 20–80 km breiten Talsenke zwischen dem hohen Südgebirge (Nanshan) und den wesentlich niedrigeren Gebirgszügen der Kleinen Gobi; sie folgte einer Oasenkette, die von den sommerlichen Schmelzwässern des Nan-shan gespeist wurde. Jener Korridor, heute auch Gansu-Korridor genannt, war damals von Nomadenstämmen besetzt: den Yuezi und Wusun, denen das Weidegebiet von den Xiongnu streitig gemacht wurde. Das Straßenstück mußte, koste es was es wolle, unter chinesische Kontrolle gebracht werden, denn nur so ließ sich das ferne Khotan erreichen. Also ließ man die alte Große Mauer, die quer zum Korridor verlief und dadurch den Zugang von Westen abschirmte, zerfallen und baute eine neue Große Mauer längs des Korridors auf; an ihrem westlichen Ende, wo sich das Tarimbekken ausweitet, errichtete man zwei mächtige Sperrfesten: Jiayuguan und Yumenguan, die »Jadetorfeste«.

Dieses »Jadestück« der Seidenstraße war von jeher die politisch empfindlichste und auch bedeutendste aller Teilstrecken. Denn hier, im Korridor, gab es kein Ausweichen. Gansu wurde zwar schon während der Älteren Han-Dynastie dem Kaiserreich eingegliedert,

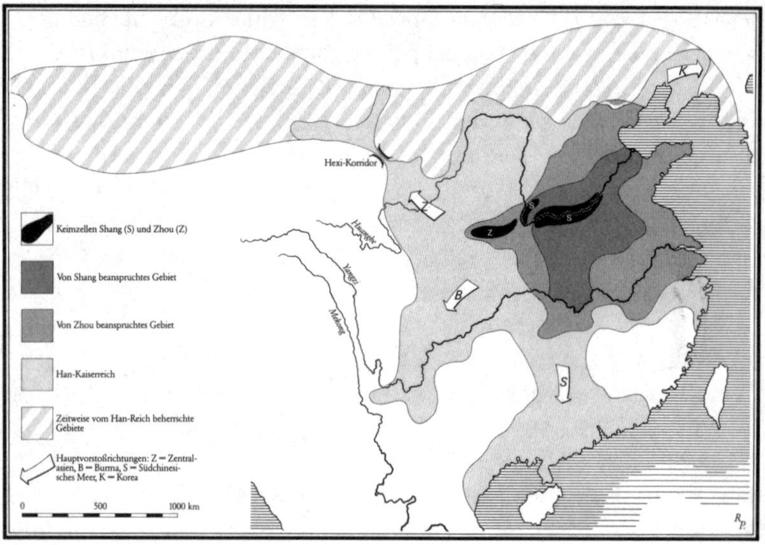

Staatliche Ausdehnung Chinas bis zur Han-Zeit

ging aber wiederholt an Nomadenvölker verloren. Hatte man erst die Oase Khotan am Südzweig der Seidenstraße erreicht, konnte der Austausch von Jade und Seide erfolgen.

Khotan: die erste große und auch landwirtschaftlich genutzte, heute künstlich bewässerte Weideoase zwischen dem Nordabhang des Kunlun und der ausgedehnten, immerhin auch tausend Meter hoch gelegenen Wüste Taklamakan. Von den höchsten firngekrönten Bergen des Kunlun, dem Muztag (7281 m) und dem Karakorum, der in dem berühmten Paß der Seidenstraße noch 5575 m hoch aufragt, kommen im Sommer die reißenden Gebirgsbäche, die den Jadeschotter talwärts führen. Noch um 1900 konnte Sven Hedin vom feierlichen Beginn der »Ernte« des begehrten Jadekiesels, einer Zeremonie des Königs von Khotan, berichten. Und war nicht hoch oben im Eisgebirge auf dem »Jadeturm« der Wohnsitz der Xiwangmu (Hsiwang-mu, der »Königinmutter des Westens«) mit ihrem himmlischen Pfirsichgarten?

Älteste chinesische Mythologie berührt sich im Umkreis von Khotan mit der von Indien her importierten, eher »sanften« Religion Budd-

has. Schon hundert Jahre vor der Zeitenwende gelangte die Kunde von Gautama, dem Erleuchteten, nach China, und entlang der Seidenstraße hatte sich seine Lehre allmählich nach Osten ausgebreitet – durch Klostergründungen, »Karawansereien der Götter« genannt. Mathura und Taxila in Nordwest-Indien, Gandhara, die Stätte, in der hellenistisch-buddhistische Kunst zu gesteigerten Ausdrucksformen fand, und Dunhuang mit den Höhlen der Tausend Buddhas waren Stationen dieser Ausbreitung. Dadurch, daß die Klöster gleichzeitig als Herbergen, als Rastplätze und Relaisstationen dienten, trugen selbst Kaufleute die neue Lehre weiter. Die Chinesen wurden mit dem »Großen Fahrzeug« (Mahayana) bekannt, sie lernten zahlreiche Ordensgemeinschaften zu unterscheiden – aber gerade dadurch wurde der Wunsch geweckt, die Quellen im Ursprungsland selbst aufzusuchen. Es waren einzelne, von unvorstellbarer Energie getriebene chinesische Mönche, die sich nach Indien aufmachten. Ihren Entdeckungsfahrten und den Berichten darüber verdanken wir einen wesentlichen Teil der Kenntnis über die alte Seidenstraße, deren Beschaffenheit, Reiseverhältnisse, Handelsgepflogenheiten.
Der erste dieser berühmten Mönchs-Entdecker hieß Faxian, er trat im Jahr 399, bereits sechzigjährig, seine Reise an, die ihn in 13 Jahren durch 30 Reiche führte, über die er sorgfältig Buch führte. Von Chang'an aus war er über Kucha, Khotan, die Königreiche des Himalaya, Kaschmir und Kabul bis in die Städte des Indus- und Ganges-Tales gelangt, hatte sich dann samt den »geschenkten« Schriftrollen von Tamralip aus nach Ceylon eingeschifft und war durch die Straße von Malakka, dann Chinas Ostküste entlang bis zur Halbinsel Shandong abgedriftet. Hier, gewissermaßen in Nähe des Heiligen Berges Taishan, machte sich Faxian unverzüglich an die Übersetzung der mitgebrachten buddhistischen Schriften. Er war wohl der erste Mönch, der – nicht immer freiwillig – den kombinierten Land- und Seeweg der Seidenstraße eingeschlagen hat.
230 Jahre später brach, wiederum von der Hauptstadt Chang'an, der 29jährige Mönch Xuanzang (Hsüan-Tsang, 602–664) nach Westen auf. In vier Jahren gelangte er durch ganz Zentralasien über Samarkand nach Nordindien und nach sechzehn Jahren erst kehrte er wieder zurück.
Das sagt sich in einem kurzen Satz, aber was sich dahinter an Strapazen, Abenteuern, Glücksfunden verbirgt, und was die Reise

des Xuanzang (mit dem Beinamen *Tripitaka*, Schriftenholer) für unsere Kenntnis der Seide bedeutet, macht einen längeren Bericht notwendig.

Der Sturz der Dynastie Sui und die damit verbundenen Unruhen ließen den jungen Mönch nach Chengdu fliehen. Als sich die Tang-Dynastie (626–915) im fernen Chang'an zu festigen begann, wanderte Xuanzang nordwärts und erreichte die blühende Kaiserstadt, damals das »Menschenmeer« genannt; es war ein Treffpunkt von Menschen der verschiedensten Rassen und Religionen. Der hochintelligente Xuanzang disputierte über Glaubensfragen vor allem mit Buddhisten, mußte aber erkennen, daß ihm viele Dinge dunkel blieben, da die Originaltexte nicht zu Hand waren. So kam es zu seinem kühnen Entschluß, Tausende Kilometer westwärts zu den Quellen zu pilgern. In dem 900 Jahre später entstandenen Roman *Xiyouji*, »Die Reise in den Westen«, die diese Pilgerwanderung zum Inhalt hat, ist es der Kaiser, der den Wanderer mit Sommer- und Wintergewändern, insbesondere einem wertvollen Brokatrock ausrüstet; er soll ihn mit seinen symbolhaften Stickereien vor Dämonenzauber schützen: »Sag mir, Bruder«, sprach der Kaiser lachend, »wie lange gedenkst du fortzubleiben?« – »Ich hoffe, in drei Jahren zurück zu sein«, erwiderte Tripitaka. »Das ist eine lange Zeit«, meinte der Kaiser, »und du hast einen langen Weg vor dir. Du tätest gut, diesen Becher mit Erde zu trinken, denn lehrt man uns nicht, eine Handvoll Heimaterde sei mehr wert als zehntausend Pfund fremden Goldes?«

In Wirklichkeit wird Xuanzang, der im Roman den Becher bis zur letzten Krume austrinkt, keinen solchen huldvollen Abschied erhalten haben. Alle Freunde rieten ihm von der Reise ab. Und wovon sollte er sie bezahlen? Nun, der größte Teil der Reisekasse, die Xuanzang beim Aufbruch mit sich führte, bestand aus Seidenballen. Xuanzang ging zunächst nach Lanzhou (heute Hauptstadt der Provinz Gansu, am Gelben Fluß gelegen) und von dort weiter nach Liangzhou, wo ihn aber der Gouverneur festhielt; ein Mönch, der seinen Ruf kannte, verhalf ihm zur Flucht. In Dengwan schloß sich Shi Banduo, einer ethnischen Minderheit entstammend, dem Reisenden an und schenkte ihm ein Pferd. Aber in Yumenguan, 150 chinesische Meilen westlich Dengwan, ließ er seinen Meister im Stich. Von nun an war Xuanzang ganz auf sich gestellt; achtzig Meilen Wüstenstrecke lagen vor ihm. Nach der Gobi kam er an einen

Bergpaß, verkroch sich dort vor den Grenzbeamten und ging erst in der Nacht schnurstracks zum Oberbefehlshaber jener Gegend, General Wang Xiang, um seinen Schutz zu erbitten. Der warnte ihn eindringlich vor den Gefahren, die seinen weiteren Weg bedrohten, versah ihn aber schließlich doch mit Proviant und Wasser und gab ihm auch Empfehlungsschreiben an die Grenzbeamten mit. Von dort zog er dann mehr als hundert chinesische Meilen nach Nordwesten, verlor schließlich den Weg, irrte von Hunger und Durst gepeinigt sechs Tage in der Wüste umher – nicht umsonst heißt sie *Taklamakan*, »ohne Wiederkehr« – und erreichte mit viel Glück schließlich Gaochang (Turfan). Der Herrscher dieser turkestanischen Oasenstadt, bedeutender religiöser Umschlagplatz auf der nördlichen Seidenstraße, behandelte den Pilger mit großer Zuvorkommenheit; er versah ihn mit allen Reiseutensilien und neuen Empfehlungsschreiben. Endlich, nachdem Xuanzang den Kaitu-Fluß überschritten, zehn kleine Staaten durchzogen und den Hindukusch überquert hatte, erreichte er Nordindien.

Es bleibt nachzutragen, daß er dann ganze fünf Jahre, die er im mittelindischen Tempel Naranda verbrachte, speziell auf das Studium des Mahayana (des »Großen Fahrzeugs«) verwandte, daß er sich später auch in das Hinayana (das »Kleine Fahrzeug«) vertiefte, auch mit Yoga und anderen Meditationsübungen befaßt war und nach und nach alle heiligen Stätten des Buddhismus besuchte, einschließlich des heute nepalesischen Dorfes Kapilawatthu – Geburtsort des Gautama Buddha.

Auf seiner Rückkehr überwinterte Xuanzang 644/45 in Khotan und schrieb dort die Geschichte nieder, wie die Seidenraupenzucht in dies Oasenreich gekommen sein soll; darüber im zwölften Kapitel mehr.

Als er nach 16 Jahren ins kaiserliche Chang'an zurückgekehrt war, brachte er die erstaunliche Zahl von 657 indischen Originalhandschriften, in einer Rückenkiepe verstaut, mit. Er wurde von Kaiser Taizong (627–650) mit großen Ehren empfangen. Das ihm angebotene hohe Zivilamt lehnte er zwar ab, doch reichte er dem Kaiser wenige Jahre später eine Denkschrift ein, die alle seine Reiseerlebnisse und Erfahrungen zusammenfassen sollte: die unschätzbaren »Aufzeichnungen über die Westlande« (Xiyüji). Ihren zwölf Kapiteln verdanken wir konkrete Einblicke in die wirtschaftlichen Verhältnisse, Lebens- und Religionsformen der durchwanderten Länder, vor

allem auch des indischen Subkontinents, wo solche authentische Zeugnisse zumindest aus der Zeit nicht existieren.
Neunzehn Jahre brachte Xuanzang mit der Übersetzung der heiligen buddhistischen Bücher zu. Für allein neun seiner Übersetzungswerke hat der Tang-Kaiser Tai-tsung das Vorwort verfaßt. Als der mittlerweile Hochberühmte im Jahr 664, im Alter von 63 Jahren, starb, soll der neue Kaiser, tiefbetroffen, ausgerufen haben: »Ich habe den größten Schatz des Landes verloren.«
Der Wagemut, der »Funken« eines einzigen Mannes hatte bewirkt, daß sich die buddhistische Lehre von nun an selbst in China rapide auszubreiten begann und zu einer der drei großen Religionen wurde; auch für Konfuzianer und Taoisten hat sie, je nach Lebenslage, ihre Bedeutung.
Xuanzang schrieb ein ganzes Kapitel »Seidenstraße«, wie nach ihm nur noch ein Reisender, der aus Westen kam. Von ihm war schon im letzten Kapitel mehrfach die Rede: dem Venezianer Marco Polo (1254–1324).
Als 17jähriger bricht er 1271 in Begleitung seines Vaters Niccolo Polo und seines Onkels Maffeo zu einer Reise an den Hof des Mongolenkaisers Kublai-Khan auf; außer in eigenen Handelsgeschäften reisen die Drei als Mittler zwischen Papst Gregor X. und dem Großkhan. Nach einer abenteuerlichen Reise quer durch Armenien, Persien, Turkestan, über das Pamir-Gebirge und weiter entlang der Seidenstraße gelangen sie nach Catai (China). Von Khotan, das bereits unter der Herrschaft des Großkhans steht, berichtet Marco Polo, daß sich dort alles im Überfluß fände, was der Mensch zum Leben brauche; »die Einwohner, allesamt Mohammedaner, ernähren sich auch durch Handel und Gewerbe, sind aber keine guten Soldaten«.
Und von der nahegelegenen Provinz Peyn heißt es in seiner »Beschreibung der Welt«: »Die Einwohner haben die rohe Gewohnheit, daß die Frau eines Mannes, der länger als zwanzig Tage ausbleibt, sich einen anderen Mann nehmen kann, wenn sie will, während der Mann aus demselben Grund dort, wo er sich gerade aufhält, neuerdings heiraten kann.«
Der Kontrast der Seidenstraße, hier die lebensfeindliche Wüste (»der Aufenthaltsort vieler böser Geister, die den Reisenden allerlei sonderbares Blendwerk zu ihrem Verderben vorführen«), dort die glanzvolle Handelsmetropole, läßt sich mit Marco Polo nachempfinden.

»Nirgends auf der Welt«, so schreibt er über Peking, das er nach dreieinhalb Jahren erreicht, »werden dermaßen viele seltene Waren gehandelt wie in Canbaluc. Aus Indien stammen die teuersten Dinge, Edelsteine, Perlen und andere Kostbarkeiten. Das Wertvollste, was es in Catai (China) und in den übrigen Provinzen gibt, wird nach Canbaluc gebracht. Stellt euch vor: jeden Tag kommen mehr als tausend Wagen an, voll beladen mit Seide. In diesen Gegenden werden goldene Gewebe und Seidenstoffe aller Art in riesiger Menge produziert.« Und er schreibt von den großen Handelskarawanen, die vor dem Großkhan ihre Waren ausbreiten, damit er von zwölf kundigen Männern den Wert feststellen lassen und ihnen einen vernünftigen Gewinn zubilligen kann.
Über die Praxis des Karawanen-Trekkings erfahren wir recht genau, daß die Reisenden eine längere Rast einlegen, bevor sie die Wüste auf kürzestem Wege durchqueren; daß sie sich für mindestens einen Monat mit Proviant versorgen und eine Anzahl von Kamelen und starken Eseln damit beladen; »ist der Proviant aufgezehrt, bevor sie die Reise vollendet haben, so töten und essen sie die Lasttiere.«
Auch über das von Kublai Khan hervorragend durchorganisierte Post- und Nachrichtenwesen, angesichts der riesigen Entfernungen innerhalb des Reiches ebenso nützlich wie wegen der ständigen Unruhen und Aufstände gegen die Tartarenherrschaft notwendig, zeigt sich Marco Polo bestens informiert: »Wenn ein Gesandter des Großkhans Canbaluc verläßt und 25 Meilen weit auf einer Provinzstraße reitet, gelangt er jedesmal zu einem Posten, genannt Janb (zu deutsch Pferdestation). In der Herberge dort gibt es breite, schöne Betten mit weichen seidenen Laken; den hohen Beamten wird jede Annehmlichkeit geboten. Der Khan hat angeordnet, es seien 400 Pferde auf den Stationen zu halten ... Zwischen den Hauptstationen wird alle drei Meilen ein Weiler gebaut, mit ungefähr 40 Häusern: dort wohnen die kaiserlichen Läufer. Die Fußpost ist folgendermaßen eingerichtet: Jeder Läufer trägt einen Gürtel voller Glöckchen, damit man ihn beim Rennen schon von weitem hört. Schnell wie der Wind eilt er über die Dreimeilenstrecke. Im nächsten Weiler hört man ihn kommen, ein neuer Läufer macht sich bereit ... Ich kann euch sagen, diese Eilboten melden dem Khan zehn Tagesreisen entfernte Neuigkeiten innerhalb eines Tages und einer Nacht.«
Aber kehren wir von solchen hochentwickelten Funktionen der

»Kaiserstraße« zu den Anfängen des Seidenhandels zurück, in die Zeit der beiden Han-Dynastien, als die Seidenproduktion erstmals so angestiegen war, daß sich ein Export lohnte. Immer mehr Geschenke, Rohseidenballen, seidene Gewänder, Brokate und Stickereien verließen das Stammland zur Befriedung westlicher Nomadenstämme bis es zu einer Seidenüberproduktion und fast schon inflationären Beschwichtigungspraktiken kam. Sollte Seide die barbarischen Reiterstämme gefügig oder luxusergeben machen, so war dieses Mittel untauglich. Denn Seide bedeutete ihnen alles andere als ein modisches, verweichlichendes Gut; sie war eine erstklassige Ware mit fast unverändert festem Kurs.

Noch während der Regierungszeit von Kaiser Wudi hatten Handelsbeziehungen mit Persien begonnen und damit ein ausgedehnter Ketten-Zwischenhandel. Die vielen auf ihren Verdienst bedachten Zwischenhändler – ob Syrer, Nabathäer, Parther, Kushaner, Sogdianer und später Araber, d.h. bis zu 36 Zwischen-Reiche – setzten alles daran, einen durchgehenden Direkthandel China – Rom zu unterbinden. Das ging so weit, daß man 97 n.Chr. einer chinesischen Delegation, die nähere Wirtschaftsbeziehungen zu Rom erkunden sollte, das Kaspische Meer als einen schrecklichen Ozean ausmalte, den kaum jemand lebend passiert habe; sei man dennoch heil hinübergelangt, stürbe man bald vor Heimweh. Die Gesandten waren beeindruckt und kehrten um.

Aber auch wenn China seine Waren bis nach Rom hätte transportieren können, die Strecke war viel zu lang und das Know-how lag bei den örtlichen Agenturen. Persische und später arabische Agenten hatten den Warenverkehr fest in der Hand, und was sie nicht verdienten, schöpfte der Zoll ab. Die Nabathäer im Vorderen Orient erhoben ein Wegegeld von 25%, die Parther machten es ähnlich. Der Landweg konnte schon recht teuer kommen. Aber selbst chinesische Dschunken, die unter Umgehung des Landesweges später bis Ceylon fuhren, hatten für Zölle und unvorhergesehene Hafenabgaben ein Drittel ihrer kostbaren Fracht im Laderaum vorgesehen.

Ehe wir den Spuren der Karawanen auf der verlockendsten, der Xi'an-Rom-Seidenstraße nachgehen, lohnt es sich festzustellen, wie sehr sich der Seidenhandel auch auf andere, innerasiatische Routen ausgeweitet hatte. Pferde und Jade, Bernstein und Weihrauch, Weinreben und schwarze Sklaven wanderten als Tauschobjekte ins Reich der Mitte. Andere Exotika, die China begehrte, kamen über den Umschlagplatz Panyu (dem heutigen Kanton) aus Süden, so Perlen, Korallen, Elfenbein, Rhinozeroshorn, Eisvogelfedern. Über ihren Verbleib haben sich gelegentlich Nachrichten erhalten wie diese, daß in einer Tributsendung ein ganzer Scheffel edelster Perlen an den Hof kam; Kaiser Minghuan (713–756) hatte sie großzügig seiner (von ihm arg vernachlässigten) Ehefrau Mifei zugesandt, die sie mit rührenden Versen zurückwies.

Es gab eine Zeit, in der auch »ganz gewöhnliche«, aber illegale Güter auf den Handelswegen geschmuggelt wurden, z.B. gegossene Eisenwaren und Salz, die einem Staatsmonopol unterlagen. Die Schmuggler waren vorwiegend »Barbaren aus Sichuan«, der noch heute berühmten Seidenprovinz. Sie sollen selbst vor Morden, Blockaden und Raubüberfällen nicht zurückgeschreckt sein, um die Chinesen daran zu hindern, jene Handelsrouten als ihr Monopol anzusehen. Sichuan und auch Yunnan wurden daraufhin dem Kaiserreich einverleibt. Aber eine Monopolstellung in der Produktion ließ sich ohnehin nicht erhalten, denn auch Korea besaß seit dem Sturz der Qin-Dynastie (206 v.Chr.) eine eigene Seidenraupenzucht; politische Flüchtlinge hatten sie importiert. Japan wiederum holte sich später koreanische Seidenbauern als wertvolle Kriegsbeute ins Land, und die eigene Seidengewinnung entwickelte sich schnell.

Der kombinierte Land-See-Weg brachte in jenen Zeiten, die noch keine Container kannten, erhebliche Transportprobleme. Das an der Südküste gelegene Kanton war noch der einfachste Umschlagplatz. Schwieriger war es, die Gebirgsstraßen und Pässe nach Kattigara in Amman (Vietnam) zu überwinden, oder die Verschiffung vom Golf von Bengalen aus vorzunehmen. Basra an der Euphrat-Tigris-Mündung mußte angelaufen werden, um die südlichen Mittelmeerhäfen zu erreichen. Immer wieder mußte umgeladen werden, von Karawanen auf Schiffe, von Kähnen auf Karren.

In den westlichen Verschiffungshäfen, ob sie Alexandria hießen oder Antiochia, Tyrus und Sidon, ehe das Endziel Rom erreicht war, blieb auch dort, allerdings ganz legal, viel Garn und Rohseide zurück, was zur Grundlage blühender Seidenindustrie wurde. Rom selbst entwikkelte sonderbarerweise nie eine eigene Seidenverarbeitung und blieb darin von den vorderasiatischen Zentren abhängig. Die Leute am Tiber kannten auch nicht die »cinapatta«, das Maß der Chinesen und

Inder: eine Rückenlast chinesischer Seide. Cinapatta ist schon früh in der Sanskritliteratur belegt (Kautiliyas ›Artha sastra‹) und als ein Produkt des 4. vorchristlichen Jahrhunderts angesehen. Der Name kann auch auf das Qin-Reich hinweisen, das von der Älteren Han-Dynastie abgelöst wurde.
Als es später zur Tang-Zeit, in der Epoche Xuanzangs, auf den großen Seidenstraßen Innerasiens noch einmal zum intensiven Austausch von materiellen wie geistigen Gütern kam, stauten sich der Strom west- und zentralasiatischer Handelskarawanen in Chang'an, Chinas damaliger Hauptstadt. Weil der Kaiser die Delegationen, die von weither Tribute und Geschenke darbrachten, nur einmal im Jahr zu empfangen pflegte, blieb mancher Ausländer mit seinem Gefolge monatelang in der Stadt. Man siedelte sich in eigenen Vierteln an, errichtete Seidenkontore und Handelshäuser, praktizierte die eigene Religion. Manichäer und Zarathustrer, nestorianische Christen, erste Juden und auch Mohammedaner bevölkerten die Stadt. Daß die Zahl von »Gastarbeitern« stetig zunahm, kann man aus den Kopfsteuerlisten um das Jahr 878 entnehmen. Denn 120000 Ausländer, durch die Steuerabgaben namentlich erfaßt, kamen in Panyu (Kanton) brutal ums Leben, als der Rebell Huang Chao das Land verwüstete – und nebenher alle Maulbeerbäume abhacken ließ.
Aber auch um die Garnisonen und Stützpunkte fern der großen Städte hatte sich ein lebhafter Handel ausgebreitet; die monatlich abzuliefernden Seidengehälter wurden ziemlich rasch im örtlichen Bereich umgesetzt. Trotz strenger Kontrolle der Waren und Warenbegleitpapiere blieb so mancher Ballen »hängen«.

Was wurde nicht alles durch Seide bewirkt! Und wieviel Überraschendes läßt sich an ihrem Handel und Wandel ablesen; zum Beispiel die Wanderung der Webmuster.
Webmuster verbreiten sich wie Melodien: vor allem solche, die der technischen Einrichtung des Webstuhls entsprechend, sich wie der Refrain eines Liedes (in der Weberei ›Rapport‹ genannt) wiederholen. Daß die Ost-West- und West-Ost-Muster auf der Strecke China–Rom sich wechselseitig beeinflußten, oft bereichert durch Motive am Wege, davon zeugen eine Vielzahl alter Seidenstoffe.
Bereits 1913 konnte O. v. Falke in seiner Kunstgeschichte der Seidenweberei von eindrucksvollen Funden berichten. Seit der Zeit

kommen laufend neue hinzu: ein Kapitel Seide und Seidenwanderung, das noch lange nicht abgeschlossen ist.
Längs der antiken Seidenstraße, selbst an ihrem letzten Knotenpunkt vor der Verschiffung nach Rom, in Palmyra, fand man chinesische Seiden der Han-Zeit; eingewebt waren nicht nur einfache aber edle geometrische Muster wie Rauten, Sterne, Münz- und Maskenformen, »Daotie-Stoffe«, sondern auch kompliziert verschobene Rauten mit eingestreuten Tier- und Pflanzenornamenten.
Den Bronzen, Malereien und Lackarbeiten der Han-Zeit ähneln die Stoffe mit geschwungenen Bändern darauf: Wolkenmuster, Drachen, Schlangen, Phönixe und Fabeltiere. Pflanze und Tier umschlingen sich, wachsen ineinander – in unausschöpflicher Phantasie. Vierfüßler und katzenähnliche Wesen scheinen sich in Echsen mit Flügeln und Hörnern zu verwandeln.
Zu den Besonderheiten gehören die Seiden mit eingewebten Schriftzeichen, u.a. in Lou-lan gefunden. Es sind die Wanshi ruyi genannten Muster, was soviel bedeutet wie »So, wie Ihr es wünschen mögt«. Hier lassen sich ganze Botschaften entziffern: »Dein Glück möge beständig sein und deine geistigen Fähigkeiten stark« und »Guang Cheng erneuert den Geist und gibt Leben auf unzählige Jahre«. Die letzte Inschrift bestärkt den Beschenkten in seinem Bemühen, geistige Vollkommenheit zu erreichen: Guang Cheng genoß als eine frühere Inkarnation des Laotse hohe Verehrung.
Als weitere Haupt-Motivgruppen der Han-Seiden ließen sich feststellen: springende Tiere, Rosetten, Vierpaßblätter, ein dreizinkiges Gabelmotiv.

Mehrfarbiger Seidenstoff aus der Han-Zeit mit eingewebten Drachen und Schriftzeichen in dunkelblau, bräunlich gelb, rotbraun. Gefunden in Loulan

Die Seidenstoffe aus der Tang-Zeit zeigen eine Vorliebe für größere Formen. Eine Blütenrosette wird z.B. von fliegenden Fabeltieren umkreist, ein Phönix mit Ranken umkränzt. Als Weinranken wurden sie zum Wandermotiv, das chinesische Weber aus dem Schatz des hellenistischen Formenkanons entlehnt haben. Diese Seidenstoffe sind schon in deutlicher Köperbindung gewebt. Auf einem der schönsten Stücke, gefunden in Dunhuang, steht ein Phönix mit fein gemustertem Gefieder, das eine Bein eingezogen, in einem Kranz von minutiös gezeichneten, ineinander verschlungenen Weinranken, die mit Trauben geziert und von Glücks-Schriftzeichen begleitet sind.

Auch das Lebensbaummotiv breitet sich nun aus, meist von Reiterfiguren und Jagdszenen flankiert, vermutlich von Persien her, dessen Webkunst Xuanzang mit höchstem Lob bedachte. Gerade die Klöster entlang der Seidenstraßen betrieben häufig, neben dem Handel mit Seidenstoff, eigene Seidenzucht und Weberei. Mit Mönchen, Pilgern

Medaillonseide mit Perlkranz und Jagdmotiv. Musterrekonstruktion. Tang-Zeit um 700

und Kaufleuten gingen die Muster auf Wanderschaft – in alle Himmelsrichtungen. Auch die Weber scheinen mobil gewesen zu sein. In den Seidenwebereizentren von Sogdien siedelten sich chinesische Händler und Kaufleute, vermutlich auch Werkstätten an; sogdische Kolonien wiederum soll es in Xinjiang und Gansu gegeben haben. In Sogdien fanden sich auch die inzwischen weltberühmten Zandaniji-Seiden aus dem 7. Jahrhundert, die mit Dunkelblau, Orange und Rosa einen einzigartigen Farbkanon aufweisen. Woher mochten die Färber gekommen sein? Kürzlich entdeckte man den Bericht eines chinesischen Reisenden Du Huan aus der Tang-Zeit; er hatte im persischen Da Shi chinesische Weber aus dem Gebiet östlich des Gelben Flusses angetroffen. Und um 1300 bereiste ein Taoisten-Mönch im Auftrag Dschingis Khans weite Gebiete Zentralasiens, wo er tausenden chinesischen Webern begegnete, die Drehergewebe, Brokat- und Damaststoffe herstellten.
Sehr vereinfachend hat man einmal gesagt: Weil der Westen die Seide wünschte, kam die buddhistische Religion zum Osten. Dunhuang am östlichen Rand des Tarimbeckens, mit dem inzwischen weltberühmt gewordenen Kloster und den Höhlen der »Tausend Buddhas«, gibt uns mit seinen Fresken Auskunft über Handelsgüter zwischen Ost und West, in all ihren Erscheinungen. Und gleichzeitig über die Menschen- und Völkertypen, über die kulturellen Strömungen, die auf den Seidenstraßen mitgetragen wurden. Auch an den Fresken in anderen Grotten, Höhlen und Bauwerken sind nicht nur kulturspezifische religiöse Motive ablesbar, wie »Buddha der Erleuchtete« oder Figuren von Heiligen und Höllenwächtern, meist mit weiten gemusterten Seidengewändern angetan. Auf den Fresken der ehemals bedeutenden Stadt Kizil erblickt man z. B. vier Ritter, die Gaben oder Tribute bringen. Ihre langen Hosen verraten parthischen Stil, die prächtigen Mäntel, mit großen Kreismustern geschmückt, sassanidische Art.
Neuere Forschungen beweisen im Grunde das alte chinesische Sprichwort, wonach alles Süßwasser der Flüsse, die ins Meer münden, schließlich doch salzig wird. Chinesische Kultur wird als der Ozean gesehen, in dem alle Strömungen der Seidenstraße – Austausch von Luxusgütern und Pflanzen, Handwerkstechniken und schönen Künsten, Denkweisen und Glaubensvorstellungen – eingespeist sind. Seit der Jahrhundertwende haben zahlreiche Expeditionen von euro-

päischen und asiatischen Wissenschaftlern diesem Phänomen nachgespürt, vor allem in Ostturkestan, heute Xinjiang. In diesem bis dahin kaum bekannten Gebiet begann ein schier unglaubliches Wettrennen der verschiedensten Nationen. Sie alle wollten möglichst unbekannte, in Vergessenheit geratene Stätten, entdecken. Viele kunsthistorisch bedeutsame Funde wurden gemacht: Bauwerke, Skulpturen und Fresken in verlassenen Städten und Klöstern, Schriftrollen und Grabbeigaben, Inventare der Lebenden und der Verstorbenen. Manch ein Kunstwerk wurde in letzter Stunde gerettet vor Naturgewalten und Nomaden, vor Grabräubern und Andersgläubigen; schließlich hatte in diesen Gegenden der Islam den Buddhismus abgelöst.

Nach Sven Hedin (der im Auftrag der chinesischen Regierung der alten Seidenstraße zur Erkundung einer Neuverbindung nachging), nach Aurel Stein aus Großbritannien, Grünwedel und Le Coq aus Deutschland beeilten sich auch Frankreich mit Pelliot, Rußland mit Koslow, Japan mit Otani und die USA mit Langdon Warner zum Nutzen ihrer Länder und eigenem Ruhme die Forschungen voranzutreiben. Ihre Funde, unter ihnen kostbarste Seide, müssen wir daher in vielen Museen suchen: in New Delhi, London, Stockholm, Leningrad, Paris, Berlin, Harvard, Tokio. »Danach«, so resumiert Peter Hopkirk seine atemberaubende Geschichte der fremden Teufel auf der Seidenstraße, »schlugen die Chinesen die Tür zu«.

Seit den 60er Jahren entwickelte China selbst eine rege und gezielte archäologische Tätigkeit zur Erforschung der alten Kulturstätten. Sie kann höchst beeindruckende Ergebnisse aufweisen wie die Ausgrabung der Tausende lebensgroßer Krieger bei Xi'an, die dem Ersten Kaiser (Shih Huangdi, 221–210) als Grabwache dienten.

Vorbei sind heute die Zeiten, als Karawanen die Halteplätze der Etappen, die Stützpunkte der Stationen, die Sammelstellen und Knotenpunkte der Handelszentren ansteuerten. Keiner der Wiederentdecker um 1900 würde sie wiedererkennen. Die Straße behielt ihren Namen, aber der Transport wird mit Lastwagen, Flugzeugen und Bahnen abgewickelt, deren Netz sich weiter ausdehnt. Die Eisenbahnstrecke führt bereits bis zur sowjetrussischen Grenze. In der meistgefürchteten Wüste Taklamakan wurden Atomversuche durchgeführt. Nahe den Höhlen der tausend Buddhas wird Erdöl gefördert. Feste Straßen verbinden die zahlreichen Bewässerungsoasen, die Landwirtschaft arbeitet in Kommunen zusammen. Fabrikanlagen

schieben sich nach Westen vor, Ruinen und alte Befestigungsanlagen blicken auf ein aufblühendes Wirtschaftsleben, das sich aus der Gewinnung von Bodenschätzen aufbaut.
Geblieben jedoch ist die Vorliebe der Einheimischen, vornehmlich der Uiguren, für Tanz, Musik und Spiel und leuchtende, kräftige Farben. Hier haben sich die großzügig gemusterten Ikatseiden erhalten, die zur Tang-Zeit die Menschen begeisterten. Geblieben sind auch eine ganze Anzahl von Kunstwerken in dieser großartigen Landschaft. Immer mehr Menschen zieht es zu den geschichtsträchtigen Stätten. 1979 erreichte der erste Touristenbus die Klosteranlagen von Dunhuang, und seit 1984 hat sich so mancher Reiseveranstalter auf die Seidenstraße spezialisiert.
Die Karawanen von einst, die Touristenströme von heute. Wie viele mögen die große Ost-West-Straße entlanggezogen sein? Historische Anhaltspunkte gibt es genug. Die Han-Annalen beispielsweise sprechen von *einer* großen Handelskarawane, die (außer den Karawanen reisender Gesandter und Zwischenhändler) jeden Monat die Festungstore Peking verließ. Fast 2000 Jahre später kommt Sven Hedin ebenfalls auf zwölf Karawanen im Jahr, allerdings ohne die

Karawanenstrang der Kamele

unzählbaren kleineren und größeren Karawanenzüge, die den binnländischen Handelsverkehr abwickelten. Mervin, der einen historischen Roman über die Seidenstraße verfaßte, läßt um 100 n. Chr. einen jungen Beamten, der als Pferdekurier die langsameren Tiere überholt, eine genauere Verkehrsstatistik machen. Die niedrigste Zahl an Tieren, die er an einem Tag feststellte, war 600, die höchste, allerdings auf beide Richtungen bezogen, mehr als 3000. In zwanzig Tagen stellte er einen Durchschnitt von fast 2000 Tieren fest. Zwei Drittel der Anzahl trugen Seidenballen, die übrigen Bronze, Lackarbeiten, Rhabarber (wozu später der Tee kam). Nach Jahreszeit gestaffelt, verließen China täglich 5000 tan (1 tan = 60,5 kg), also etwa 300000 kg allein an Seide. Es blieb dem Reisenden ein Rätsel, wie ein Volk im Land Da Qin, d.h. Rom, so viel Seide verbrauchen und bezahlen konnte; vor allem, weil sich der Preis von einem Straßenabschnitt zum anderen, durch Zoll, Transportkosten und Handelsspannen, immens erhöhte. Tausende von Tieren, so schließt er seine Beobachtungen, drängen sich täglich an den Karawansereien der Hauptknotenpunkte zusammen.

Und die statistischen Schätzungen eines Sven Hedin? Er berichtet von kleineren Karawanen, bei denen zwölf Mann mit hundert Kamelen reisten. Kameldung wurde als Heizmaterial zum Kochen gesammelt. Damit die Tiere bei Tage das wenige Futter finden konnten, wurde nachts marschiert.

Zu Hedins Zeit galt 150 kg Last, auf zwölfstündigem Marsch 40 bis 50 km weit getragen, als Richtzahl. Alle vier Tage gönnte man den Dromedaren 30 Stunden Ruhe, pflegte ihre Hufe und nähte vielleicht ein Stück Leder auf wunde Stellen, man flickte seine eigenen Filzstiefel. In einer Karawane gingen je nach Bedarf wenige oder viele, bis zu 100, ja 300 und mehr Lasttiere. Die Anzahl mußte abgestimmt werden auf die Tränkmöglichkeiten an den Zwischenstationen. Je nach Ware oder Transport wurden außerdem Esel und Muli, in besonders hohen Paßregionen auch Yaks als Tragtiere und für Kurier- und Postdienst Pferde eingesetzt. Sobald der Anschluß an die großen Straßennetze erreicht war, wurde auf Karren mit Zugtieren, oft Ochsen, umgeladen.

Der Weg war in bestimmte Etappen aufgeteilt, die Karawane in bestimmte »Stränge«. Der Koch hatte das Privileg, im ersten Strang mitzuziehen, das hieß, er konnte abladen und natürlich auch mit seiner Arbeit beginnen, ehe die letzten Kamele ihrer Lasten entledigt waren. Seine Habe wurde an bevorzugter Stelle transportiert, ihm gehörten alle Felle der geschlachteten Tiere.

Wie mögen nun die einzelnen Menschen, die Kamel-, Maultier- und Yak-Treiber, die bei geringem Lohn als immer fröhlich, zuverlässig und genügsam geschildert werden, ihre eigenen Probleme gelöst haben? Schon im grenznahen Bereich dauerte eine Reise bis zur Rückkehr etwa sechs Monate. Am Abend wird man sich alte Geschichten erzählt haben, die Abenteuer des Xuanzang oder fromme Legenden und auch doppeldeutige Geschichten, wie die vom Tang-Mädchen, einer anscheinend hochgeschätzten Kurtisane: »Sie führte das Jadeschiffchen bis in die Nacht, aus dem roten Faden bildete sich das Mandarinentenmuster« (Grabschrift aus Astana, 715).

Die allzu menschlichen Probleme der Karawanentreiber werden sich, ob Han-, Tang- oder Neuzeit, kaum wesentlich verändert haben. Verständnisvoll berichtet eine englische Missionarin unseres Jahrhunderts über die Fuhrleute der Seidenstraße: »Von dem Land hinter den Bergen wußten sie kaum, daß es da war. Es waren zufriedene, einfache Menschen. Am Schluß des Tages eine warme Mahlzeit aus der Schüssel, ein Platz auf dem warmen Backsteinbett – mehr begehrten sie nicht. Und an jedem Ende ihres Weges wartete auf sie ein kleines Haus, eine Frau und Kinder. Bei Beginn der Fahrt nahmen sie Abschied von einer Frau und am Ziel der Reise wurden sie liebend empfangen von einer anderen. Es kam vor, daß die Frauen einander Geschenke sandten, aber sie sahen sich nie. Sie besorgten ihr Haus, zogen Kinder auf und warteten geduldig auf den Mann. Wenn sie alt wurden, erfreuten sie sich der Hochachtung, die China den Betagten entgegenbringt. Ganz sicher würden einige der Kinder wieder als Karawanenführer über die Berge ziehen.«

XI.
Kostbare Seiden aus alten Gräbern

Im Jahr 1907 entdeckte der britische Archäologe Sir Aurel Stein, daß in Dunhuang in Ostturkestan unermeßliche, unerschlossene Kulturgüter vorhanden waren, zum Teil zum Schutz vor Räubern und Plünderern eingemauert, darunter eine ganze Bibliothek von Schriftrollen, auch solche, die auf Seide geschrieben waren. In ihrer Bewahrung sah ein alter Mönch, ein Einzelgänger, seine Lebensaufgabe. Es gelang Stein, indem er sich auf den Mönch Xuanzang bezog, der 1300 Jahre zuvor buddhistische Schriften aus Indien geholt hatte, diese Schätze zu erwerben. Er ließ sie in das Britische Museum in London transportieren, wo sie leider noch immer auf eine abschließende Aufarbeitung warten. Dort ruhen auch die vielen damals entdeckten Seidenstoffe: Seide als Material für Schriftrollen, Seide für Banner und zahlreiche andere Verwendungen.

Als Sven Hedin am 28. 3. 1900 die Ruinen der versunkenen und im Sand verwehten Stadt Loulan fand unweit des Lop Nor, des »wandernden Sees« im Tarimbecken, war dies eine Sensation für die westliche Fachwelt. Ehemals am Wasser gelegen, befand sich Loulan nun in unbewohnbarer Wüste, aus der tafelartige Berge wie Raubritterburgen herausragten. Eine der größten Überraschungen war der unerwartete Fund von Gräbern. Eins davon lag auf einer kleinen Anhöhe, angezeigt durch einen Tamariskenpfahl, der nur durch Menschenhand vor Hunderten von Jahren an diesen Platz hatte gebracht werden können. Trotz des ziegelharten Lehms, der bereits in Tonschiefer überging, machten die Forscher sich ans Werk. Nach anstrengendster Arbeit fand sich ein Sarg, in der Form einem Kanu ähnlich. Hedin beschreibt, nicht ohne spürbare Anteilnahme:

»Voller Spannung erwarteten wir jetzt den unbekannten Toten, der so lange in ungestörter Ruhe geschlummert hatte, zu sehen. Statt

dessen fanden wir jedoch nur eine graue Decke, in die der Tote eingewickelt war. Diese Umhüllung war so spröde, daß sie bei der Berührung in Staub zerfiel. Wir entfernten den Teil, der das Haupt bedeckte – und nun sahen wir sie, die Herrscherin der Wüste, die Königin von Loulan und Lop Nor, in all ihrer Schönheit.
Ihre Gesichtshaut war hart wie Pergament, aber die Form und Zeichnung des Antlitzes waren von der Zeit nicht verändert. Sie lag mit geschlossenen Augenlidern. Um ihre Lippen spielte noch immer ein Lächeln, das Jahrtausende nicht ausgelöscht hatten und das dieses rätselhafte Wesen noch anziehender und sympathischer machte. Ihre Geheimnisse von den Abenteuern des Lebens verriet sie jedoch nicht, und die Erinnerung an bunte Bilder in Loulan, an das Erwachen des Frühlings in der Seenlandschaft, an Flußfahrten in Kanu und Fähre hatte sie mit sich ins Grab genommen.
Im Schein der Nachmittagssonne begannen Chen und ich eine recht eingehende Untersuchung der Tracht, in der sie der Erde übergeben worden war. Auf dem Kopf trug sie eine turbanähnliche Mütze und um diese eine einfache Binde. Ihr Oberkörper war mit einem Hemd aus Hanf, unter das noch mehrere ähnliche Kleidungsstücke aus gelber Seide gezogen waren, bedeckt. Die Brust war von einem roten, quadratischen, mit Stickereien verzierten seidenen Tuch bedeckt, worauf ein Hemd aus blauem Stoff folgte. Der untere Teil des Körpers war in doppelte Seide gehüllt, eine Art Rock, der eine Fortsetzung der gelben seidenen Bekleidung und des Hemdes bildete. Auf gleiche Weise bildete ein Rock aus weißem Stoff die Fortsetzung des weißen Kleides. Darunter trug sie einen dünnen Rock, Hosen und gemusterte Pantoffel.
Wir nahmen Proben aller dieser Kleidungsstücke mit; einiges, wie den Kopfputz und Pantoffel, entführten wir im ganzen, desgleichen einen Beutel voll schön gemusterter Seidenreste in verschiedenen Farben. Die unbekannte junge Dame ließen wir für eine Nacht im Sternenlicht stehen und das Land, in dem sie ihr kurzes Leben zugebracht hatte, lag gelbgrau und öde um sie her.
Im Frühlicht des 7. Mai wurde The Lady of the Desert wieder ins Grab gesenkt.«
Die von Hedin beschriebenen Sterbegewänder waren der damals bedeutendste Seidenfund aus Loulan. Bereits 1901, 1906 und 1914 fanden Sven Hedin und Sir Aurel Stein dort verschiedene Seidentexti-

lien, Folke Bergmann entdeckte 1930/31 eine Anzahl von Seidenstoffen aus der Zeit der Han-Dynastie am Edsingol und im Süden des Kum-darja.
Von Deutschland aus konnten unter Grünwedel und Le Coq in vier Expeditionen zwischen 1902 und 1914 früher bedeutende Wohnstätten, darunter die Stadt Khocho mit einem heiligen Bezirk, kartiert und rekonstruiert werden, ebenso die steil emporragenden Höhlentempelfelsen von Kizil mit ihren zahlreichen Nischen. Schon die erhaltenen Malereien, die als Turfan-Sammlung in das Berliner Museum kamen, geben einen Einblick in das, was einmal Seidenbekleidung mit ihren verschiedenen Schnitten und Mustern bedeutete. Es treffen sich nahezu alle Kunstrichtungen entlang dieser alten Straßen. Griechische, römische, persische, indische, alttürkische, chinesische und viele andere Einflüsse hinterließen ihre Spuren. Seidenstickereien aus dem 9. Jahrhundert lassen einen kunterbunten Synkretismus erkennen. Eine Boddhisatvafigur aus Khocho, 40 cm groß, war mit gelblichen und roten Farben und ein wenig blau gerändert flächendeckend in Kettenstich gestickt, überhöht durch aufgenähte breite Goldriemchen. Deutlich erkennt man die schwungvollen Schärpen und die Darstellung kostbarer Ketten, mit denen die Figur behängt ist.
Ausgrabungstechnik und Untersuchungsmethoden haben sich inzwischen durchgreifend geändert. Heute stehen uns völlig neue Hilfsmittel von chemischer Faserstoffuntersuchung – z. B. durch Aufdämpfen von Gold, auch durch früher undenkbare elektronische Vergrößerung des Materials – zur Verfügung. Trotzdem sind die genauen Beschreibungen von damals für uns wertvoll, denn sie führten zu weiteren Entdeckungen, Untersuchungen und Erkenntnissen. Sir Aurel Stein veröffentlichte viele seiner Seidenfunde aus Innerasien in seinen Werken. Beispielhaft und mustergültig untersuchte R. Pfister für Pariser Museen Textilfunde im Vorderen Orient, u. a. aus der alten Stadt Palmyra. In dieser Stadt blühten Handel und Gewerbe. Sie war ein bedeutender Knotenpunkt der Karawanenwege und die letzte zuverlässige Wasserstelle vor der Wüstenstrecke.
In dieser reichen Stadt Palmyra gab es zwei Grabtürme vornehmer Familien, den Tour de Jamblique und den Tour d'Ehlabel. Sie wurden 83 n. Chr. erbaut, aber im Jahre 273 wurde die Stadt von den Römern zerstört, so daß keine Bestattungen mehr möglich waren.

Daher waren die von Pfister untersuchten Textilien datierbar. Unter ihnen befand sich auch chinesisches Seidenmaterial, als besonders schöne Gewebe die sog. »Han-Damaste«, mit Rhomben geschmückte Seidenstoffe. Pfister entdeckte aber auch andere unterschiedliche Materialien wie feines Leinen und feine Wolle.
Ungelöst bleibt noch ein Geheimnis um einen besonderen Seidenstoff des Vorderen Orients, der vermutlich aus einer syrischen Werkstatt stammt und bisher ohne Beispiel ist. Man entdeckte ihn erst vor wenigen Jahren wieder, und zwar durch einen Zufall anläßlich der Hundertjahrfeier zur Vollendung des Kölner Domes. Das Fragment stammt aus dem Schrein der Heiligen Drei Könige im Dom zu Köln. In seiner Seidenwebart gleicht es fast genau einigen Palmyrageweben. Einmalig auf der Welt ist bisher an diesem Seidenfragment, daß die Seide, die aus China stammt, mit phönizisch purpurgefärbter Wolle und dazu mit einem eingewirkten Muster verziert ist. Dieses Ornament besteht aus einem feinen reinen Goldfaden, der spiralig um eine »Seele« aus Edelseide herumgewickelt ist. Ob es der Textil-Archäologie wohl noch einmal gelingt, eine ähnliche Kombination aus »Seide-Purpur-Gold«, also »Ost und West« zu finden, damit sich das Rätsel um diesen Stoff aus dem 1.–3. Jahrhundert löst?
»Über die Stickereien, Webe- und Knüpfarbeiten in China bis etwa zum 16. Jahrhundert wissen wir nichts«, beklagt der Kunsthistoriker Oskar Münsterberg noch 1912 in seiner chinesischen Kunstgeschichte. Weder Sven Hedin noch andere damalige zeitgenössische Asienforscher, die sich vorausschauend auch mit Textilien befaßten,

Gewebe mit Rautenornament. Han-Zeit

ahnten, welch sensationelle Funde an Seidengeweben die Archäologen später machen würden. Als bislang ältester Fund sei eine chinesische Seide erwähnt, die sich weitab von China fast 2500 Jahre lang beinahe unverändert leicht und farbfrisch erhielt. Im Jahr 1949 fand der sowjetische Archäologe Rudenko bei Pazyrik im Altaigebirge bemerkenswerte Grabhügel, Kurgan genannt. In ihnen hatten sich durch die Kälte des Eises Gegenstände vorzüglich erhalten. In einem Kurgan aus dem 5. Jahrhundert v. Chr. lag eine feine, mit Blütenzweigen und Fasanen bestickte Seidendecke, die einer chinesischen Prinzessin gehört hatte, der Frau eines »Barbaren«. Die Nomadenbesitzer hatten sie mit Roßhaartroddeln verziert und als Sattelschabracke benutzt. Von China aus war sie bis zum Altai gelangt und diente hier mit dem bisher ältesten Knüpfteppich der Welt, der wahrscheinlich aus dem genauso weit entfernten »Persien« stammte, als würdige und fürstliche Grabbeigabe.

Inzwischen brachten chinesische Archäologen erstaunliche Dinge ans Tageslicht; teilweise bei der systematischen Ausgrabung von Hügelgräbern, aber auch bei Grabstätten, die man zufällig, etwa beim Brunnenbau entdeckte. Einer der bisher ältesten Seidenfunde ist mehr als 4700 Jahre alt. Man entdeckte das Stück 1958 in einer neolithischen Siedlung in der Provinz Zhejiang. Es lag wohlverpackt in einem Bambusbehälter.

In einer Grabnische aus der Nähe von Anyang, der alten Hauptstadt der Shang-Dynastie machte man einen besonders aufregenden Fund, nämlich ein Kästchen mit der Nachbildung einer Seidenraupe in Jade. Da den Verstorbenen nur die wichtigsten und wertvollsten Gegenstände für die Reise ins Jenseits mitgegeben wurden, kann man auf die große Wertschätzung schließen, die der Seidenraupe wie der Jade entgegengebracht wurde.

In alten chinesischen Angaben heißt es, daß es zur Chunqiu- (Zeit der Streitenden Reiche) und Qin-Zeit Goldseidenraupen gegeben habe. Um diese Frage ranken sich noch manche Geheimnisse. Ob sich die alten Quellen wirklich auf goldene Seidenraupen beziehen, wenn es heißt, daß es in dem Grab der Frau He Lü mehr als doppelt so viele wie 1000 Goldseidenraupen und Jadeschwalben gegeben habe? In den alten Gräbern selbst fand man sehr wertvolle vollplastische Jadeschmuckstücke in Seidenraupenform oder als Eingravierung, aber keine einzige aus Gold. Echte goldene Seidenraupen tauchten erst in den Gräbern der Song-Zeit auf, bis heute sind sie ein begehrtes Sammelobjekt. Man wird daher zwischen goldenen und Gold-Seidenraupen unterscheiden müssen, den späten goldenen Schmuckstücken und frühen Goldseidenraupen, die einen goldenen Faden spinnen konnten und, aus Jade gefertigt, eine symbolhafte Grabbeigabe darstellten. Entlang der Seidenstraße hat man z.B. in Gräbern von Loulan, Lolang und Kertsch chinesische Seiden geborgen, die einen echten Goldton hatten.

Die Zucht einer Goldseidenraupe findet heute wieder große Beachtung, obwohl ihre Kokons sehr klein und mühsam zu sammeln und zu bearbeiten sind. Vielleicht war die Goldseide in der Frühzeit so wertvoll, weil sie, ohne daß man sie färben mußte, golden leuchtete.

Wie stark die Seidengewinnung mit einer Jenseitsvorstellung verbunden war, belegt eine Grabkammer aus der Nähe von Dunhuang, einer Stadt an der Seidenstraße zwischen den Wüsten Gobi und Taklamakan. Im 3. oder 4. Jahrhundert war die Kammer von Soldaten-Bauern zur Zeit der Drei Reiche angelegt worden und zeigte im vorderen Teil die Arbeiten des Mannes (Jagd, Ackerbau, Viehzucht, Soldatendienst), im hinteren aber die Tätigkeiten der Frau, darunter die Seidenraupenzucht.

Für die Textilgeschichte sind die Ausgrabungen von Anyang, die zwischen 1928 und 1935 von der Pekinger Academia Sinica unternommen wurden, von so überragender Bedeutung, weil die Analysen der Seidenspuren ergaben, daß es sich dabei um echte, vom Kokon gehaspelte, also nicht mit der Hand gesponnene Seide handelte, so daß diese planmäßige Art der Seidengewinnung schon den Shang-Leuten bekannt gewesen sein muß.

Die bisher ältesten Spuren einer fortgeschrittenen Webart chinesischer Seiden aber verdanken wir der Sitte der Shang-Zeit, Bronzegegenstände als Grabbeigabe mit Seide zu umhüllen. Die Stoffe blieben als Oxydationsprodukte erstaunlich gut erhalten.

Als man im Jahr 1937 im Stockholmer Museum für Ostasiatische Altertümer eine eindeutig shangzeitliche Bronzeaxt aus einem Grab bei Anyang untersuchte, fand man überraschend Abdrücke von einem seidenen Köpergewebe; hat man also schon damals solche Seide herstellen können? Sollte der Stoff etwa erst in späterer Zeit um die Axt gewickelt worden sein, obwohl die Fundberichte anderes aussagten? Als nun ein »Gegenfund« gemacht wurde, nämlich ähnli-

che Abdrücke an einer Bronze-Urne aus einem anderen Grab, gab es keinen Zweifel mehr über die frühe Beherrschung der Technik. Gerade bei derartigen Gewebeunterscheidungen geht die Forschung sehr vorsichtig vor, denn auch leinwandbindige Stoffe können durch schräges Verziehen den Anschein einer Köperdiagonale erwecken.
Die Entdeckung des durch Kettfäden erzeugten Rhombenmusters verriet außerdem, daß man imstande war, 14 verschiedene Musterfächer zum Einbringen des Schußfadens zu bilden – eine sehr komplizierte Webtechnik. Somit wäre die hochentwickelte Seidenverarbeitung noch tausend Jahre vor den Streitenden Reichen und der Han-Periode anzusetzen, nämlich in der Shang-Periode (16.–11. Jh. v. Chr.).
Zwei Fundstellen vor allem werden in die Geschichte der Seide Chinas eingehen, denn die bisher wunderbarsten, reichhaltigsten Seidenschätze wurden aus zwei Gräbern, den von Mashan und Mawangdui, geborgen. Das ältere Mashan-Grab stammt aus der Zeit der Zhou aus der mittleren oder späteren Periode der Streitenden Reiche (475–221 v. Chr.). Man fand es in der Nähe einer Ziegelei in der Provinz Hubei, dort, wo in vergangenen Zeiten die belebte Hauptstadt der Zhou-Könige an einer strategisch wichtigen Nord-

Farbige Stickerei in Kettenstich auf naturfarbener Seide in blau, rot und dunkelbraun aus dem Grab von Mawangdui, Provinz Hunan. Ältere Han-Zeit, ca. 150 v. Chr.

Südverbindung lag. Das Gräberfeld vor den Toren der längst verfallenen Stadt umfaßte 700 Gräber, in denen Mitglieder der Königsfamilie und der Aristokratie beigesetzt waren.
Schon das Grab Nr. 1, das als einziges geöffnet wurde, barg neben Bronzegefäßen, Lack- und Bambusarbeiten einen kunstvoll geflochtenen schwarz-roten Fächer, wie man ihn in solcher Vollendung bisher nicht kannte, und vor allem erstaunliche Textilien.
Der verstorbenen Dame waren vier Holzfiguren als Dienerinnen mitgegeben, deren Gewänder nicht gemalt, sondern aus tiefroter Seide genäht waren. Das Aufregendste war, daß man erstmalig eine ganze Sammlung, ja geradezu Garnituren von Kleidungsstücken entdeckt hatte. Im Sarg lagen unter einem Bambuszweig und einer gröberen braunen Seidendecke Blusen aus einfacher Seide, aus Gaze und Brokat, dazu Röcke, Mützen, Schuhe und große Bettdecken aus Seidenbrokat, die zusätzlich mit reichen Mustern überstickt waren. Bald stellte es sich heraus, daß man die am besten erhaltenen bestickten alten Kleidungsstücke Chinas vor sich hatte.
Hier ließ sich auch das Rätsel der Borten lösen, die man von Malereien her an Gewandsäumen kannte. An den Originalgewändern konnte man sehen, daß diese nicht nur dem Schmuck und der Schönheit gedient hatten, sondern bei der leichten Seide für Festigkeit und Haltbarkeit der Kleidung nötig waren. Man fand die Bordüren in zwei Ausfertigungen, breit und schmal. Der als »Balustradenbrokat« bezeichnete schmale Besatz wurde aus bunter Seide auf schmalen Webstühlen gewebt und ließ sich vollkommen frei mustern, wie kleine, nicht wiederkehrende Motive einer Jagdszene erkennen lassen. Die auf breiten Webstühlen gewebten Brokate zeigten große, regelmäßig wiederkehrende Muster mit Drachen-, Tiger- und Tänzerpaaren, durch Zickzackornamente getrennt. Alle Borten waren aufgenäht worden. Unter mit Glasschmuck verzierten Seidenbändern lag das wohl schönste Textilkunstwerk aus diesem Grab, eine große ungefütterte Decke aus Seidengaze. Ihre gesamte Fläche war in ganz enggestellten Kettenstichen mit verschlungenen schmalen Drachen- und Phönixfiguren und mit floralen Ornamenten in üppigen Schwüngen geschmückt, ähnlich den Motiven auf Bronzespiegeln und Lackgefäßen der damaligen Zeit. Die Eleganz der Formen könnte auf Künstler schließen lassen, die mit dem Werkzeug ›Pinsel‹ vertraut waren. Die spiegelbildlich angeordneten Hauptmotive sind durch das

Ausschnitt aus leichtem, ungefüttertem Gewand mit dem Drachen-Phönix-Tiger-Motiv. Mehrfarbige Stickerei in Kettenstich. Grab Mashan, Prov. Hubei. Zeit der Streitenden Reiche (475–221 v. Chr.)

Einfügen von verschiedenen Symbolen aufgelöst: von Herzblättern, Wirbeln und drei zusammengefaßten hellen Punkten, wie sie später osmanische Herrscher auf ihren Stoffen trugen. Die Farben, rot in drei Schattierungen, gelb, blau, grün, schwarz und weiß, waren noch vollkommen frisch. Die Archäologen datierten das Grab auf ca. 278 v. Chr., vielleicht sogar früher.

Bei den reichen Seidenfunden allein aus diesem einzigen Grab kann sich die Phantasie kaum ausmalen, was in den hunderten anderen wohl verborgen sein könnte. Der Gräberbezirk wurde vorerst unter staatlichen Denkmalschutz gestellt. Viele Seidenstoffe, unberührt und frisch, werden nun, vor modernen Grabräubern gesichert, für lange Zeit weiterruhen können.

Alte Quellen wie das *Zuozhuan* und das *Chunqin* berichten, welch großen Wert die einzelnen Königreiche darauf legten, in Seidenzucht und Weberei mit den Nachbarn mithalten zu können. Als die Zhou in das Königreich Lu einfielen, verlangten sie als Vorbedingung für den

Rückzug, daß die Lu ihnen 100 Seidenweber, eine große Anzahl von im Seidengewerbe geübten Frauen und etliche Künstler auslieferten. Das Königreich Lu, Heimat des Konfuzius und altes Seidengewerbeland, war wichtig für das Zhou-Reich, dessen Könige streng auf die alten Riten achteten und daher für genügend Kultgewänder sorgen mußten. Sie unterhielten große königliche Seidenmanufakturen, in denen zahlreiche Fachkräfte beschäftigt waren. Beides, die herrschaftliche Förderung von Manufakturen wie auch die Auslieferung von Fachleuten an den »Feind«, hat sich unzählige Male in der Kulturgeschichte wiederholt, nicht nur in China.

Wir können die Forderung der Zhou gut verstehen, wenn wir die hochentwickelten Seidenstoffe aus Gräbern der Han-Zeit betrachten – etwa in der Ausstellung *Kunstschätze aus China*, wo sie zusammen mit vielen anderen erlesenen Grabbeigaben für den Kaiser Qin Shi Huangdi (221–210 v. Chr.) in vielen europäischen Städten gezeigt wurden.

Die meisten Funde stammen aber aus Gräbern der Westlichen Han-Dynastie. Eine ähnliche Überraschung wie das Frauengrab in Mashan barg das Grab Nr. 1 in Mawangdui, das 1972 bei Changsha in der Provinz Hunan geöffnet wurde. Man kannte sogar den Namen der Verstorbenen. Es war die »Marquise von Dai« (185–165 v. Chr.). die Marquise war eine reiche und bedeutende Frau, sie besaß ein Lehen von 700 Haushalten. Dem entsprach ihre Garderobe. Es fanden sich mehr als einhundert tadellos erhaltene Seiden, darunter allein 85 Kleider. Es ist ein besonderer Glücksfall, daß sie alle damals gängigen Seidenarten enthielten, die man genau klassifizieren kann.

Gefunden wurden »einfache« Taftgewebe (juan) mit gleicher Fadenzahl in Längs- und Querrichtung, sowie Ripsgewebe, die bei dichtstehender feiner Kette weniger, dafür dickere und weicher füllende Schußfäden enthielten. Einige Gewänder mit langen Ärmeln und einer kostbaren Einfaßborte bestanden aus Gazestoff (sha). Man entdeckte auch den sog. »Han-Damast« (qi), dessen Rhombenmuster durch Kettübersprünge (Flottierungen) entstehen, einen besonders festen Seidenstoff. Der Weber hatte für die Breite von 50 cm 3300 Kettfäden herrichten müssen. Ganz zauberhaft zart waren die Drehergazeschleier (Luoqi), mit feinen Lochmustern verziert, und es gab auch die edelste Seide, den farbigen Brokat (jin), mit reichen Mustern und Gold- und Silberfäden. Sogar Samtbrokat (rongjuan) war unter den Beigaben, dessen farbiger Flor komplizierte Ornamente bildete, die beim Weben mit Stäbchen hochgezogen wurden. Mehrere einfarbige Kreppgewänder waren mit Borten aus diesen kostbaren Samten eingefaßt.

Die Stoffe aus dem Grab von Mawangdui wurden sehr genau untersucht. Wenn wir uns vorstellen, daß ein fast durchsichtiger Blusenstoff so dicht gewebt war, daß 84 Kettfäden auf 1 cm, das sind nicht mehr als 2 Rechenkaros, in der Stoffbreite nebeneinanderliegen und 30 Schußfäden auf 1 cm in der Höhe, so erhalten wir eine Bestätigung von dem enormen Können der Seidenweber. Von einem Gazestoff von 58–68 Fäden in der Kette und 40–50 Fäden im Schuß je cm wog ein Quadratmeter nicht mehr als ganze 12 g. Unglaublich leicht waren auch die Seiden für die Tänzerinnen. Man fand ein 1,28 m langes Gewand mit Ärmeln von 1,90 m Länge, die die Schönen in anmutigen Bewegungen weit schwingen lassen konnten. Das Tanzkleid war nicht schwerer als 49 g und ein unverarbeitetes Seidenstück von 49 cm Breite und 45 cm Länge wog 1,8 g.

Daß spätere Zeitgenossen diese Feinheiten für unglaublich hielten, ehe sie sich selbst überzeugen konnten, geht aus dem Bericht des arabischen Kaufmanns Suleiman hervor, der in der ersten Hälfte des 9. Jahrhunderts China bereiste. Er schreibt:

»Die allerbeste Seide bleibt dem König vorbehalten. Die Kleider der chinesischen Eunuchen und Generäle sind aus Seide erster Güte, die nie in arabische Länder ausgeführt wird. Sie erzielt in China selbst, wo sie sehr begehrt ist, außerordentlich hohe Preise. Einer der größten Kaufleute, dessen Wort nicht angezweifelt werden kann, berichtet, er habe mit dem Eunuchen gesprochen, den der König in die Stadt Chanfu (Kanton) geschickt hatte, damit er dort vor allen anderen Käufern unter den Waren auswähle, die aus Arabien gekommen waren, und die der König für sich begehrte. Der Kaufmann sah auf der Brust des Eunuchen ein Muttermal, das durch die seidenen Gewänder hindurchschimmerte. Er schätzte bei sich, daß der Eunuch ein zweifaches Gewand trug. Da der Kaufmann seinen Gesprächspartner so eindringlich musterte, sagte der Eunuch zu ihm: ›Ich sehe, daß du immerfort meine Brust betrachtest, und wüßte gern, warum.‹ Der Kaufmann erwiderte: ›Es verwundert mich, daß ein Muttermal durch ein zweifaches Gewand hindurch zu sehen ist.‹ Da begann der Eunuch zu lachen, und indem er dem Kaufmann den Ärmel seines

Gewandes zeigte, sagte er: ›Zähle selbst, wie viele Gewänder ich trage.‹ Der Kaufmann zählte sie, und es waren fünf, eins über dem anderen, und durch alle fünf hindurch erschien das Muttermal. Die durchsichtige Seide ist rohe Seide. Die Seide, die dazu dient, die Könige zu bekleiden, ist von noch besserer Qualität und noch wunderbarer« (Boulnois).

Die in Mawangdui beigesetzte Marquise lag auf Kissen mit einem Bezug aus fünffarbigem, mehrschichtigen Brokat. Das Muster war so kompliziert, daß es sich in der Breite nicht wiederholte und für die Musterhöhe von fast 4 cm etwa einhundert Schußfäden einzutragen waren! Offensichtlich hatte die Schönheit des Musters Vorrang vor Zeitersparnis und Bequemlichkeit, obwohl man die Genialität der rationellen webtechnischen Einrichtung bewundern muß.

Die Marquise von Dai hatte ähnlich der Dame in Mashan Holzpuppen als Dienerinnen bei sich. Sie scheinen in üppig gemalte Kleider gewickelt, die mehrfach um den Körper herumgelegt getragen wurden. Die Originalstoffe sind neben ihnen erhalten. Es sind ungemustert gewebte, hell eingefärbte Seidenstoffe, die überreich mit farbigen Ornamenten in Kettenstich bestickt waren. Diese zarten seidenen Stickketten überziehen als Linie oder Kompaktform die gesamte freie Stoffläche, so als wären sie mit dem feinsten, an- und abschwellenden Pinselstrich gemalt, der einem Kurvenlineal gefolgt sein könnte. Nichts wiederholt sich und doch fällt nichts aus der Komposition. In China dachte man bei diesem Dessin an ziehende Wolken, die Stickereien wurden »Wolkenmuster« genannt. Einige Gebilde erinnern an die Form des »Pik-As« auf unseren Spielkarten und an Applikationen, bei denen man nicht weiß, ob die gestickte Form oder der unbestickte Grundstoff das wichtigere Element ist, vielleicht vergleichbar mit den Schwüngen chinesischer Scherenschnitte, bei denen nicht die Schere, sondern das Papier in ununterbrochener Linie geführt wird.

Praktische Versuche von v. Erdberg geben uns aufregende Einblicke. Danach hätte eine Stickerin mehrere Jahre an einem einzigen Gewand, wie sie in Mawangdui gefunden wurden, arbeiten müssen. Durch fast unmerkliche Unterschiede kann man feststellen, daß mehrere Personen an einem Stück beschäftigt waren, die völlig aufeinander eingestimmt sein mußten, denn es fanden sich keine Spuren von Vorzeichnung. Nur von frühester Jugend an geschulte Fach-

Zeichnung einer Grabfigur aus der westlichen Han-Periode (Vorder-, Rück- und Seitenansicht)

kräfte konnten in einem solchen Schwung und solcher Eleganz der Linienführung arbeiten, die dem Seidenmaterial zu höchstem Glanz verhalfen. Es scheint so, als ob die Seidenarbeiterinnen nicht nur Spezialstickerinnen waren, sondern immer wieder nur ein einziges Muster herstellten. Dazu muß es eine Art Formenkanon gegeben haben, denn man fand fast identische Muster auch in Gräbern aus anderen Gebieten.

Noch einmal zurück zu den Schätzen in der Grabkammer der Marquise von Dai: Es gab darin eine nur einmal gefundene außergewöhnliche Stickerei in Satin- und Plattstich, ausgeführt in feinster Seide. Statt der üblichen Arbeitsfadenstärke von 0,5–1 mm hatte der Faden eine Stärke von nur 0,1 mm. Die stilisierten Pflanzen auf der Seide waren zusätzlich mit Federn geschmückt, um die Kostbarkeit der Decke noch zu erhöhen. Sie hatte ihren Platz im Innern des Sargs gefunden.

Galten schon einfarbig gewebte, bestickte Seiden als höchst aufwendig, so müssen gemustert gewebte Drehergewebe und Brokate, die mit Stickerei überzogen wurden, der Gipfel an Reichtum und Luxus gewesen sein. Ein solches Stück war der Marquise beigegeben. Ein streng geometrisches, noch dazu verschachteltes Rhombenmuster wurde in freier Improvisation mit Kettenstichmustern schwungvoll verziert, wobei es nicht gelingen konnte, beide Stile miteinander zu vereinen. Das wurde auch so empfunden, denn ein altes chinesisches Sprichwort, das den Versuch, Schönheit zu übertreiben, ausdrückt, heißt: »Dem Brokat Muster hinzufügen« (jinshang tianhua) (Laumann). Ganz offensichtlich wurde hier das Gespür für künstlerische Harmonie dem Prunk geopfert.

Schließlich sehen wir auch die verstorbene Dame selbst im Kreis ihrer Untergebenen, dargestellt im schwarz-roten Gewand in der Mitte eines Totenbanners aus bemalter Seide. Ihr Kleid ist übersät mit geschwungenen Linien in Kettensticharbeit, ihre Diener und Dienerinnen tragen einfarbige Seide. Wir können uns ausmalen, wie die Totenfahne weithin sichtbar der langen Beerdigungsprozession vorangetragen wurde. Am Begräbnisort Mawangdui hatte man sie auf den inneren Sarg gelegt. – Auf die Seide der Fahne waren nach den Schöpfungsmythen und Jenseitsvorstellungen der damaligen Zeit schuppige Schlangendrachen, die Gestirne, ein Lebensbaum und Menschen- wie Tiergestalten gemalt. Die Malerei auf dem »mingjing«, dem Banner der Verstorbenen, wirkte so frisch, als wäre sie gerade aufgetragen. Mit gemahlenem Zinnober, Azurit, Malachit und einem Bindemittel ausgeführt, auch mit Gold- und Silberstaub versehen, war sie als seidenes Kunstwerk bisher einzig in ihrer Art.

Das Totenbanner wurde auch »feiyi« genannt, das heißt: »Gewand zum Flug der Seele in das Jenseits«. Vielleicht hatte daher das Banner eine T-Form, wodurch Ärmel angedeutet werden sollten. Seine Länge maß 2,05 m, die Breite des langen unteren Teiles 47,7 cm, die des oberen Teiles 92 cm. An den vier Ecken hingen seidene Quasten.

Unglaubliche Pracht entfaltet sich vor unseren Augen, wenn wir von den weiteren Beigaben dieses Grabes hören. Außer den Schätzen an Seidentextilien waren älteste Musikinstrumente, darunter eine Wölbzither und ein ganzer Satz von Bambusflöten erhalten. Eine Flöte lag in einer Hülle aus Seidenbrokat. Zwölf weitere steckten zusammen in einem bestickten Seidenfutteral. Zu den Gegenständen, deren man sich im Jenseits erfreuen sollte, gehörten Lack- und Keramikarbeiten, Trinkschalen und Eßgeschirr, Weinkrüge, Bänke, Wandschirme. Die schwarz-roten Lackschalen haben seidenfadenfeine Verzierungen. Man hatte Geldschnüre und Bambustafeln mitgegeben, Tongefäße mit Gemüse, Getreide und Obst, Diener- und Dienerinnenfiguren, sogar ein Tanz- und Musikensemble für Festzeiten, schließlich 48 Bambustruhen mit allem nötigen Hausrat, von Strohmatten bis zu Heilkräutern, alles wohlverschlossen mit dem Siegel »Verwalter der Hofhaltung des Marquis Dai«.

Seelenbanner, Malerei auf Seide. Grabfund Mawangdui, 2. Hälfte des 2. Jh. v. Chr.

Außergewöhnlich reiche und unerwartete Funde bargen chinesische Archäologen im Turfanbecken, das heute zum Uigurischen Autonomen Gebiet gehört. Wichtig waren besonders Gaochang und Astana, zwei Stätten in der Nähe von Turfan, das früher ein bedeutender Warenumschlagplatz an dem nördlichen Seidenstraßenzweig durch Zentralasien war. Heute bildet es ein Zentrum für ein Oasengebiet, das fünfmal so groß ist wie die Schweiz. Für immer verlassen wurde dagegen die ehemalige Königsstadt Gaochang, die um das Jahr 1400 unterging, nachdem sie 1500 Jahre bestanden hatte. Sie war ursprünglich Garnison für chinesische Soldatenbauern gewesen und ähnlich schachbrettartig angelegt wie die Hauptstadt Chang'an. Bei dem zweiten Fundort, dem Dorf Astana, befanden sich die Grabstätten der ehemaligen Königstadt. Man entdeckte dort über 1000 Gräber, alle wohlgeordnet nach Sektionen und Sippen, mit Inschriften versehen. Mehr als 400 dieser Gräber wurden geöffnet und ausgewertet. Sie stammen aus der Zeit der Jin- (265–420) und der Tang-Dynastie (618–906). Ein sonderbarer, aber aufschlußreicher Fund waren einige Särge und Totengewänder aus Seiden-Papier, die vorwiegend aus Abrechnungen der Poststationen, aber auch Anträgen auf Reisepässe zum Nachholen der Familien in diese ferne Gegend bestanden. Ein Dokument verrät uns auch, daß ein Kaufmann 235 Ballen und 24 Fuß Seide für Heilmittel bezahlt hatte.

Vermutlich voller Stolz trug ein Herrscher in der Turfanoase ein Seidengewand mit den eingewebten Schriftzeichen »König der nördlichen Barbaren«!

Von Turfan hieß es »Pelze braucht man am Morgen und Seide zur Mittagszeit«, wenn man das Klima charakterisieren wollte. Die Funde scheinen zu beweisen, daß die Mittagszeit weitaus angenehmer war. Mehr als 1000 Stück Seidengewebe wurden geborgen, darunter mit Blau und Silber bemalte Gaze, fein wie ein Zikadenflügel, farbenprächtige Brokate, Damaste, Stickereien, ungefärbte und gefärbte Seidenstoffe. Man fand aber auch farbfrische kleine Dinge wie bunte bequeme Schuhe, Sträuße aus naturgetreuen Seidenblumen, hergestellt aus vielen kleinen Seidenresten. Die Damen müssen genügend Muße gehabt haben, um solche kleinen Kostbarkeiten anzufertigen. Bei uns wird ihre Kunst begeistert wieder aufgenommen.

Bei der extremen Winterkälte und dem feinen Lößstaub aus den Wüsten mußte man im Turfangebiet das Gesicht mit Seidentüchern schützen. Solche Tücher, »Fumian« genannt und meist kostbar und reich gemustert, breitete man auch über die Gesichter der Verstorbenen. Da gab es zum Beispiel Kreismuster, die an den »vier Himmelsrichtungen« ausdrucksvolle Betonungen, d. h. »Edelsteine« hatten; Hirsch- und Eberkopfmotive erinnern an »Persien«. Die Seiden waren so begehrt, daß sie bald in örtlichen Werkstätten gewebt wurden.

In einer anderen Gruppe der Astana-Funde ist ein rotgrundiger Brokat überreich mit Blumen und Vögeln locker gemustert wie eine Blumenwiese. Zum Zusammennähen ist eine Ornamentkante in kleinerem Muster angewebt. Würde man das Muster vergrößern, wäre das kleine Brokatstück im Muster einem vollendeten Orientteppich ähnlich. Vielleicht sind Muster wie »Glückbringende Blumen«, »Blüten- und Staubgefäß-Muster«, vor allem aber »Schneeflocken-Muster« auf das Klima an der dortigen Seidenstraße zurückzuführen. Die Schneeflocken-Muster vertrösten auf den nächsten Sommer mit der Inschrift: »Reichlicher Schnee, fruchtbares Jahr« (Natschläger). Ein Stoff mit dunkelblauem Grund zeigt den Einfluß der zoroastrischen Religion in der Darstellung von Feueraltären mit Widdern, Vögeln und Trauben.

Eine besonders unerwartete Überraschung für die Ausgräber war ein ganz feines Bändchen aus dem 7. Jahrhundert in Bildwirkerei, sehr sorgfältig in acht Farben ausgeführt. Bisher hatte man diese Technik für China wesentlich später angesetzt. Man nannte sie die »Weberei des unterbrochenen Schußfadens«. Mit dem verhältnismäßig unscheinbaren Stück fand man ein ganz wichtiges Indiz für die frühe Kenntnis der Seidenwirkerei, die zur Songzeit (960–1279) ihre höchste Blüte erleben sollte (wie in Kap. VII beschrieben). Sogar Beispiele an raffinierter Druck- und Maltechnik wurden in den Astana-Gräbern entdeckt. Man hatte Rohseidenstoff mit alkalischen Lösungen bemalt, die den Seidenleim beseitigten. Anschließend färbte man die Stoffe. An den gelösten Stellen konnte die Farbe leichter eindringen und das Muster kam dunkel und kräftig zum Vorschein. Die Technik war sogar für eine Mehrfarbenbehandlung für großzügige Tierdarstellungen angewendet worden.

Betrachten wir die Seidenmalereien, so können wir am damaligen Leben in einer Oase an der Seidenstraße unmittelbar teilnehmen. Da sitzt eine Dame, sorgfältig frisiert mit Blumenschmuck im Haar im

geblümten roten Seidengewand am Gospielbrett, dem Weiqi-Schach, und bedenkt ihren nächsten Zug. Daneben tummeln sich Kinder in buntgestreiften Trägerhosen auf einer Wiese und pflücken Blumen. Eine Dame mit langem rostroten Rock und buntgeblümtem Seidenjäckchen, unter dem lange zimtfarbene Ärmel hervorschauen, hat anscheinend mit einem zierlichen Vogel gespielt... Noch mehr erfahren wir von den anderen Grabbeigaben, vor allem von der Keramik. Farbig und lebensnah sind Pferde und Reiter, Kamele und ihre Treiber und sogar Angehörige fremder Volksstämme in ihren kleidsamen Trachten dargestellt, wobei die Damen wohl Baumwolle oder Wolle tragen, denn ihre Gewänder haben nur wenig Faltenwurf. Eine der Damen in rotgrüngestreiftem Rock trägt einen Gürtel, wie er dem gefundenen echten Stoffgürtel in Bildwirkerei fast genau entspricht. Die Verzierung ihres knappen Jäckchens könnte sogar an indische Ornamentik erinnern. Um die Schultern des Figürchens hing ein hellgrüner, gemusterter Schal... Man könnte das ganze Kostüm nachschneidern und wäre heute damit apart angezogen!
Nachgebildet in rotem Ton fand man eine Seidenraupe und selbst kleine Kuchen in Blumenform blieben aus den Bäckereien von vor 1200 bis 1300 Jahren erhalten. Eine großzügig geformte und bemalte Gruppe, deren Figuren man beliebig verteilen kann, zeigen Frauen bei der Hausarbeit. Eine von ihnen rollt dünne Fladen aus.
Eine solche Reichhaltigkeit von Zeugnissen aus »Grabkammern und versunkenen Stätten« soll uns noch einmal zu einem Blick in die Welt voller Leben und Geschäftigkeit führen: einem alten Bilddokument aus der Han-Zeit. In der damaligen Hauptstadt Chang'an herrschte ein reges Leben und Treiben, ein Kommen und Gehen von Menschen aller Art aus dem In- und Ausland. Dazu gehörten Schausteller, Handelsmissionen, Gesandtschaften, Tributpflichtige, die allesamt mit großem Gefolge kamen. Die Seide spielte dabei die Hauptrolle als wichtigstes und begehrtestes Handels- und Tauschobjekt. Aus dieser Epoche ist uns eine Steinabreibung erhalten geblieben, die einen Seidenladen zeigt, wie er vor 2000 Jahren in vielen Städten und an vielen Handelsplätzen im Alten China betrieben werden konnte.

Wir können zusehen, wie zwei in reiche Gewänder gekleidete Kunden sich dem Haus eines Seidenwebers nähern, anscheinend um einzukaufen. Der Meister sitzt bei der Arbeit am Webstuhl. Deutlich sieht man, wie er die Tritte bedient. Er wendet sich zu seiner Frau

Seidenladen. Abreibung einer 2000 Jahre alten Steintafel

um, die mit einem Rad Seide haspelt oder Spulen zum Weben vorbereitet. Im Laden hat eine anscheinend gewichtige Persönlichkeit bereits Platz genommen. Allerlei wohl fertige Seidenwaren hängen von der Decke herab. Rund um den Laden tummeln sich Musikanten, Akrobaten und ihre Tiere – offenbar findet gerade eine der damals so beliebten Volksbelustigungen statt. Die Szene stammt aus der Zeit, als China noch das uneingeschränkte Edelseidenmonopol besaß. Vielleicht suchte der Käufer einen Seidenstoff mit dem für die Han-Zeit typischen Rhombusornament, vielleicht hatte er sogar Geld genug, um eine so komplizierte Musterabwandlung zu erwerben, in der zwei seitliche kleine Rhomben die große Form kunstvoll überschnitten.

Das Muster hatte eine besondere Bedeutung, denn es gehörte zu den acht Kleinodien, man glaubte an seine magische Ausstrahlung. Die Verbindung mehrerer Rhomben war ein Zeichen für ein altes Jade-Musikinstrument; das ganze ein Symbol für Siegesgewißheit.

Jahrhunderte später, inmitten der glänzenden Tang-Zeit wird in der Hauptstadt Chang'an die weltoffene Aufnahme vieler Einflüsse aus den westlichen Regionen sichtbar. Kreis- und Medaillonmuster werden als exotische Neuheit begehrt und in großer Ausgewogenheit für

den Eigenbedarf geschaffen, bis die Stadt vom Schicksal schwer getroffen wurde. Der Kaiser Minghuang (713–756), die »Strahlende Majestät«, verringerte, um für die Abwehr der Araber die nötigen Mittel aufzubringen, die Hofwerkstätten um 120000 Fronarbeiter. Die kaiserlichen Seidenwebereien wurden völlig geschlossen. Später brandschatzte der Verräter An Lushan die Städte Chang'an und Luoyang, womit die Holzarchitektur der Paläste und die Seiden, die sie schmückten, unwiederbringlich verloren waren. Während der bis heute unvergessenen Kulturepoche spielte die schöne Yang Guifei als Kaisergemahlin eine bedeutende Rolle. Sie beschäftigte allein 700 Stickerinnen in ihrem Palast. Dargestellt auf einer seidenen Bilderrolle im seidenen Reitkostüm wurde sie fast weltberühmt. Doch ihre Intrigen wurden ihr zum Schicksal, sie wurde erdrosselt, und der Kaiser wandte sich taoistisch-spiritistischen Praktiken zu.
Diese Zeit der Wirren leitete eine neue Periode ein, in der Zerstörtes nicht mehr im alten Stil ersetzt wurde. Durch glückliche Umstände

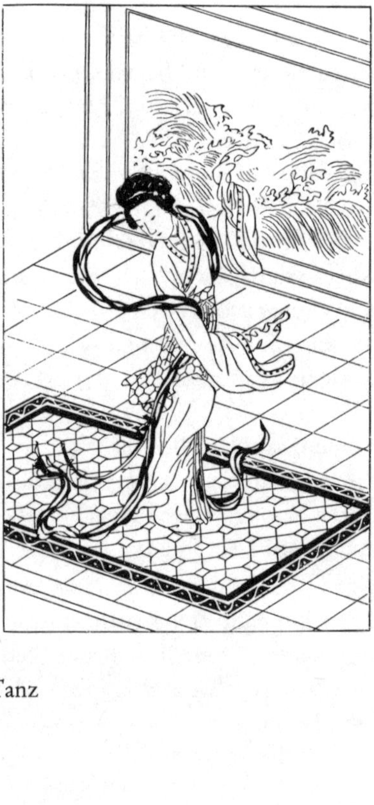

Yang Guifei beim Tanz

haben sich dennoch einige jener Schätze erhalten. Nicht in Grabkammern, aber in rein chinesischen Bauten mit chinesischer Ausstattung in den japanischen Städten Nara und Kyoto, vor allem im Toshodaiji-Tempel und dem Schatzhaus Shosoin, das die Witwe des Shomu-tenno mit dem Inhalt des Kaiserhaushaltes großzügig stiftete. Dort können wir die Tang-Seiden bewundern, die Medaillonseiden, die Rosettenbrokate und die Weinranke, die den Phönix umkränzt. Farbig schimmernd überziehen die Seiden noch heute die Armlehnen der Kaiserlichen Sitze.

Auch unter der Mongolenherrschaft ging die Seidenproduktion in China weiter. Im Jahre 1223 ließ sich der Mamlukensultan Nasir 700 Seidengewebe mit eingearbeitetem Namenszug durch eine östliche Gesandschaft senden.

Über Venedig wanderte die Seidenpracht in die abendländischen meist ostdeutschen Städte, Kirchenschätze und Gräber. So kommt es, daß wir als dem fernsten Glied in der Kette chinesischer Seidenfunde,

Phönix im Weinrebenkranz. Chinesische Seide. Erhalten in Nara/Japan (9. Jh. oder früher)

im Schatz der Danziger Marienkirche, einem urchinesischen Drachen aus schwarzem Goldbrokat begegnen.
Funde unserer Zeit wurden mit archäologischen Bergungstechniken sichergestellt. Sie stammen aus systematischen Ausgrabungen von Ruinen, Zufallsfunden in Höhlen und Grotten und der Öffnung von Gräbern, die noch vor einem halben Jahrhundert als absolut unantastbar galten, durchgeführt ohne Zeitdruck und Konkurrenz, abgesichert unter staatlichem Denkmalschutz. Die Arbeiten werden fortgesetzt. Mit Sicherheit werden sie weitere Lücken in der Seidenforschung schließen, vor allem seit in China noch mehr datierbare Grabstätten erschlossen werden.
Schon durch die bisherigen Ergebnisse lassen sich manche Legenden auf ihre realen Fakten zurückführen. Sie werden auch den Nachfahren helfen zu verstehen, auf welche Weise schon Jahrhunderte, bevor der Seidenhandel zur Han-Zeit nachweisbar ist, gemusterte Seidenstoffe in die Gräber Eurasiens gelangen konnten: bereits im 6. Jahrhundert vor unserer Zeitrechnung zum Heuneburg-Ringwall südlich der oberen Donau in Südwest-Deutschland oder rund 200 Jahre später nach Pazyryk im Altai. Auch die Fundstücke in Griechenland, auf der Halbinsel Kertsch im nördlichen Schwarzen Meer, im unteren und mittleren Ural, in Noin Ula in der nördlichen Mongolei u. a. fordern heraus, diesem erstaunlichen Austausch nachzugehen.

XII
... und ein Geheimnis den meisten

Die Seide Chinas hat schon im Altertum die Menschen im Westen fasziniert – nicht nur Frauen, wie man annehmen könnte, sondern Feldherren, Politiker, Dichter, Philosophen, Historiker, Geographen, Kleriker. Nur langsam nahmen die Vermutungen über den rätselhaften Stoff deutlichere Formen an. Die Griechen gaben ihm den Namen Sericon: Im Land der Serer sollte er gefertigt sein, »Ser« war ihre Bezeichnung für echte Edelseide aus China. Der Feldherr Nearchos besaß Seidengewänder als Beutegut aus der Teilnahme an den Feldzügen Alexanders des Großen – so berichtet Strabo; Alexander soll seinem Lehrer Aristoteles (384–322 v. Chr.) echte Seidenraupen geschickt haben. Jedenfalls wurde eine Raupe ziemlich exakt von Aristoteles in seiner Naturgeschichte beschrieben. Eine Beschreibung des »Wurmes« existierte, doch »die Seide« blieb ein Rätsel. Um das Jahr 150 v. Chr. tauchten die ersten chinesischen Seidengewebe in Rom auf. Sie wurden begeistert aufgenommen. Nichts von den heimischen, noch so edlen Stoffen glich diesen Serica. Weder die Byssusgewänder aus Ägypten, in denen die Frauen den Berichten nach aussahen »schön, wie der Wein im Glas«, noch die fast ebenso durchscheinenden Gewebe der Insel Kos. Seide erlaubte einen unnachahmlichen Faltenwurf und schmiegte sich besser als jeder andere Stoff den Körperformen an.
Die Damenwelt Roms war begeistert, auch die Helden der Zeit, Cäsar und Pompejus, schätzten sie sehr. Als Cäsar bei seinem triumphalen Einzug in Rom Seidenbahnen über den Köpfen der Menge aufspannen ließ, kannten Begeisterung und Bewunderung keine Grenzen. Allerdings wurden nicht jeder Frau die Wünsche nach Seide erfüllt. Vergebens bat die Gemahlin Kaiser Aurelians um einige Seidenmäntel. Der Kaiser antwortete, er sei nicht bereit, Seide mit

Gold aufzuwiegen (Tertullian in *De vestibus feminarum*). Seide war also ein unerhörter Luxus, und die Begehrlichkeit auch der Männer für solchen Luxus ist bezeugt. Der Kaiser Caligula (37–41) erhielt den Spottnamen »Sericatus«; Heliogabalus kleidete sich fast ausschließlich in Seide. Bei seiner Thronbesteigung 217 glänzte er als syrischer Sonnenpriester in einem überaus kostbaren, purpurfarbenen Seidenmantel. Tacitus warnte immer wieder vor der Verweichlichung der Männer, die sich in Seide kleideten. Es kam zu Verboten und zu Senatsbeschlüssen gegen den Seidenverbrauch. Trotzdem griff der Luxus um sich und breitete sich über die gesamte antike Welt aus. Chinesische Edelseide hatte das Abendland erobert.

Sie kam – über die Seidenstraßen – als fertiger Stoff und wurde »Holoserica« genannt. Seide kam auch als Stoff, den man auflösen konnte, um die Seidenfäden zu verweben. Diese Erzeugnisse, übrigens ebenfalls maßlos teuer, hießen »Subserica«. Es kamen aber auch seidene Garnstränge aus China, die als »metaxa« oder »mataxa« bezeichnet wurden. So benennt der Dichter Lucilius im 2. Jahrhundert strangartig gewundene Fäden. In Justinians Pandekten, im 4. Jahrhundert, erscheint die Strangseide als steuerpflichtige Importware.

Da der Vordere Orient, ebenso wie Ägypten, über eine hochentwikkelte Webkunst verfügte, wurde die Seide dort verarbeitet. Teilweise färbte man sie vorher – auch die Färberei, besonders die Purpurfärberei stand in höchster Blüte –, um nicht nur Bekleidungs- und Besatzstücke, sondern auch Wandteppiche und farbig gemusterte Seidendecken anzufertigen, die man besonders schätzte. Der Verbrauch an Seidengeweben wuchs im Römischen Reich mit seinen Provinzen, er wuchs in Byzanz, in Karthago. Dort mahnte schon im 3. Jahrhundert der Bischof Cyprian, daß es eines Christen nicht würdig sei, Seide zu tragen. Vergebens tadelten auch die Päpste den Seidenluxus. »Jeder, der nicht in Seide gekleidet geht, wird als menschenscheuer Mönch angesehen«, schrieb Hieronymus an den Bischof Marcellus Mitte 4. Jahrhundert.

Im Frühsommer des Jahres 53 v. Chr., in der Schlacht bei Carrhae, hätte sich keiner der bedauernswerten Legionäre, die unter dem Konsul Crassus in Syrien kämpften und als erste römische Soldaten Seide zu sehen bekamen, vorstellen können, daß der Stoff ein so ungemein angenehmes und friedliches Lebensgefühl bedeuten könnte. Im Gegenteil, nachdem die Soldaten lange standgehalten hatten, sahen sie voller Schrecken, wie die Parther riesige, in der Sonne gleißende Banner entfalteten. Der unerwartete Anblick einer unbekannten Materie soll wie ein lähmender Schock gewirkt haben. Die Auflösung der Truppen begann und führte zur schweren Niederlage für das Römische Imperium. So trug die Seide Chinas zum Sieg der Parther über die Römer entscheidend bei, wie uns der Schriftsteller Florus überliefert hat.

Später war die Seide so allgemein bekannt, daß sie zum Lebensluxus gehörte. Von zahlreichen Feldzügen wurde sie als reiches Beutegut mitgebracht. Selbst Alarich forderte im Jahre 409 für seinen Abzug vor Rom außer Gold die Übergabe von 4000 Tuniken aus reiner Seide. Außerdem war Seide im Vergleich zu den ersten Importen billiger geworden, weil es inzwischen neben dem Landtransport auch den Transport auf dem Seeweg gab. Bei dieser Begehrlichkeit im Westen nimmt es nicht wunder, daß man dem Geheimnis der chinesischen Seidenproduktion auf die Spur zu kommen versuchte. Die Parther, so erfuhren die Römer (soweit nicht die Parther das, was sie wußten, als Geheimnis wahrten) bezogen die Seide ihrerseits weither aus dem Osten. Das »Land der Serer« wurde in immer weitere Ferne gerückt bis an das östliche Ende der Welt. Damals hatten weder das »Reich der Mitte«, China, noch das Römische Imperium eine Vorstellung davon, durch welche Entfernungen und Hindernisse beide getrennt waren.

Plinius versuchte eine genauere Beschreibung der geographischen Lage des Sererreiches. »Vom Kaspischen Meer und Skythischen Ozean biegt der Kurs nach dem Östlichen Ozean um, nachdem dieser an der Außenseite der Küsten ostwärts sich umgewendet hat. Vom Skythischen Vorgebirge an ist die erste Gegend wegen Schnee unbewohnbar, die nächste unangebaut wegen der Wildheit der Bewohner. Dort hausen menschenfressende Skythen. Daran anschließend gibt es eine große Anzahl von Einöden und wilden Tieren, deren Bestialität der menschlichen nicht unähnlich ist.

Die ersten Menschen, die wir dort kennen, sind die Serer, berühmt durch die Wolle ihrer Wälder, indem sie die weißgraue Wolle ihres Laubes mit Wasser übergießen und dann herabkämmen; daraus entsteht für unsere Frauen doppelte Mühe des Wiederauftrennens von Stoffen und Wiederverwebens der Fäden.

So wird durch vielfältige Arbeit in einem weitabgelegenen Lande erreicht, daß die Kleidung der Dame in der Öffentlichkeit durchsichtig erscheint.« (*Geograph. Schriften*, III–VI).
Was die Durchsichtigkeit betraf, so sollte die chinesische Seide Konkurrenz in einem Baumwollstoff aus Indien erhalten, den die Römer »nebula« nannten. Als immer zartere und dünnere Gewebe im Römerreich Mode wurden, importierte man auch diesen Stoff in großen Mengen, obwohl er sehr kostspielig war. Die Anfertigung eines Abschnittes von 18 m Länge und 90 cm Breite dauerte mehrere Monate. Als Qualitätsprobe mußte sich der »Nebelstoff« durch einen Ring ziehen lassen, eine Bedingung, die auch manche Prinzessin im Märchen stellt.
Doch sonst war Chinas Seide unschlagbar. Über ihre Entstehung wurde weiter gerätselt. Theophrast (372 bis ca. 287 v. Chr.) hielt ihren glatten, glänzenden Faden für ein pflanzliches Produkt, wie man sich umgekehrt lange Zeit Baumwolle als ein tierisches Produkt vorstellte.
Zur Zeit des Augustus, also um die Zeitenwende, glaubte man allgemein an das Abkämmen der Seide vom Baum. So sagt Virgil (*Georgica* II, 121): »Vellera et foliis depectant tenuia Seres« – »Wie die Serer zarte Gespinste von den Blättern herabkämmen«.
Aristoteles beschreibt zwar ein Insekt, das eine Seidenraupe hätte sein können, aber ohne den Zusammenhang zwischen Raupe und Seide zu ahnen; vierhundert Jahre später wiederholt Plinius seine Angaben: »Auf der Insel Cos werden die vom Regen abgeschlagenen Blüten der Cypresse, Terebinte und anderer Gewächse beseelt und so in Seidenwürmer verwandelt.«
Amanius berichtet um 214 über die Seidenzucht der Chinesen: »... unter den Bäumen sitzend, welche Flocken der feinsten Wolle hervorbringen, die, nachdem sie mit Wasser besprengt worden sind, abgestreift, gesponnen und zu feinsten Geweben, den serischen Gewändern, verarbeitet werden.« Achilles Tatianus, Altchristlicher Theologe des 2. Jahrhunderts, vertritt die Ansicht, daß die Seide ein feiner Flaum sei, den die Vögel zurücklassen, also eine Art von Daunen.
Verhältnismäßig klare Berichte, die aber offensichtlich nicht allgemeine Bekanntheit oder Anerkennung erlangten, verdankte der Westen im Grunde schon dem Pausanias (2. Jh.) und dem Hl. Basi-

leus (Kirchenlehrer im 4. Jh.). Basileus weiß von der Metamorphose der Seidenraupe, die er mit der menschlichen Seele in Verbindung bringt. Es heißt: »Es gibt bei den Serern ein Tierchen, von dem die Seide herrührt, welches den Spinnen gleicht und von den Serern ernährt wird, indem sie ihm passende Häuser im Winter und im Sommer einrichten. Seine Arbeit offenbart sich in einem feinen Gespinst, welches es mit seinen Füßen zudreht. Man zieht es vier Jahre (gemeint sind vier Lebensstadien durch Häutungen) mit Hirsenahrung groß. Im fünften – denn man weiß, daß sie nicht länger leben – gibt man ihm grüne Zweige zu fressen; dies ist des Tieres liebste Nahrung und vollgestopft damit platzt es vor Dicke; in dem abgestorbenen Tier findet man reichlich Fäden.«

Als in Byzanz die Seidengewinnung schon bekannt war, erwähnt Paul Selentarius bei der Schilderung sakraler Textilien ein sonderbares Seidentier. »Die Ornamente der Seiden«, so betont er ausdrücklich »sind nicht durch die Nadel..., vielmehr durch das Weberschiffchen entstanden, bisweilen Stärke und Farbe jenes Fadens wechselnd, den die barbarische Ameise erzeugt« (Forrer).

Aus dem Jahr 90 n. Chr. ist uns ein einzigartiger Bericht erhalten, der den Weg zu dem Land, aus dem die Seide kam, und seine geographische Lage recht genau beschrieb, allerdings von Südosten her kommend. Die Beschreibung verdanken wir einem Schiffskapitän, der diese, so wird humorvoll behauptet, in einem »Seebärengriechisch« abgefaßt habe. Der Verfasser dieses Segelhandbuches, bekannt unter dem Namen »Periplus des Erythräischen Meeres« (d. h. des Indischen Ozeans), schreibt über seine Fahrten nach Indien und Sumatra:

»Hinter dieser Gegend (Sumatra) geht es alsbald im Norden in das äußere Meer im Lande Thin (China) zu Ende. Daneben liegt dort eine sehr große Binnenstadt, Thina genannt, von der serische Wolle, serisches Garn und serisches Leinentuch (Seidenstoff) zu Lande über Bactra nach Barygaza (Broach am Golf von Cambay, Indien) gebracht wird und ebenso auch nach Limyrike (Malabarküste) über den Ganges.

Nach diesem Thina kann man nicht leicht gelangen, denn nur Vereinzelte kommen von dort, nicht viele. Es liegt die Gegend gerade unter dem Kleinen Bären, sie soll mit dem abgewendeten Teil an den Pontos (Schwarzes Meer) und an das Kaspische Meer grenzen, neben dem der Maiotische Sumpf (Asowsches Meer) in den Oceanos mün-

det. Jedes Jahr kommt in das Grenzland von Thin ein Volk, körperlich sehr klein und sehr breitgesichtig, ganz und gar stumpfnasige Menschen. Die auf Thin folgenden Gegenden sind entweder wegen der übermäßigen Stürme und sehr großer Kälte schwer zugänglich, oder auch durch überirdische Macht der Götter unerforschlich.«
Diese Äußerungen über China und seine Seide sind nur einige wenige Zitate angesichts der Fülle, die sich zu diesem für das klassische Altertum so überaus wichtigen Thema finden lassen. Vieles, was von dorther kam, wenn nicht alles, ist geradezu mitleidig belächelt worden. Erst heute erkennen wir, daß alle Berichte Teilwahrheiten enthielten, daß aber niemand in der Lage war, sie richtig zu deuten und zusammenzufügen.

In engem Zusammenhang von chinesischer Seide und dem alten Römerreich im europäischen Westen treten immer wieder sogenannte Serer auf. Mit der Frage, wer nun eigentlich die Serer waren, stoßen wir auf eine überraschende Auswirkung der Seideneuphorie. Chinas Seide hat es fertiggebracht, die Vorstellung von einem großen, einheitlichen Volk zu schaffen, das es eigentlich gar nicht gab: die Serer. Dahinter verbergen sich zwei Begriffe.
Die Griechen hatten die Seide »ser« genannt und Seidenes »sericon«. Der Name Serer wurde den Chinesen aus der Sicht des Fernen Westens in Unkenntnis der Zusammenhänge gegeben. – Im europäischen Sprachraum wurde das Wort »ser« später zu »seta«, »soie«, »silk« und Seide. Die Chinesen bezeichneten sich selbst freilich nie als Serer, sie klassifizierten aber die Seide und die Seidenfäden sehr genau. Die älteste Seide in einfachster Webart, vielleicht noch nicht einmal aus einem gehaspelten Faden gearbeitet, hieß »Chou« und das alte Piya sagt (nach Chen Chanxiao):
»Was die Seidenraupe von sich gibt, ist ein ›hu‹, zehn ›hu‹ machen ein ›si‹, fünf ›si‹ machen ein ›yu‹. Darin liegt eine kurze Beschreibung des Feinheitsmaßes der Seide« (O. Franke).
Das gängigste Seidenfadenprodukt, auch für die Verarbeitung in China selbst, so könnte man daraus schließen, war der gehaspelte Edelseidenfaden mit dem Feinheitsmaß von zehn Kokonfäden mit der Bezeichnung »si«. Das einprägsame Wort hat sich dann auf die Seide als Handelsware und folgerichtig auch auf die Händler außerhalb der Grenzen Chinas übertragen, die ihrerseits die »si«-erzeugen-

den Chinesen rückwirkend wiederum Serer nannten. In der Seidenhandelspraxis gelten alle als Serer, die näher oder weiter entfernt von China direkt oder indirekt mit dem Seidenhandel zu tun hatten.
Sie setzten sich zusammen aus Händlern und Zwischenhändlern aus den verschiedensten größeren und kleineren außerhalb Chinas lebenden Völkergruppen und ihren immer wieder wechselnden politischen Gruppierungen und den damit zusammenhängenden häufigen Namensänderungen.
Diese »Serer« entwickelten sogar eine eigene »Seidensprache«, deren Notwendigkeit das »Gästebuch der Seidenstraße« erkennen läßt. Sie ist eine ähnliche Schöpfung wie die »lingua franca« zur Zeit der Kreuzzüge im östlichen europäischen Mittelmeergebiet, oder wie das seit langem im Fernen Osten gesprochene »Pidgin-English«.
Der Erforscher asiatischer Steppenvölker, Karl Jettmar, fand jüngst entlang dem Seidenstraßenabschnitt südlich vom Karakorumpaß auf Felsblöcken und -wänden dieses »Gästebuch der Seidenstraße« mit Inschriften in den verschiedensten Sprachen und Schriften, u. a. Kuchanisch, Sogdisch, Sanskrit, Griechisch-baktrisch, Hebräisch, Aramäisch, Chinesisch.
Chinas bezaubernde Edelseide zog mithin viele Menschen vom Fernen Osten bis zum Fernen Westen Europas in ihren Bann: die herrschenden Schichten, die ihrem Luxus frönen und ihr Prestige festigen wollten, und die Händler, die ihren Profit zu mehren und zu wahren suchten. Immer wieder waren Karawanenführer bereit, über langwierige, ermüdende, gefahrvolle, zum Teil halsbrecherische, unendlich weite Routen in Länder zu ziehen, deren Sprache sie kaum verstanden. Wieviel Mühe hätte die Erzeugung der Edelseide im eigenen Land ihnen erspart.
Schon in früher Zeit war der kontinentweite Austausch von Kulturtieren und -pflanzen, an materiellen, künstlerischen und geistigen Gütern entlang den Fernhandelsrouten üblich. Haben allein die Vermittler und Händler mit ihrem geschickt gewinnsüchtigen Verhalten die Ausbreitung der Haustierhaltung des *Bombyx mori* verhindert? Ein offizielles Ausfuhrverbot unter Androhung der Todesstrafe vom chinesischen Kaiserhof scheint bisher nicht nachweisbar zu sein, obwohl es in der westlichen Literatur immer wieder behauptet wird. Belegt ist dagegen der Wunsch Chinas, aus den Xiongnu und anderen nomadischen Randvölkern Chinas seßhafte Leute zu machen und

ihnen Ackerbau und Seidenzucht beizubringen – eigentlich ohne durchgreifenden Erfolg. Von den halbnomadischen »Barbaren« Wuhuan und Xianbi (im Raum des späteren Peking) wird zu Anfang der späteren Han-Zeit berichtet, daß sie in einem gewissen Ausmaß Ackerbau, Eisen-, Wolle- und Seidenhandwerk betrieben hätten, aber noch chinesische Assistenz brauchten. Die Einführung der Seidenraupenzucht nach Korea durch chinesische Flüchtlinge während der Wirren der zuendegehenden Qin-Dynastie, also etwa 200 Jahre vor der Zeitwende, wird ebenso wenig als Verrat angeprangert wie die Einführung in Japan etwa 400 Jahre später mit Hilfe von kriegsgefangenen chinesisch-koreanischen Seidenzüchtern.

Wenn vom Verrat des Seidengeheimnisses die Rede ist, denkt man vor allem an die Einführung von Seidenraupeneiern in das Oasenkönigreich Khotan im Tarimbecken und nach Byzanz im Oströmischen Reich. Beide Ereignisse sind umrankt von Legenden, die Zeit und Umstände so lebhaft und überzeugend schildern, daß man an der historischen Wahrheit gar nicht zweifelte. So erfahren wir vom Geheimnisverrat nach Khotan folgendes:

Xuanzang, der berühmte Pilger und Entdeckungsreisende, hielt sich im Jahre 644 acht Monate lang in Khotan auf. Über den Beginn der Seidenraupenzucht in diesem Oasenreich schreibt er folgendes:

»In südöstlicher Richtung vom königlichen Schloß, etwa 5–6 Li (1 Li = ca. 500 m) entfernt, steht ein Kloster namens Jushe, dessen Stifterin die Gemahlin des letzten Königs war. Früher kannte man in diesem Lande weder den Maulbeerbaum noch die Seidenraupe. Man hörte, daß sie in einem östlichen Lande zu finden seien. Daraufhin schickte man Gesandte, um sie vom Herrscher des östlichen Landes zu erbitten. Es gelang aber dem Gesandten nicht, da der Herrscher sie geheimhielt. Er wollte sie nicht weitergeben. Die Grenze ließ er streng kontrollieren, so daß ohne seine Genehmigung weder der Samen des Maulbeerbaumes noch die Seidenspinnereier über die Grenze kommen konnten.

Der Herrscher von Khotan stellte nun an den östlichen Herrscher wegen einer Prinzessin aus dessen Haus einen Heiratsantrag und schwor zugleich Vasallentreue. Diesen Wunsch billigte der Herrscher, der die Absicht hatte, seinen Einfluß auf die westlichen Bewohner jenseits des Landes auszudehnen.

Nun befahl der Herrscher von Khotan seinen Legaten, die die

Prinzessin abholen sollten: ›Teilt der Prinzessin mit, unser Land besitze weder Seidengarn noch Seidenstoffe. Sie solle daher einige Samen des Maulbeerbaumes und Seidenraupen mitbringen, damit sie sich Kleider machen könne.‹ Als die Prinzessin dies hörte, suchte sie heimlich die Seidenzuchthalle auf und steckte Samen und Schmetterlingseier unbemerkt in die Watte ihres Kopfputzes. Trotz der strengen Untersuchung an der westlichen Landesgrenze wagte kein Zollbeamter, sie bis auf den Kopfputz zu untersuchen. So kam die Prinzessin ins Land Khotan und verweilte in dem Kloster, von wo sie mit aller Feierlichkeit ins königliche Schloß gebracht wurde.
Damit kamen die Samen des Maulbeerbaumes und die Seidenraupeneier in dieses Land. Erst im Frühling säte man die Samen des Maulbeerbaumes aus. Als sie pflückreif wurden, nahm man Blätter ab und fütterte damit Seidenraupen. Aber in der ersten Zeit nach ihrer Überführung war es notwendig, die Seidenraupen mit verschiedenen Blättern zu füttern, bis Maulbeerbäume üppig wuchsen.
Dann schrieb die Königin ein Gesetz auf einen Stein: ›Niemand soll einen Seidenkokon verletzen oder abtöten, weil zunächst der Seidenspinner schlüpfen muß. Wer aber diese Bestimmung zu übertreten wagt, soll der göttlichen Strafe anheimfallen‹.
So glückte zum ersten Mal in diesem Kloster der Vermehrungsversuch mit den Seidenraupen. Dort gab es mehrere abgestorbene Maulbeerbäume. Man erzählte mir, sie seien die ersten, die man in den alten Zeiten angepflanzt hatte. So besitzt das Land Khotan seit der alten Zeit bis heute die Seidenraupen, deren Puppen zu töten niemandem erlaubt ist. Wer aber Seidenfäden heimlich gestohlen hat (gemeint ist wohl: nicht abgewartet hat, bis der Seidenspinner geschlüpft ist), der darf im nächsten Jahr keine Seidenraupen züchten« (Hiroshi Wada).
Der Bericht vom Pilger Xuanzang gibt zwar einen hervorragenden Einblick in die Mühen, die mit dem Aufbau einer Zucht von *Bombyx mori* und der Bereitstellung ihres besten Futters vom weißen Maulbeerbaum im kolonialen Land verbunden sind. Neuere Forschungen weisen aber gerade auf die legendäre Seite des Berichtes hin, da die angegebene Zeit nicht stimmen könne und die handelnden Personen nicht nachzuweisen seien. Nach allen uns heute bekannten Tatsachen (Yü, Liu, Gropp u. a.) scheint es, daß der Legende des Xuanzang folgendes Geschehen zugrundeliegt:

Der König Jian Bin von Kucha und die ›chinesische‹ Prinzessin Qi Di, seine Frau und außerdem älteste Tochter des Herrschers der Wusun und dessen Frau, der chinesischen Prinzessin Qi Yun und damit Enkelin des Jiangdu-Königs Liu Jian der Han-Dynastie (ein Sohn oder Enkelsohn der Kaiserfamilie zur Zeit von Kaiser Wudi der älteren Han) hatten anläßlich eines einjährigen Aufenthaltes in der damaligen Hauptstadt Chinas, Chang'an, im Jahre 65 v. Chr. ihre Lebensweise jener am chinesischen Kaiserhofe angeglichen. Für Qi Di bedeutete dies eine Vertiefung ihres Einlebens, hatte sie doch vor ihrer Heirat in Chang'an Musik studiert! Dieses Königspaar wurde damit zum Gespött seiner benachbarten Oasenkönigreiche und in diesen mit der Bezeichnung »Muli«, jenen Pferde-Esel-Bastarden, gehänselt.
Der König vom Oasenkönigreich Khotan hoffte, von seinem »Nachbarn«, dem Königshof in Kucha, Zuchtmaterial der Seidenspinner und Maulbeersamen zu erhalten. Vergeblich! Eingedenk der Schmähungen und gewitzt durch die Gepflogenheiten an der Vielvölkerstraße, der Seidenstraße im nördlichen Tarimbecken mit den zahllosen fremden Händlern, wollte der König von Kutscha sichergehen. Er erließ ein Ausfuhrverbot für Seidenspinnereier und Maulbeersamen und setzte für Übertretung dieses Verbots harte Bestrafung fest. Zur Erreichung seines Ziels wandte der König von Khotan eine List an und warb bei dem Herrscheer »im Osten«, dem König von Kucha, um die Hand einer Prinzessin, die ja der Abstammung nach als »chinesische« Prinzessin galt. Dieser willigte ein, ohne an Frauenlist im eigenen Hause zu denken. Diese »chinesische« Prinzessin »aus dem Osten«, vom Königshof in Kucha, brachte dann im Kopfputz die Spinnereier und den Maulbeersamen mit nach Khotan und legte damit den Grundstock der Seidenproduktion – mit den Weisungen, wie sie in der Legende von Xuanzang mitgeteilt wurden.
Eine wahre Geschichte von Heiratspolitik aus dem letzten vorchristlichen Jahrhundert. Es läßt sich aber auch denken, daß die Prinzessin nicht auf die gewohnten kleidsamen Gewänder ihres Heimatlandes verzichten wollte. Jedenfalls hat eine andere chinesische Prinzessin, die einen Barbarenfürsten in Tibet heiratete, gleich mit einer Raupenzucht in der neuen Heimat begonnen. Der höchste chinesische Grenzbeamte warnte den Fürsten vor den Tieren, die in Kürze zu giftigen Schlangen heranwachsen würden. Der Fürst ließ das Raupen-

haus verbrennen, einige Raupen wurden jedoch gerettet. Als dann die Seidenstoffe fertig waren, war der Fürst von ihrer Schönheit so entzückt, daß er die Zucht der Seidenraupe mit Kräften förderte. – Dies aber ist eine Legende.

Immer wieder als Verrat angeprangert wurde die Überbringung des edlen Seidenspinners *Bombyx mori* nach Byzanz zur Zeit des Kaisers Justinian, also praktisch in den Mittelmeerraum und nach Europa. Hierüber gibt es zwei schriftliche Berichte: Die Einfuhr soll in der zweiten Hälfte des 6. Jahrhunderts geglückt sein, und zwar erstens nach der Mitteilung von Prokopios von Caesarea im Jahre 552 und nach Theophanes von Byzanz dreißig Jahre später, 582. Bei Prokop haben zwei Nestorianische Mönche in ihren hohlen Wanderstäben das Kunststück vollbracht; Theophanes läßt einen Perser das Wagnis bestehen. Trotz der Differenz in der Zeitangabe wird übereinstimmend das Land Serinda bzw. das Land der Serer als Herkunftsland der Schmetterlingseier angegeben. Über Lage und Größe von Serinda und dem Land der Serer gibt es sehr viele voneinander abweichende Meinungen, bis auf eine allen gemeinsame: daß nämlich nicht China selbst gemeint sein könne. Welches Land aber dann?

Man ging von der Überlieferung aus, daß am heikelsten beim damaligen Transport der Seidenspinnereier dessen Dauer war. Denn einerseits mußten die Eier noch entwicklungsfähig bleiben, und andererseits durften sie nicht schon im Raupenstadium ankommen. Aus diesen Bedingungen ließ sich ein Entfernungsmaximum bestimmen: mit »Serinda« konnte also etwa das Land südlich des Kaspischen Meeres gemeint sein. Für einen solchen Transport spielt die Temperatur und somit die Jahreszeit eine Rolle. Bei entsprechender Kühlhaltung während der biologischen Ruhezeit der Seidenspinner sollen sich die Eier »unbegrenzt« lagerfähig halten. In dem genannten Gebiet, dem möglichen Serinda, wurde schon seit sehr langer Zeit Seide erzeugt. Dort vermuten Botaniker auch die Heimat der wildwachsenden schwarzen Maulbeerbäume, westlich der zentralasiatischen Hochgebirgsregion, die diese ursprünglich vom Verbreitungsgebiet des weißen Maulbeerbaumes östlich vom »Dach der Welt«, dem Pamir, trennt.

Außer den Schwierigkeiten des Transports gab es noch andere, nämlich staatspolitische. Man mußte einen wirtschaftlichen Sperrgürtel durchbrechen. Zwischen dem Herkunftsland der Seidenspinner und dem Reich von Byzanz lag das Perserreich der Sassaniden, das ein Seidenmonopol für den Handel mit Byzanz besaß. Auch die Seewege blieben praktisch gesperrt, weil persische und später arabische Händler selbst die Häfen vollständig kontrollierten. Herrscher und Seidengroßhändler bangten um den Verlust von Macht und Handelsgewinn, falls das byzantinische Reich Selbsterzeuger von chinesischer Edelseide würde.

Die Sorge um entgehende Profite war durchaus verständlich. Denn wie war die Situation im Empfängerland Ostrom? Hier standen die Produktion von Wildseiden, deren Färberei (zum Beispiel mit echtem Purpur) und Weberei schon einige Jahrhunderte lang in hoher Blüte, es fehlte nur das Seidenmaterial. Kaiser Justinian wollte selber chinesische Edelseide produzieren und das störende persische Handelsmonopol für Ostrom aus dem Wege räumen, was ihm auf diplomatischem Wege mehrmals mißlungen war. Die Aussicht, Eier vom Seidenspinner zu erhalten, kam ihm sehr gelegen. Er versprach dem Überbringer eine angemessene Belohnung. Das geheime Wagnis nahm seinen Lauf.

In Prokops Darstellung ist den nestorianischen Mönchen nach mehrjähriger, regelrechter »Wirtschaftsspionage«, denn die Mönche hatten in »Serinda« die Seidenzucht gelernt, ein beachtlicher und folgenschwerer Schmuggel gelungen. Aber war das Verrat eines Seidenproduktionsgeheimnisses? Sicher nicht einer, der das Ursprungsland der Edelseide betroffen hätte. Eher war die Variante des Theophanes – das heimliche Einschleusen der Eier durch einen Abenteurer ein Verrat an seinem Heimatland Persien. Jedenfalls erfüllte sich nun die eine Hauptbedingung für die Eigenproduktion von »chinesischer« Edelseide im Byzantinischen Reich: die Eier des *Bombyx mori* waren eingetroffen, der Umgang mit Seidenraupen wurde erlernt. Das Futterlaub des schwarzfrüchtigen Maulbeerbaumes soll verfügbar gewesen sein. Es fehlte nur die letzte Voraussetzung für die beste Seide, das unübertroffene Futter vom weißen Maulbeerbaum. Erst seit der Mitte des 15. Jahrhunderts wurde es bekannt.

Jede Neueinrichtung hat Anfangsschwierigkeiten zu überwinden. In Byzanz verstärkten sich diese durch wirtschaftspolitische Maßnahmen des Kaiserhauses. Verbreitung und Zucht der Edelseidenraupe wurde hier nicht zur heimischen Aufgabe der Bevölkerung, sondern zum engbeschränkten Monopol des Kaiserhauses. Eine freie Ent-

wicklung wurde abgewürgt, die Produktionsmenge blieb weit hinter dem Bedarf, vor allem für die Zeremonialgewänder der christlichen Kirche, zurück. Auch der Islam war interessiert; obwohl Mohammed anfänglich das Tragen von Seide verboten hatte, zählten sehr bald gerade seine Anhänger zu den größten Kennern und eifrigsten Verbrauchern ausgesucht schöner Seidensoffe.
Nach Aufhebung der Staatsmonopole in Byzanz trat die Königin der Textilien über Kleinasien ihren Siegeszug durch ganz Europa an. In den kleinen Staatsgebilden gab es neue Entwicklungen, die eine eigene Dynamik entfalteten. Die Entwicklung dieser Seidenstoffe ist aber nicht mehr die Geschichte von Chinas Seide. – Doch blieb Chinas Seide zunächst trotz der steigenden Produktion in einigen europäischen Ländern wegen ihrer Qualität begehrt. Unter der Mongolenherrschaft gab es im Ursprungsland noch einmal einen Aufschwung im Seidenhandel. Aber schon im 12. Jahrhundert nahm der Seidenimport von China nach Kleinasien und Europa mit großer Schnelligkeit ab. Zur selben Zeit war die weiße Maulbeere im Westen heimisch geworden.
Doch noch ein Blick auf die Seidenkunst im Westen. In Byzanz entstanden so berühmte Stoffe wie jene mit den schreitenden Löwen und einer griechischen Inschrift aus dem Schrein des Hl. Heribert in Köln-Deutz, den man in der Mitte des 11. Jahrhunderts datieren kann. Und die Freude am Seidenluxus brachte die griechische Prinzessin Theophanu als Gemahlin Ottos II. 972 mit nach Köln, das ein Zentrum für den Seidenhandel bleiben sollte.
Ein ganzes Musterbuch chinesischer Seide blieb auf seltsame Weise im französischen Wallfahrtsort Le Puy erhalten. Über hundert Stoffabschnitte dienten als Schontücher für die gemalten Initialen der dort aufbewahrten Bibel des Theodolfus, die aus dem 9. Jahrhundert stammt.
Von Karl dem Großen ist bekannt, daß er zu Lebzeiten, jedenfalls für Jagdausritte, verständlicherweise nicht viel von Seidenkleidung hielt. Aber im Aachener Karlsschrein wurden seine Gebeine mit einem prächtigen byzantinischen Seidengewebe – geschmückte Elefanten in Kreismustern – würdig umhüllt.
Eine blühende Seidenweberei entwickelte sich im Mittelmeerraum in Palermo auf Sizilien – dort wurden die normannischen Könige die Erben der Araber. Hier wurde im Jahr 1134 der berühmte Krönungs-

mantel gewebt, den bis zum Jahr 1806 alle Römischen Kaiser Deutscher Nation trugen, als erster Friedrich II. von Hohenstaufen. Als Symbol der Macht zeigt dieser Mantel auf purpurfarbenem Grund einen Löwen, der ein Kamel zerreißt.

Von Sizilien aus eroberte die Seide Italien, vor allem Lucca, Florenz und Venedig, dann Spanien, Frankreich, die Schweiz, Deutschland und das übrige Europa, so daß sich Seide selbst in skandinavischen Königsgräbern findet.

Doch wollten wir anfangen, noch mehr Fäden von europäischen Seidenkokons abzuwickeln, wir fänden aus der Fülle von Ereignissen um Samt und Seide so bald nicht mehr heraus. Es seien nur noch an zwei weitblickende Herrscher erinnert. Der eine, Ludwig XVI. von Frankreich, ließ zur Auffrischung der seit dem Jahre 550 immer wieder nachgezüchteten erstimportierten Raupeneier neues »Material« aus China kommen, die weiße Originalrasse »Sina«. Damit wurde für lange Zeit der Raupenbestand verbessert und gesichert. Der andere König, Friedrich der Große, begründete und förderte Mitte des 18. Jahrhunderts die Seidenzucht und -verarbeitung in seinen Ländern, z. B. in Krefeld. Er sorgte für Maulbeerpflanzungen und Raupenzucht bis hinein nach Schlesien und Sachsen, wo um 1940 die Seidenraupenzucht zur Gewinnung von Fallschirmseide letztmalig auflebte.

Chinas »geheimer kleiner Diktator«, die Seidenraupe, konnte, der unterschiedlichen Mentalität entsprechend, nie zu einem kleinen Diktator Europas werden, obwohl man dort Seide in gleicher Qualität und Menge, von gleicher Schönheit und gleichem Glanz anstrebte. Richtiger wäre es vielleicht, die starken und wechselnden Modeströmungen mit ihrer Ideenvielfalt als »Textil-Diktator« des Westens zu bezeichnen.

Zunehmender Wohlstand und eine wachsende Bevölkerungszahl ließen den Wunsch aufkommen, eine »eigene« Seide zu erzeugen, die für jeden erschwinglich war. Welche Frau hätte nicht gehofft, statt der wollenen seidene Strümpfe tragen zu können, von sonstiger Seiden-Garderobe ganz zu schweigen?

Schon 1665 kam dem Naturforscher Hooke der Gedanke, künstliche Fäden ähnlich dem»Exkrement des Seidenwurms« herzustellen; und 1734 hatte der geniale Réaumur die Idee, künstliche Fäden aus einer gummi- oder harzartigen Masse zu fabrizieren. Auch Scharlatane präsentierten eine Lösung, die ihnen sogar viel Geld einbrachte. In der Seidenstadt Lyon erregte 1779 die Erfindung einer Maschine allgemeine Bewunderung, die mit Baumwoll- und Flachsgarn beschickt wurde und, allerdings allseitig geschlossen, am anderen Ende die herrlichste »Simili-Seide« ausstoßen sollte. Diese blieb unauffindbar – wie auch die Konstrukteure.

Erst auf der Londoner Ausstellung von 1884 wurde die von I. Swan erfundene »Kunstseide«, zu Fäden versponnene Nitrat-Zellulose, ausgestellt. Seither ging die Entwicklung bis zur Großproduktion in Europa und den USA stürmisch voran (1899 »Vereinigte Glanzstoffe« in Aachen und Oberbruch). Man hatte gelernt, Zellulose mit Chemikalien zu lösen, als Spinnflüssigkeit durch Düsen zu pressen und in einem Fällbad oder an der Luft erstarren zu lassen, gerade so, wie die kleinen Raupen vorgingen. Die ersten Versuche machte man allerdings, ganz im Gegensatz zur friedlichen Natur der Raupen, mit Schießbaumwolle.

Obwohl man wußte, daß die Naturseide eine Proteinfaser ist, kam man erst 1935 in Italien auf die Idee, statt Zellulose das Eiweiß der Milch als Ausgangspunkt zu verwenden. Es gelang die Herstellung der ausgezeichneten Kaseinfaser, die, heute anscheinend vergessen, jeden Milchberg abbauen könnte. Neben der inzwischen lebensnotwendigen Kunstseide, die auf ihrem weiteren Weg den Namen »Rayon«, die Strahlende, erhielt, entwickelte sich eine ganze hochspezialisierte Familie an Textilfasern, bis hin zu vollsynthetischen Fasern wie Perlon.

Die industriellen Errungenschaften nach dem Zweiten Weltkrieg haben auch der Erzeugung der Edelseide völlig andere Formen gegeben. Mit Hilfe biochemischer Futteranalysen, die zu Futterkonserven ohne Laub vom weißen Maulbeerbaum führen, mit mechanischer Klimatisierung der Zuchträume, mit elektrisch gesteuerter Temperatur- und Feuchtigkeitsregelung und sonstigen Mechanismen, die die individuelle Handarbeit weitgehend ausschalten, ist in Japan ein Massenausstoß an Edelseide möglich geworden. – Man fühlt sich an Vergleiche in der Haustierhaltung wie die der Batteriehaltung von Legehennen erinnert. Auch China wird sich vielleicht dieser Entwicklung nicht entziehen können.

Doch bleibt Chinas Geschenk an die Welt die Erfindung der Edelseide. Es hat den Seidenfaden »entwickelt« in des Wortes doppelter

Bedeutung. Worauf beruht nun das wirkliche Geheimnis der jahrtausendelangen Qualität chinesischer Seide? Nicht allein auf der Erstzüchtung und der folgenden unermüdlichen Auswahl mit regelmäßigen Einkreuzungen, um Inzucht zu vermeiden; nicht nur auf Züchtung und Pflege des Maulbeerbaums oder technischen Verbesserungen. All dies mußte man überall, wo die Edelseide wieder erzeugt werden sollte, ähnlich handhaben. Die Stärke der Chinesen beruht auf ihrer von Jugend an geschulten Beobachtungsfähigkeit auch kleinster Feinheiten und Schattierungen in Form und Farbe, wie es z. B. in ihrer so gern geübten Kleinstschrift und bei ihren Bildstickereien und -webereien (vgl. Kapitel VIII) immer wieder zu bewundern ist. Hinzu kommt ihre in ununterbrochenen Generationsketten geübte und ethisch verankerte Ein- und Unterordnung in uns unbekanntem Ausmaß mit dem Ergebnis einer wahren »Engelsgeduld« und Ausdauer. Wer nicht Gelegenheit hatte, Chinesen im Alltag zu erleben, dem bleiben diese Fähigkeiten ein Geheimnis. Voraussetzungen dieser Art hatten am ehesten die Japaner, aber es hat immerhin eineinhalb Jahrtausend gedauert, bis ihre Edelseidenproduktion jene der Chinesen erreichte.
Die Verwobenheit der Seide mit allen Lebensbereichen Chinas und die zentrale Stellung der Seide weit über den Stoffbereich hinaus spiegelt sich in Schrift, Sprache und Zeichen. Da die Chinesen poetische und gleichnishafte Umschreibung ihrer Gedanken den direkten Benennungen vorziehen, heißt es bei Konfuzius:

»Die Schrift kann die Worte nicht restlos ausdrücken.
Die Worte können die Gedanken nicht restlos ausdrücken.
Mit Hilfe der Bilder werden die Dinge erkannt.
Die Urbilder gelten also als ein vollkommenerer Ausdruck
der Gedanken als Wort und Schrift.«

Die Orakelschriften auf Schildkrötenschalen gaben schon vor dreieinhalb Jahrtausenden bildhaft die Entwicklung der Edelseide wieder. Für Chinesen waren die Zeichen verständlich, für Fremde mußten sie geheimnisvoll bleiben. Wer hätte ohne Kenntnis der Seidenzucht wahrgenommen, daß im oberen Teil der Piktogramme die Zusammenführung der Haspelfäden aus den Kokons und Garnstränge angedeutet sein könnten und im unteren Teil der Maulbeerbaum, der

»Seidenfaden«: Schriftzeichenentwicklung

später in seinem eigenen Zeichen zum Baum der pflückenden Hände wurde?

Schon auf Bronzen der Frühen Zhou-Zeit (Brinker/Goepper) lassen sich die Zeichen im übertragenen Sinn deuten, indem sie über den Textilbereich hinausgehen. In »Seide und Sohn« sah man den Wohlstand, in der fünffach wiederholten Darstellung der Seide die ununterbrochene Ahnenkette.

Es entwickelten sich Hunderte von Kombinationen und Variationen, die mit dem Seidenzeichen zusammenhängen. Kaiserliche Worte wurden »Seidene Worte« genannt, »rauhe Seide« dagegen konnten schlechte Manieren sein. Glasnudeln, ein köstliches Gericht, wurde als »Nudelseide« gegessen, und ein verworrener Webstuhl rief die Vorstellung von »Unordnung« hervor.

Wenn auch die einfache Zusammensetzung von Seide, »si« und »wen«, Kultur im weitesten Sinn, ein »Seidenstoffmuster oder gemusterter Seidenstoff« bedeuten konnte, so war das gleichzeitig ein Hinweis auf eine höhere Ebene, auf die kultivierte Weltordnung. Die höchste Aussagekraft aber fand die Seide als Kette und Schuß in den Schwingungen der Musik. So zupft ein Spieler der altehrwürdigen Qin mit der rechten Hand die »horizontalen jing-Töne« des direkten Weges und damit symbolisch die Töne der Seidenkette. Legt er mit leichtem Druck die linke Hand auf die Griffmarkierungen und spielt auf den verkürzten Saiten, läßt er die »vertikalen«, die Töne der seidenen Schußfäden hören. Beide Systeme durchdringen einander so

»Kultur«: Schriftzeichenentwicklung

wie ein vollendetes Seidegewebe, das der Qinspieler in himmlischer Harmonie erklingen läßt.
Diese großen Zusammenhänge wurden um 1050, zur Song-Zeit, von dem Staatsbeamten Sima Guang, verbunden mit einer Mahnung, in einem Kommentar zur Geschichte niedergelegt. Danach wird der gesamte Kosmos, einschließlich der staatlichen Organisation, als das große Gewebe »wen« verstanden. Die Klassiker »jing« bilden die Kettfäden, die »wei«, Texte der Han-Zeit, den Schuß. Die Fäden können bisweilen in Verwirrung geraten und müssen wieder in die rechte Ordnung gebracht werden, notfalls mit Gewalt. Das korrekte ethische Verhalten, das *Liji* aber, sichert die kosmische Ordnung.

Schauen wir noch einmal auf die Seidenraupe selbst, wie sie der Weise Xun Zi vor mehr als 2000 Jahren in einer Lehrparabel dargestellt hat: »Da gibt es ein Wesen, das oft geisterhafte Verwandlungen durchmacht. Sein Nutzen erstreckt sich über den ganzen Erdkreis, und es bietet Schmuck für alle Generationen... Nur durch Hingabe seiner selbst vollbringt es seine Leistung. Die Menschen wissen es zu nutzen, während die Vögel ihm nachstellen...«
Seit mehr als zwei Jahrtausende spricht Seide die Sinne und Empfindungen der Menschen an. Dem einen gilt sie als Stufe höchster Kultur, dem anderen als unverantwortlicher Luxus. Das millionenfache Abtöten der Puppen in ihren Kokons lehnen Tierschützer ab, andere Gruppen wieder läßt das Sterben der kleinen Geschöpfe unbeteiligt. Manche sehen in der faszinierenden Mutation dieses Lebewesens ein Symbol der Verwandlung und ein Sinnbild für das Erreichen höherer Daseinsstufen.
Aus dem Gewebe von Kette und Schuß baut sich eine eigene, wunderbare Kultur auf. Der magische Stoff: Seide.

絲

Anhang

Kleines textilkundliches Glossar

Atlasbindung, Satinbindung (chin. = Duan): Neben Leinwand (Taft)- und Köperbindung die dritte der Grundbindungen (siehe dort). Die Kett- und Schußfäden verkreuzen sich so, daß sich die Bindungspunkte nicht berühren und daher im Gewebe unsichtbar sind. Dadurch wird das Licht einheitlich reflektiert, was dem Stoff seinen besonderen Glanz verleiht. Im Wechsel von Kett- und Schußatlas lassen sich ausdrucksvolle Muster weben. (Atlas v. arab. glänzend, frz. u. engl. Satin = glänzender Stoff)

Bäumen: Siehe Schären

Beize: Meist Mineralsalze, mit deren Hilfe sich beim Färben der Farbstoff fester an die Faser binden läßt.

Beschweren, Erschweren der Seide: Nach Entfernung des Seidenleims Ausgleich des Gewichtsverlustes durch Metallsalze.

Byssusseide: Aus dem Bart von Steckmuscheln *(pinna nobilis)* des Mittelmeeres gewonnene Seide. Byssus bedeutete im Altertum auch ein sehr feines Gewebe aus Leinen oder Baumwolle.

Damast, Han-Damast: Gemusterte Seidenstoffe der Han-Zeit (202 v. Chr.–220 n. Chr.) in Taftbindung. Das Muster wird durch Flottierungen (Übersprünge) der Kettfäden gebildet, webtechnisch dem »Gerstenkorn«, einem bei uns bekannten Handtuchmuster vergleichbar.

Damastgewebe: Ursprünglich aus Damaskus stammende, einfarbige Stoffe, deren Muster erst durch Lichtbrechung deutlich sichtbar werden, da sie in Kett- und Schußeffekt (Kett- und Schußköper, Kett- und Schußatlas) gewebt sind. Damastgewebe sind bekannt als feine Leinentischtücher. Chin. auch »Seide des versteckten Musters« (Ling).

Damastwebstuhl: Ein eigens für Damastgewebe entwickelter Webstuhl. Gruppen von Kettfäden werden mustermäßig von einer Hilfsperson (Ziehjungen) angehoben, der Weber bedient zusätzlich Tritte, die Schäfte mit Speziallitzen bewegen, um das Grundgewebe herzustellen.

Bindekette: Zusätzliche Kette, die zwischen einem Ober- und einem Unterstoff liegt und diese unsichtbar verbindet.

Bindung, Gewebebindung: Rechtwinklige Verkreuzung zweier Fadensysteme nach bestimmten Regeln. Längsfäden nennt man Kette, Querfäden Schuß (siehe dort).

Bouretteseide: Noppiges Garn oder Gewebe aus den Abfällen der Schappeseidenspinnerei.

Brokat (chin. Jin): Allgemein üblicher Begriff, aber fachlich uneindeutige Bezeichnung eines kostbaren, reichgemusterten und mehrfarbigen Gewebes, meist mit eingewebten Gold- und Silberfäden (Gold- und Silberbrokat).

Broschierung, broschierte Gewebe: Verzierung durch zusätzliche Musterschüsse, die nur dort eingewebt werden, wo ein Muster gewünscht wird, z.B. ein Blütenornament. Beim Weben liegt meist die linke Seite des Stoffes oben. Stickereiähnliches Aussehen. (Frz., mit Seide, Gold oder Silberfäden durchweben)

Denier: Bezeichnung für die Feinheit (Titer) der Haspelseide. Die Denieranzahl entspricht dem Gewicht in Gramm bei der feststehenden Fadenlänge von 9000 m. Sie wird mit einer Schwankung angegeben, z.B. 9/11 = 9000 m des Seidenfadens wiegen 10 g. Die heutige Normung heißt Tex, wobei die Grammzahl auf 1000 m bezogen wird.

Dreherbindung, Drehergewebe: Die üblicherweise parallel laufenden Kettfäden drehen sich partienweise umeinander und bilden, vom Schußfaden gehalten, verschiedene große und unverschiebbare Lücken, mit denen man Muster bilden kann (Dreher: engl. leno, chin. luo)

Douppion: (frz. Bezeichnung) Faden und Stoff der Haspelseide. Aus intakten Doppel-, auch Zwillingskokons; in China als glückbringende Seide betrachtet. Ergibt leicht noppigen Stoff.

Edelseide: (auch echte oder reale) Seide vom gezüchteten Edelseidenspinner *Bombyx mori*, aufgezogen mit dem Futterlaub der weißen Maulbeere *morus alba).*

Entbasten: (Abkochen, Degummieren) Entfernen des Seidenleims und dessen Naturfarbstoffs. Cuite Seide = vollständig entbastet; Souple = weichgemacht, teilweise entbastet; écru = unentbastete Rohseide.

Färb- und Drucktechniken: Hierzu gehören Batik, Plangi, Tritik, Ikat, Holzplattendruck, Ätzdruck u.ä. Bei den sog. Reserveverfahren unterscheidet man zwischen: 1. Musterung am fertigen Stoff: Batik = chin. laxie, mit Hilfe von Wachs, sowie Plangi und Tritik = chin. jaoxie, durch Abbinden und Nähen. 2. Musterung der fertig hergerichteten Webfäden durch Umwickeln = Ikat. Nach dem Reservieren wird gefärbt, danach die Reserve entfernt. Seidenikatweberei blieb bis heute eine typische Technik bei den Uiguren in Xinjiang. Holzplattendruck kann als Reservedruck oder Direktdruck erfolgen und auch als Druck, der die Farbe aus einem Stoff fortätzt.

Fach, Fachbildung, Webfach: Der Zwischenraum zwischen den oben und unten liegenden Kettfäden beim Weben. Das Fach hat vom Stoff ausgehend die Form eines spitzen Winkels, durch den der Schußfaden eingetragen wird. *Fachen* nennt man das Nebeneinanderherlaufen von zwei oder mehr Fäden ohne Drehung. Die Bezeichnung stammt aus der Spinnerei, bzw. Fadengewinnung.

Fadenstärke der Haspelseide
Hanzeit: 0,02–0,03 mm (entbastet 0,008–0,013) Durchschnitt 0,01 mm. Heute übliche Zuchtseiden, z.B. aus Kanton: 0,0218, entbastet 0,012 mm Fadenstärke des Eichenspinners: 0,04–0,08 mm d.h. zwei- bis viermal so dick wie ein Edelseidenfaden.

Faserstoffe: Außer der Seide verwendet man in China die Stengelfasern von Chinagras oder *Ramie (Boehmeria nivea)* und Hanf *(cannabis sativa).* Ramie ergab sehr feines Leinen; Hanf war das Material für Trauerkleidung. Beide dienten auch anstelle von Seide als Sold für einfache Soldaten. Flachs wurde hauptsächlich zur Ölgewinnung angebaut. Im 13. Jh. kam vermehrt als bedeutendste Samenfaser die Baumwolle *(Gossypium)* hinzu. In den kälteren Gebieten gab es auch Wolle.

Flechten, Bandflechten: Gehört zu den ältesten Textiltechniken. Am bekanntesten ist der Zopf, bei dem sich die Fäden diagonal geführt verkreuzen. Gemusterte Flechtbänder fand man bereits in Gräbern der Zhou-Zeit, in Guangqiqiao.

Flockseide (oder Wattseide): Die ersten, locker gesponnenen Seidenhüllen, in die die Raupe ihren Kokon wie in eine Hängematte hineinspinnt. Sie dient der Befestigung. Flockseide ist keine Garnbezeichnung, siehe Schappeseide.

Flor: Siehe Samt

Floßseide: Lockere, fast ungedrehte, sehr weiche und glänzende Haspelseide. Beim Sticken entwickelt das Garn, beidseitig durch den Einstich zusammengepreßt, eine besondere Fülle.

Flottierung: Überspringen benachbarter Fäden in Kett- oder Schußrichtung zur Musterbildung.

Gaze: (chin. Sha), ein lockeres, durchsichtiges Gewebe in Leinwand- bzw. Taftbindung, das verschiebbar und ungemustert ist; oder ein Gewebe in Dreherbindung (siehe dort).

Goldfaden, Silber- und Metallfaden: Bis zum 15. Jh. verwandte man in China zum Broschieren Häutchengold, das aus dünner, mit Gold belegter tierischer Membran, Leder oder Papier, bestand und in schmale Riemchen geschnitten war. Später benutzte man die im Mittelmeerraum übliche Goldfadenart, bei der schmale Goldstreifen um einen Kern aus Leinen oder Seide, die »Seele« gewunden war (Cyperngold). Die Verwendung einer bestimmten Goldgarnart ist kein zuverlässiger Anhaltspunkt für die Datierung eines Stoffes.

Grège: Ungedrehter, durch Abhaspeln der Kokons gewonnener Rohseidenfaden, der aus mindestens 3 bis 8, selten bis zu 20 zusammengeführten Einzelfäden besteht.

Grundbindungen: Leinwand (Taft), Köper, Atlas. Sie beruhen auf der unterschiedlichen Anzahl der Fadenverkreuzungen: 2 für Taft, 3 für Köper und 5 für den Atlas. Es gibt unübersehbar viele Abwandlungen und Zusammensetzungen dieser »Drei Elemente«, die auf die Grundbindungen zurückgeführt werden können.

Haspelseide: Durch Haspeln, d.h. Aufwinden auf einem Rad zu einem Garnstrang gewonnener »endloser« fertiger Faden. Edel-Haspel-Seide = höchste Seidenqualität.

Holoserica: Stoffe, die nur aus Seide bestehen (im Unterschied zu den sog. Subserica = Halbseiden), von Schriftstellern des klassischen Altertums gebrauchte Bezeichnung.

Jacquardmaschine: Von Joseph Marie Jacquard (1752–1834) erfundene Webmaschine, bei der die Musterbildung von Seidenstoffen und broschierten Seiden durch Lochkarten gesteuert wird (Lyon 1808). Damit wurde die zweite Person, die zuvor die Musterfäden ziehen mußte, überflüssig.

Kammlade: Siehe Webstuhl

Kesi (K'o-ssu): Feine chinesische Bildwirkerei, meist aus Seide. Der Name wird auf eine persische Bezeichnung für Seidenerzeugnisse besonderer Art zurückgeführt. (Engl. Tapestry, frz. Tapisserie, Gobelin).

Kette: Die nach Länge und Fadenzahl für den Webstuhl vorbereiteten Längsfäden (Kettfäden), die zum Transport wie eine »Kette« zu lockeren Luftmaschen geschlungen wurden. Nach alten Darstellungen wurden in China die Fäden allerdings nicht als »Kette« sondern knäuelartig aufgewickelt. Die Kettfäden waren auf dem Webstuhl die »Fäden des geraden Weges«. Für einfache Gewebe genügte eine einzige Kette, die Grund- oder Hauptkette, für komplizierte Gewebe kamen Ketten wie z.B. Ober-, Unter-, Bindeketten hinzu.

Köperbindung: Die zweite der drei Grundbindungen. Die kleinste Einheit besteht aus drei Kett- und drei Schußfäden, die sich so verkreuzen, daß sich im Stoff Diagonalstreifen bilden. Liegt mehr Kette auf der Oberfläche des Stoffes, so spricht man von Kettköper, bei mehr Schuß von Schußköper. Zur Musterbildung können sich Kett- und Schußköper abwechseln. Es gibt zahlreiche Abwandlungen.

Krepp, Seidenkrepp: (frz. crèpe de Chine), Gewebe aus stark gedrehten Garnen, das sich nach dem Weben in vorausberechneter Weise kraus zusammenzieht.

Leinwandbindung (Taftbindung bei Seide): Die erste und einfachste der drei Grundbindungen (neben der Köper- und der Atlasbindung). Die kleinste Einheit besteht aus 2 Kett- und 2 Schußfäden und erinnert an einfachstes Flechtwerk. Beide Gewebeseiten sind gleich. Mit einer Kette aus Organzin fest und dicht verwebt zeichnet sich das Taftgewebe durch ein typisches Rauschen und Knistern aus.

Litzen: Siehe Webstuhl

Naturseiden: Seide gewonnen von Raupen-, Spinnen-, Muschelseiden. Bei den Raupen unterscheidet man Einzelspinner und Nesterseidenspinner.

Obi: Sehr breiter fester Gürtel, der zum japanischen Kimono getragen wird.

Organzin: Kettseidengarn, bestehend aus einzelnen, vorgedrehten (filierten) Grègefäden, die entgegengesetzt zusammengezwirnt (mouliniert) werden.

Patrone, Gewebepatrone: Technische Zeichnung für Gewebe auf kariertem Papier, eine Art Gewebe-Stenogramm, wonach der Webstuhl eingerichtet wird. Längsreihen = Kettfäden, Querreihen = Schuß, ausgefüllte Karos = gehobene, unausgefüllte Karos = tiefliegende Kettfäden.

Randfäden, Leistenfäden: Kettfäden zur Verstärkung der Webkanten, oft in abstechender Farbe.

Rapport, Bindungsrapport: Die kleinste wiederholbare Einheit in der Struktur oder Musterung eines Gewebes.

Raupenseiden: Siehe Naturseiden

Raute: Ein besonders häufig für Drehergewebe der Han-Zeit (202 v. Chr.–220 n. Chr.) verwendetes Motiv in Rhombusform, z. T. mehrfach verschachtelt.

Rips: 1. Kett- oder Querrips, meist leinwandbindiges Gewebe, bei dem die Kettfäden so dicht stehen, daß der Schußfaden verdeckt wird, wodurch sich querlaufende »Rippen« bilden. Als Abwandlung kannte man Musterbildungen durch mehrere farbige Ketten.
2. Schuß- oder Längsrips: Hierbei werden die weit stehenden Kettfäden von den Schußfäden verdeckt. Es bilden sich Rippen parallel zu den Webkanten. Bildwirkereien werden in Schußrips gewebt.

Rohseide: Die vom Edelseidenspinner enthält 75–80% Fibroin = Seidensubstanz und 20–25% Serizin = Seidenleim (einschl. Spuren von Wachs, Fett, Farbstoff u. ä.) Siehe auch Wildseide.

Samit: Eine der zusammengesetzten (= Komposit) Bindungen. Bei dem zweifarbigen Han-Jin-Seidenstoff z. B. konnte durch ein besonders zweckmäßiges Verfahren des doppelten Kettfadeneinzugs die für das Muster benötigte Farbe an die Stoffoberseite gebracht werden.

Samt: (chin. Rong), Gewebe mit Fadenbüscheln, dem Flor, auf der Oberseite der von einer zusätzlichen Florkette durch Schlingen gebildet wird. Diese werden als Noppe belassen oder aufgeschnitten. Die Schlingen wurden im alten China mit Hilfe von Draht,

Bambusstäbchen oder auch einem dicken, blinden Schuß gebildet, der später entfernt wurde. Ein Samtwebstuhl brauchte mehrere Kettbäume.

Schappeseide, Florettseide: Keine Haspelseide, sondern aus hochwertigen Abfällen versponnenes Garn aus der äußeren Kokonhülle, der Flockseide, dem Innenteil der Kokons = Ricotti, und den Verarbeitungsabfällen = Strazza, sowie beschädigten Kokons.

Schären, Kette schären: Arbeitsgang zum Herrichten der Kette nach Fadenzahl und Länge zum Aufbäumen (Aufwickeln) auf dem Kettbaum des Webstuhls.

Schaft: Siehe Webstuhl

Schuß (auch Einschlag oder Eintrag): Der Querfaden eines Gewebes, der von einer Webkante zur andern läuft. Er wurde in der Seidenweberei meist mit einem Schiffchen eingetragen, das die Garnspule enthielt (siehe Webschiff).

Seiden-Shoddy: Seidengarne aus zerfaserten Seidengeweben (ähnlich der Reißwolle); siehe auch Subserica.

Seidentiter: Siehe Denier

Seidenverbrauch an Kokons für: Krawatte = 100–120, Bluse = 200–300, Kimono = 3000.

Subserica: Stoffe, die außer Seide auch andere Textilfasern enthalten, die möglichst unsichtbar mit Seide verwebt wurden, z. B. einer Leinenkette. Außerdem wurden chinesische Seidenstoffe aufgelöst (auf der Insel Kos) und mit anderen Fasern neu versponnen. Das Verfahren war sehr teuer. Das Wort stammt aus dem klass. Altertum, hat aber in der deutschen Version »Halbseide« eine abwertende Bedeutung angenommen.

Trame: Seidenfaden zur Verwendung als Schußgarn aus leicht gedrehten Grègefäden.

Webgerät, einfaches Rückengurtgerät: Aus der Zhou-Zeit (1030–256 v. Chr.) durch Bronzefiguren auf dem Deckel eines Gefäßes aus der Prov. Yunnan belegt. Die Kettfäden laufen spiralig geführt um zwei Webbäume. Den einen hält die Weberin mit ihren Füßen, der andere ist mit einem Rückengurt, durch den sie die Fadenspannung reguliert, an ihrer Taille befestigt. Die Fachbildung erfolgt durch Auflesen der Kettfäden mit den Fingern oder durch einen Trennstab (Rundholz) für das eine Fach und einen Stab mit Litzenschlaufen zum Heben der Fäden für das andere Fach.

Webstuhl: Grundgestell aus vier miteinander verbundenen senkrechten Pfosten. Am rückwärtigen Teil befindet sich der Kettbaum, auf den die Kettfäden aufgerollt werden. Von dort werden sie durch Garnlitzen geführt, die auf zwei Hölzer aufgezogen sind und einen Schaft bilden – danach werden sie durch die Lücken des Webkamms gezogen und am Stoffbaum vorn angeknotet. Davor sitzt der Weber auf einer Sitzbank und bildet durch Niedertreten von Pedalen, die mit den Schäften verbunden sind, das gewünschte Webfach, wirft den Webschützen (siehe Webschiffchen) hindurch und schlägt den eingetragenen Schuß mit dem Kamm, der in einer Kammlade im Grundgestell hängt, fest an den gewebten Stoff.

Webschiffchen, Webschütze: Holzwerkzeug, um die Spule mit dem Webfaden aufzunehmen und durch das Webfach zu befördern. Die ausgehöhlte Mitte enthält die Spule, die Enden laufen wie bei einem Schiff in einer Spitze aus. Es gab verschiedene Vorläufer z. B. die hölzerene Webnadel oder das Anschlagholz, welches gleichzeitig zur Fadenaufnahme diente. Die chin. Bezeichnung suozi bedeutet »ein Holzwerkzeug, das sich wendig und flink durch die Kettfäden bewegt«. *(Nach Auskunft der Textilexpertin Shou Fan-fu, Krefeld 1984).*

Wildseide: Bezeichnung für Seide, Gewebe und Faden, letzterer gehaspelt oder gesponnen, von nicht oder kaum gezüchteten Arten wie dem Tussah- oder Eichenspinner u. a. gewonnen. Erzeugnisse: Shantungseide, Honanseide, Tussahseide, noppige und natürlich gefärbte Seiden (oft auch »Rohseide« genannt).

Wildseide wird auch von wilden Maulbeerspinnern (*Bombyx mori-Arten*) und den engen Verwandten *Theophila mandarina* und *Rondotia menciana* produziert. Der wohl nächste Verwandte stammt angeblich aus dem Nordwest-Himalaya. Dieser *Theophila huttoni* ist seit alter Zeit als Seidenlieferant der Tiansi in Chinas Norden, besonders in Zhejiang bekannt. Rondotia und Theophila lieferten sehr feine Seiden für ganz leichte Gaze und wurden bis zum Ende der Kaiserzeit gewonnen. Von den kaum 3 cm langen Kokons ergaben erst etwa 22 000 Stück ca. 1 kg.

Zugwebstuhl: Webeinrichtung für die Herstellung komplizierter Muster. Der Weber stellt mit Tritten und Schäften das Fach für den Grundstoff her, eine zweite Person sitzt oben auf dem Webstuhl im »Zug- oder Figurenturm« und bildet durch Hochziehen bestimmter Schnurbündel und damit verbundener Fadengruppen, dem Motiv entsprechend Musterfächer. Dazu werden diese Kettfäden nicht in Schäfte eingezogen, sondern in Einzellitzen, die unten mit einem Gewicht beschwert sind. Die Einzellitzen, insgesamt »Harnisch« genannt, werden durch ein sorgfältig gelochtes, waagrecht angebrachtes Brett (Harnischbrett) geführt und von dort weiter bis zum Zugturm. Zwar sind auch schon aus der Zhou-Zeit (1030–256 v. Chr.) gemusterte Brokate bekannt, aber genauere Belege über den Zugwebstuhl gibt es in der Literatur aus der Han-Zeit (202 v. Chr.–220 n. Chr.), u. a. ein Gedicht »Die Weberin« mit einer genauen Beschreibung des Webvorgangs, sowie später im 13. Jh., detaillierte Darstellungen dieses Webstuhls vor allem von dem Maler Lou Shou aus der Songzeit.

Zwirnen: Zwei oder mehr in eine Richtung gedrehte Fäden werden in entgegengesetzter Richtung zusammengedreht, verzwirnt. Dies kann in zwei verschiedenen Drehrichtungen geschehen. Dementsprechend unterscheidet man die Z-Drehung, ursprünglich linkshändig gedreht, und die S-Drehung, ursprünglich rechtshändig gedreht.

Zeittafel

Vorgeschichtliche Zeit (Altsteinzeit)

Jungsteinzeit
(Wahrscheinlich erste historische Grabungsbelege einer Hauptstadt Xia) ca. 21.–16. Jh. v. Chr.

Frühgeschichtliche Zeit
(historisch nachgewiesene lokale Herrschaften)

Shang	ca. 16. Jh.–11. Jh. v. Chr.
Zhou	ca. 11. Jh.–221 v. Chr.

Erste chinesische Einheit als Kaiserreich

Qin			221–206 v. Chr.
Han	206 v. Chr.	Westl. Han	206 v. Chr.–24 n. Chr.
	–220 n. Chr.	Östl. Han	25–220

Zeit der Zerrissenheit, erste Kaiserreichsteilung

Drei Reiche	220–280	Wei	220–265
		Shu	221–263
		Wu	222–280
und Sechs Dynastien,		westl. Jin	265–316
z. T. Nichtchinesische		östl. Jin	317–420
	265–589	Liu Song	420–479
	Südgruppe	südl. Qi	479–502
		Liang	502–557
		Chen	557–589
	317–581	nördl. Wei	386–534
	Nordgruppe	östl. Wei	534–550
		westl. Wei	535–557
		nördl. Qi	550–577
		nördl. Zhou	557–581

Zweite Einheit als Kaiserreich			
Sui			581–618
			ab 589 Alleinherrschaft
Tang			618–906
Zweite Kaiserreichsteilung, erneute Zerrissenheit			
»Fünf Dynastien« und		Spätere Liang	907–923
»Zehn Königreiche«		Spätere Tang	923–937
	907–960	Spätere Jin	936–947
		Spätere Han	947–950
		Spätere Zhou	951–960
Zeit der Wiedervereinigungen			
Song	960–1279	Nördl. Song	960–1126
		Südl. Song	1127–1279
Liao			907–1126
Xi Xia			1032–1227
Jin			1115–1234
Mongolen-(Fremd)Herrschaft, Kaiserreich China			
Yuan			1271–1368
Chinesische Eigenherrschaft, Kaiserreich China			
Ming			1368–1644
Mandschu-(Fremd-)Herrschaft, Kaiserreich China			
Qing			1644–1912
Republik China			1912–1949

Bildlegenden zu den Farbtafeln

Tafel I: Rollbild mit Seidenlandschaft (Ausschnitt).
Frühlingsbild einer Seidenlandschaft (am 3. im 3. Mondmonat, Zeit des »Reinigungsfestes«). In flachwelligem Gelände Maulbeerhaine, eingeebnetes Ackerland darin ein mit dem Wasserbüffel pflügender Bauer, Teiche mit Fischern, spielende Kinder, die einen Drachen steigen lassen. Die Seidenzüchterinnen sind nicht zu sehen, sie behandeln den »Seidensamen« in den Häusern vor; denn die Maulbeerbäume sind noch nicht ausgetrieben. Im Vordergrund eine Gelehrtenschule. Studenten im langen Gelehrtengewand vergnügen sich an kleinen Wasserläufen. Um zu trinken, fangen sie schwimmende Schalen mit Reiswein auf, die ihnen ihre Diener zubereiten.
Große Querrolle mit Jahreszeitenabfolge. Aus der ehemaligen Sammlung des Qianlong Kaisers. National Palastmuseum Taipei.

Tafel II oben: Dankfest in der Ahnenhalle nach Beendigung des Seidenjahres.
Nach Beendigung des Seidenjahres wird die gute Ernte mit dem Verbrennen von Räucherstäbchen, Kerzen und Reisweingaben von der ganzen Familie in der Ahnenhalle gefeiert. Die besten Seidenstränge sind vor der Ahnentafel ausgebreitet, andere hängen der Größe nach wohlgeordnet von der Decke herab. Mit Gebärden demütigen Dankens und Flehens gleichzeitig wird zukünftiger Segen erbeten. Die Teilnehmer der Zeremonie sind in weite Seidengewänder gekleidet, die von einem Gürtel gehalten werden.
Die Darstellung geht auf das *Gengzhitu* des Malers Lou Shou aus dem 13. Jh. zurück und wurde auf Veranlassung des Kaisers Kangxi (1662–1722) 1696 nachgeschaffen. 25/32 cm. Nationalbibliothek Florenz, Kopie in der Nationalbibliothek in Paris.

Tafel II unten: Komplizierter Zugwebstuhl für Musterweberei.
Der Webstuhl, an dem die Weberin anscheinend Brokatstoff webt, ist mit seinem unteren Teil in den Fußboden eingelassen um Platz für die Mitarbeiterin im Zugturm zu schaffen. Die Musterzugschnüre sind so zahlreich, daß ihre Enden über ein Gestell geschlagen sind, das an der Decke angebracht ist. Auch die Weberin bedient mit verschiedenen Tritten in der Grube eine komplizierte Einrichtung. Für gerissene

Fäden hat sie eine Spule mit passendem Garn über ihrem Kopf bereitgehängt. Der azurblaue Stoff könnte zur Schonung der lang ausgespannten Kettfäden dienen. Im Vordergrund steht eine kleine Gruppe, die Tee bringt, vielleicht zur Unterbrechung der schwierigen Arbeit. (siehe S. 115)
Zu den übrigen Daten siehe oberes Bild.

Tafel III oben: Das Flachrelief dieser Scheibe aus eisgrünem Jade, einem Pendant zu einer Scheibe mit einem pflügenden Bauern, stellt die schwierige Arbeit des Aufziehens einer Seidenkette für das Weben dar. Weil sie viel Platz erfordert, ist die Tätigkeit vor das Haus verlegt. Eine Frau ordnet die Seidenkettfäden, eine andere dreht den Kettbaum mit einer Kurbel, während die dritte sich um die Kantenfäden kümmert. Sobald das Bäumen gelungen ist, wird der Baum mit der aufgewickelten Seidenkette an seinen Platz im Webstuhl gelegt. Regierungsperiode Kangxi (1662–1722). Seattle Art Museum.

Tafel III unten: Während der chinesische Kaiser als verkörpertes Yang-Prinzip im Frühjahr das rituelle Pflügen auszuüben hatte, vollzog die Kaiserin als Vertreterin des Yin-Prinzips im Staatskult die rituelle Seidenzucht-Zeremonie. Während dieser feierlichen Handlung hat sie den hohen Altar inmitten der Maulbeerpflanzung bestiegen, eigenhändig einige Maulbeerblätter gepflückt, die die höchsten Damen des Palastes in Empfang nehmen. Das Baden der Raupeneier scheint bereits vollzogen zu sein. (siehe S. 169)

Tafel IV oben: Abzeichen eines Zivilbeamten (Mandarinabzeichen). Mit einem Kranich auf einem Felsen inmitten von Wogen, umgeben von Pflanzen mit jahreszeitlicher Bedeutung, Wolken und glückverheißenden Fledermäusen. Sehr feine Goldstickerei auf dunkelblauem Atlasgrund. Kopf- und Schwanzfedern sind in grüner perlartig gedrehter Seide ausgeführt. Größe 26/26 cm, Ende 19. Jh. Das Stück wurde im 20. Jh. auf Brokatseide neu montiert. (siehe S. 165)
(WL Slg. T.)

Tafel IV unten: Mit sehr feiner farbiger Seide, Goldfaden und Pailletten verzierte Samtstücke für ein Paar kleiner Pantoffeln. Für den Saum wurden sieben Farben ausgewählt. Das Hauptmotiv der

Stickerei besteht aus Phantasiepflanzen, den Rand schmücken Tiermotive. Um 1900. (siehe S. 143) (WL Slg. T.)

Tafel V: Mit ineinander greifenden Stichen bestickte bunte Tasche für ein Parfümfläschchen und ein goldbesticktes Gürtelgehänge. Beide Gegenstände sind mit Flechtband und Flechtschnüren verziert, aus denen üppige, kunstvolle Knoten geschlungen sind, die eine Botschaft übermitteln sollten. Größe: Länge der Parfümflaschenhülle 11 cm, Länge der kleinen Glockenform 4,5 cm. Ende 19. Jh. (siehe S. 86 und 143)
(WL Slg. T.)

Tafel VI oben: Abgepaßte dekorative Stickerei eines Drachen, der das runde Kleinod umschließt, mit Bergformen, Wogen und Wolken. Die Schuppen des Tieres sind einzeln aus Goldfäden gelegt. Die umrahmende Seidenstickerei wurde aus locker gedrehter Seide in Plattstich ausgeführt. Vier seitlich angebrachte buddhistische Symbole bestehen aus goldfadenumrahmten Knötchenfeldern. Das Mittelteil der Stickerei ist vom Rand durch eine Hundszahnborte abgehoben. Die äußere, zusammengesetzte Borte zeigt Wolken und Wogen, in denen ein Ewigkeitsknoten verborgen ist. Der Untergrund der Stickerei besteht aus reich gemustertem Seidendamast. Die Umrahmung ist vermutlich einer anderen Stickerei entnommen.
Größe: 33/39 cm vermutl. Ende 19. Jh.
(WL Slg. T.)

Tafel VI unten: Abgepaßt gewebtes Tributseidenstück. Das vielfarbige Muster wird von den Schußfäden gebildet, die an der Geweberückseite, der umgeklappten Ecke, zu erkennen sind. Die großen Achtecke des Musters werden von kaiserlichen fünfkralligen Drachen beherrscht, die kleineren Ovale von dem Phönix der Kaiserin. Die Zwischenräume sind mit reichhaltigen Ornamenten ausgefüllt. Außer Seide wurde auch Gold- und Silbergarn verwebt. Dieses Goldbrokatmuster entstand auf einem Zugwebstuhl.
Größe: 1,42/0,71 m. Ein solcher Stoff ist auch aus dem Museum für Nationale Geschichte in Taipei als »Satin-Brocade Ch'in Table Cover« belegt. Qing-Zeit. (siehe S. 113)
(WL Slg. T.)

Tafel VII oben: Die Fee Magu, eine Blumengöttin, in langem, faltigen Gewand mit reichem Gürtelschmuck. Aus dem Überschwemmungsgebiet an der Küste von Jiangsu gewinnt sie Maulbeerland.
Malerei des Hsiang Kun auf einem Fächer. London. British Museum.

Tafel VII unten: Stickerei auf ungemusterter zimtfarbener Atlasseide. Die überwiegend blau abgetönten Blütenmotive im Mittelteil und Rand sind in Plattstich und Spannstich ausgeführt. Die Mittelblüte und die vier Schmetterlinge an den Ecken sind mit Goldfaden umrahmt und ihre Flächen mit Knötchenstich dicht ausgefüllt. Zwei Schmetterlinge haben einen schmalen Leib, die zwei andern zeigen die rundliche Form, wie sie das Weibchen des Seidenspinners hat.
Größe: 40/40 cm. Ende 19. Jh.; der äußere Rand ist jünger und wurde später hinzugefügt. (siehe S. 142)
(WL Slg. T.)

Tafel VIII: Teil eines Kaiseringewandes in Seidenwirkerei (Kesi). Über Bergstreifen, Wogen und Wolken schwebt der fünfklauige Drache, der ganz in Gold gewebt wurde. Hinzu kommen buddhistische Symbole, Blüten und Fledermäuse. Ganz feine Linien wurden mit dem Pinsel aufgemalt. Das Stück wurde nach 1912 aus einem kaiserlichen Gewand herausgeschnitten, mit einer dunkelgrundigen bestickten Seidenborte eingefaßt und mit reichgemustertem Seidendamast abgefüttert. Größe: 37/95 cm. Späte Qing-Zeit (1644–1911). (siehe S. 134)
(WL Slg. T.)

Tafel IX: Pfirsiche des Langen Lebens. Die gesamte dekorative Nadelarbeit, Stiele, Blätter und Früchte sind in reiner Goldstickerei in Legetechnik gearbeitet. Hierbei wurde das Metallgarn von feinen Seidenfäden überfangen. Die verschiedenen Schattierungen erklären sich aus den Farben des Überfangfadens. Die Formen wurden von der Mitte aus begonnen. Die Stiche passen sich im Abstand dem sich vergrößernden Motiv an. Die Stickerei wird von einer kleinen farbigen Borte und ornamental gemustertem Seidenstoff eingefaßt.
Größe: 45/28 cm. China 1970er Jahre. (siehe S. 142)
(WL Slg. T.)

Tafel X oben: Frauenjacke aus schwerer grüner Damastseide. Der Stoff ist locker mit eingewebten Blumen, Schmetterlingen und Kreisornamenten verziert, die wegen der verwendeten Atlasbindung stark schimmern. Ärmel, Kragen, Seitenverschluß sind mit gewebten und gestickten Borten besetzt. Saum und Seitenschlitze sind in der Form der Spitze eines Ruyi-Zepters in Applikation umrandet. Als Verschluß dienen Schlingen und Flechtknöpfe. Die gefütterte Jacke hat in den Ärmeln ein weiteres rosafarbenes Innenfutter aus Seide. Länge: 95 cm, Breite mit Ärmeln 1,25, ohne Ärmel 75 cm. Qing-Dynastie, Ende 19. Jh.
(WL Slg. T.)

Tafel X unten: Alter floraler Seidenbrokat mit grünen Ranken, Päonien- und Chrysanthemenblüten in tiefrot, goldgelb und silberweiß auf tiefblauem Grund. Die Rankenspitzen formen sich zu Wolkenornamenten. Die Seide ist von ausgesuchter Qualität und daher von intensiver, bezaubernder Leuchtkraft. Das Muster steht dem Stil der Mingzeit (1368–1644) nahe. Der Stoff diente zur Umrahmung eines buddhistischen Andachtsbildes. (siehe S. 121)
Slg.: Galerie Asian Art, Köln

Tafel XI: Auf blauer Seide gesticktes, noch nicht verschneidertes Kaisergewand mit allen Insignien (vgl. dazu Kap. VIII/S. 155).
Qing-Zeit (1644–1911), Museum für Nationale Geschichte Taipei.

Tafel XII oben: Wildseidenstoff aus naturbelassener handgesponnener Rohseide des Eichenspinners (Tussah).

Tafel XII unten: Drei Kokons vom edlen Seidenspinner *Bombyx mori*, ein kleiner Strang Haspelseide und drei fertig gesponnene Kokons sowie gezupfte Seide (Flockseide). Der leicht eingeschnürte Kokon enthält ein männliches, die beiden rundlichen ein weibliches Tier. (WL Slg. T.)

Tafel XIII: Zarte Seidenstickerei in der Art einer Nadelmalerei. Reiher, Fasanen und kleine Vogelpaare tummeln sich zwischen Felsen und Blütenzweigen. Im Taft-Grundstoff sind verstreute Blütensträuße kunstvoll in Drehertechnik eingewebt. (siehe S. 120)

Größe: 66/46 cm. Über das Alter von Grundstoff und Stickerei läßt sich kaum Genaues `aussagen. Vielleicht war der Stoff, der eine blaßdunkle Verfärbung aufweist, vor dem späteren Besticken eine Grabbeigabe. Die Stickerei erinnert an solche der Qing-Zeit. (WL Slg. T.)

Tafel XIV oben: Aus gesponnener Seide geknüpfte Sitzmatte, ursprünglich für Mönche. Das Muster entstand in Anlehnung an den traditionellen buddhistischen Formenkanon. Der Rand der Matte wird aus der Swastikaform, einem Symbol für das Rad der Lehre, gebildet, in der Mitte stehen zwei zu einem Ornament zusammengefügte weibliche Drachen, kenntlich an den vielgespaltenen Schwänzen. Alle Konturen sind durch doppelliniges Reliefscheren vertieft. Größe: 62/62 cm. China, Tianjin (Tientsin) blau-weiße Knüpfarbeit 1980 (WL Slg. T.)

Tafel XIV unten: Arbeit am Teppichknüpfwebstuhl. Die Musterzeichnung ist hinter den Kettfäden zu erkennen. Am fertig geknüpften Teppichstück werden die Konturen durch Reliefscheren hervorgehoben. Taiwan 1983. Foto O.F. Timmermann. (siehe S. 89)

Tafel XV: »Freudendecke« aus rot-goldgelbem Seidendamast mit glückbringenden Zeichen reich übersät. Sie diente zusammen mit weiteren Seidenbahnen zur Ausschmückung festlicher Räume, z.B. bei Hochzeitsfeierlichkeiten zum Behängen der Wände.
Die Seide wurde auf einem mechanischen Jacquardstuhl gewebt.
Größe: 1,30/2,80 m Taiwan 1961. (WL Slg. T.)

Tafel XVI: Feier zu Ehren des Philosophen und Pädagogen Konfuzius (551–479 v. Chr.), anläßlich seines Geburtstages, der gleichzeitig als Lehrer-Schüler-Tag gilt. In der frühen Morgendämmerung werden bis Tagesanbruch im Konfuziusschrein Lesungen und althergebrachte Zeremonien begangen mit rhythmischem Schreiten, rituellen Tänzen zur Musik alter Seidensaiteninstrumente, zu Klangsteinen, Trommeln und Gongs. Bei dieser eindrucksvollen Feierlichkeit darf der optische Eindruck fließender und schimmernder Seide nicht fehlen (vgl. Kap. VIII).
Foto: Konfuziusgesellschaft Taipei, Geburtstagsfeier am 28. 9. 80.

Literaturverzeichnis

Aarflot, O.: *Kinesisk Musikk,* Oslo 1948.

Allom, Th.: *The Manufacture of Silk.* In: Chinese Repository, Vol. XVI, 5, 1847.

Andrews, F.H.: *Ancient Chinese Figured Silks* (excavated by Sir Aurel Stein). In: The Burlington Magazine, Vol. XXXVII, 1920.

Barkhausen, E.: *Die Tuchindustrie in Montjoie* (= Monschau). Aachen 1925.

Bethge, H.: *Die Chinesische Flöte.* Leipzig 1923.

Beuchert, M.: *Die Gärten Chinas.* Köln 1983.

Beurdeley, M.: *China. Chinesische Sammler durch die Jahrhunderte.* München 1966.

Bock, F. und Pigorini, L.: *Die Seidenspinner. Ihre Zoologie, Biologie und Zucht.* In: Technologie und Textilfasern, Bd. VI, I. Teil, 1938.

Boulnois, L.: *Die Straßen der Seide.* Wien – Berlin – Stuttgart 1964.

Bühler, A.: *C.I.E.T.A. Vokabular der Textiltechniken.* Centre International d'Etude des Textiles Anciens. Lyon 1971.

Burkhardt, E. (Hrsg.): *Yü-t'i mian-hua-t'u. Widmungen des Kaisers zu den Bildtafeln über die Baumwollbereitung.* Basel o.J. (1970er Jahre).

Burkhardt, V.R.: *Chinese Creeds and Customs.* 3 Bde. in einem Bd. Erstausgabe 1953; 11. Ausg. o. Ort 1958.

Camman, Sch.: *Notes on the Origin of Chinese K'o-ssu Tapestry.* In: Artibus Asiae, Bd. 11, 1–2, 1948.

Camman, Sch.: *The Development of the Mandarin Square.* In: Harvard Journ. of Asiatic Studies, Vol. 8, 1944/45.

De Candolle, A.: *Origin of Cultivated Plants.* New York 1886, repr. 1964.

Capon, E.: *Art and Archaeology in China.* Melbourne – Sydney 1977.

Charleston,R.J.: *Han Damasks.* In: Oriental Art, Bd. I, 1, 1948.

Chen, L.: *Chinese Knotting.* Taipei 1981 (chines. Ausg.), 1982 (engl. Ausg.).

Chiang Fu-tsung: *Masterworks of Chinese Jade in the National Palace Museum.* Taipei 1969.

Chiang Fu-tsung: *Masterpieces of Chinese Silk Tapestry and Embroidery in the National Palace Museum.* Taipei 1971.

Chiang Fu-tsung: *Selection of Masterworks in the Collection of the National Palace Museum.* Taipei 1972, Palast-Museum.

Ch'in Hsiao-yi: *Great National Treasures of China.* Taipei 1983.

Christie, A.: *Chinesische Mythologie.* Aus dem Englischen. Wiesbaden 1968.

Chung Youn-yang: *The Art of Oriental Embroidery.* History, Aesthetics and Techniques. London 1980.

Cotterell, A. und Yong Yap: *Das Reich der Mitte.* 5000 Jahre Geschichte und Tradition des Alten China. Bern – München 1981.

Dahmer, M.: *Qin.* Frankfurt a. M. 1985.

Debon, G.: *Lob der Naturtreue.* Wiesbaden 1969.

Debon, G.: *Grundbegriffe der chinesischen Schrifttheorie.* Wiesbaden 1978.

Diner, H.: *Seide. Eine kleine Kulturgeschichte.* 3. Aufl. Meisenheim a. Glan 1949.

Dittrich, E.: *Grabkult im Alten China.* – Taschenbücher d. Mus. f. Ostasiat. Kunst d. Stadt Köln, Bd. 2. Köln 1981.

Du Halde, J.-B.: *Seide und Baumwolle im Mandschu-China.* Aus dem Italienischen. Mailand und Genf 1980.

Eberhard, W.: *Lokalkulturen im alten China.* 2 Bde. Leiden 1942.

Eberhard, W.: *Chinas Geschichte.* Bern 1948.

Eberhard, W.: *Lexikon chinesischer Symbole.* Köln 1983.

Eichhorn, W.: *Kulturgeschichte Chinas. Eine Einführung.* – Urban Bücher 76. Stuttgart 1964.

Eichhorn, W.: *Die alte Chinesische Religion und das Staatskulturwesen.* Leiden – Köln 1976.

Ephraim, H.: *Über die Entwicklung der Webetechnik und ihre Verbreitung außerhalb Europas.* Jena 1904.

Erdberg, E. von: *Die Stickereien von Ma-wang-tui – »Freizeit« oder »Fabrikarbeit«?* In: Künstler und Werkstatt in den orientalischen Gesellschaften. Graz, 1982.

Erdberg, E. von: *Style and Technique of the Ma-wang-tui Embroideries.* In: Chih P'in Ku Chuang, Department of Textiles and Clothing. Fu Jen Catholic University Nr. 10, S. 16–28, 1983.

Falke, O. von: *Kunstgeschichte der Seidenweberei.* 2 Bde. Berlin 1913.

FLANAGAN, J.F.: *The Origin of the Drawloom Used in the Making of Early Byzantine Silks.* In: The Burlington Magazine, Vol. 35, S. 167–172.

FORMAN, W. u. BURLAND, C.: *Marco Polo. Realität und Mythos mit den Augen des Kaufmanns.* Wien – München 1970.

FORRER, R.: *Römische und byzantinische Seidentextilien aus den Gräberfunden von Achmin-Panapolis.* Straßburg 1891.

FRANKE, O.: *Kêng Tschi T'u: Ackerbau und Seidengewinnung in China. Ein kaiserliches Lehr- und Mahn-Buch.* Aus d. Chines. übersetzt u. m. Erklärungen versehen. Hamburg 1913.

FRANKE, H.: *Im Tal des Gelben Flusses.* In: Saeculum Weltgeschichte Bd. I. Ursprung und Frühkulturen. Primäre Zentren der Hochkultur. Weltgeschichtliche Berührungszonen. 1965.

FRIEDMANN, F.: *Kleine Textilkunde.* 3. Aufl. Basel 1955.

GALAHAD, SIR (d. i. Diner, Helen): *Kleine Kulturgeschichte der Seide.* – in: Atlantis. Länder/Völker/Reisen. Jg. XI.

GÄLLI, A.: *Von der Seidenstraße zum Textilstrom? Probleme und Chancen der chinesischen Textil- und Bekleidungsindustrie.* München 1983.

GAO Hanyu and SHI Bokui: *The spinning Wheel and the Loom.* In: Zs. Ancient China's Technology 1983, 504–519.

GERNET, J.: *Die chinesische Welt.* Aus dem Franz. Frankfurt 1985.

GLASER, C.: *Zur Geschichte der Seidenweberei in Ostasien.* – in: Ostasiat. Zs. 1915/16.

GOEPPER, R.: *Kunst und Kunsthandwerk Ostasiens.* Ein Handbuch für Sammler und Liebhaber. München 1968.

GOSCHKEWITSCH, J.: (Übersetzer a. d. Chinesischen) *Über die Seidenzucht.* Bd. 2. In: Arbeiten d. Kaiserl. Russ. Gesandtschaft in Peking über China. Berlin 1858.

GRANET, M.: *Das chinesische Denken.* München 1963.

GRASSET, K.: *Scouring and Dyeing with vegetable Dye Recipes.* In: The London School of Weaving, Vol. 2, Part IV u. V. o.J. (ca. 1930, vor 1936).

GROPP, G.: *Archäologische Funde aus Khotan. Chinesisch Ostturkestan. Die Trinkler-Sammlung im Übersee-Museum, Bremen* (Monographien der Wittheid zu Bremen, 11). Bremen 1974.

GULIK, R.H. van: *The Core of the Chinese Lute.* In: Monumenta Nipponica 1969.

Handschin, E.: *Seidenspinner. Der Seidenspinner Bombyx mori L.; Die Zucht und die Krankheiten der Seidenspinner; Wilde Seidenspinner; Spinnen und Insekten als Seidenerzeuger; Notizen zum Thema.* In: Ciba Rundschau Nr. 67, 1946.

Haussig, H. W.: *Die Geschichte Zentralasiens und der Seidenstraße in Vorislamischer Zeit.* Darmstadt 1983.

Hedin, S.: *Durch Asiens Wüsten. Drei Jahre auf neuen Wegen in Pamir, Lop-nor, Tibet und China.* 2 Bde. 6. Aufl. Leipzig 1919.

Hedin, S.: *Die Seidenstraße.* Leipzig 1936.

Hedin, S.: *Der wandernde See.* Leipzig 1937.

Heimberg, U.: *Gewürze, Weihrauch, Seide. Welthandel in der Antike.* Waiblingen 1981.

Hennig, R.: *Die Einführung der Seidenraupenzucht ins Byzantinerreich.* In: Byzantinische Zs. 1933.

Herrmann, A: *Die alten Seidenstraßen zwischen China und Syrien* (Beiträge zur alten Geographie Asiens). Berlin 1910.

Herrmann, A.: *Historical and commercial Atlas of China.* Cambridge/Mass. 1935.

Herrmann, A.: *Das Land der Seide und Tibet im Lichte der Antike* (Quellen und Forschungen zur Geschichte der Geographie und Völkerkunde, Bd. 1). Leipzig 1938.

Ho Hao-tien: *Chinese Costumes. Brocades. Embroidery.* Taipei 1977.

Hopkirk, P.: *Foreign Devils on the Silk Road. The Search for the Lost Cities and Treasures of Chinese Central Asia.* London 1982.

Hyde, N.: *The Queen of Textiles.* In: Nat. Geogr. = The Journal of Nat. Geogr. Magazine. Washington 1984, 1.

De Jonghe, D. und Tavernier, M.: *De Tabijndamasten met Keper 4-Patronen van de Han-Dynastie.* In: De Tex-Textilis, No. 3, 1976.

Karlgreen, B.: *Sound and Symbol in Chinese.* Revised Edition. Hongkong 1962.

Kirby, E. St.: *Einführung in die Wirtschafts- und Sozialgeschichte Chinas* (aus dem Englischen). München 1955.

Klautke, P.: *Nutzpflanzen und Nutztiere Chinas.* Stuttgart 1922.

Klein, D.: *Materialien zur Ostasiatischen Textilkunde.* In: Ostasiatische Zs., N. F., 8. Jg., S. 44–64, 1932.

Klein, D.: *Die frühen Seidengewebe auf der China-Ausstellung in*

London. Beobachtungen und Gesichtspunkte. In: Ostasiatische Zs., N.F. 12, S. 108–119, 1936.
Köster, H.: *Hsün tzü* (ins Deutsche übertragen und herausgegeben). St. Augustin 1967.
Kolb, A.: *Ostasien. China, Japan, Korea. Geographie eines Kulturerdteils.* Heidelberg 1963.
Kuhn, D.: *Die Darstellung des Handwebstuhls in China. Eine Untersuchung zum Webstuhl in der chinesischen landwirtschaftlichen Literatur vor dem 19. Jahrhundert.* Köln 1975.
Kuhn, D.: *Die Webstühle des Tzu-jen i-chih aus der Yüan-Zeit* (Diss.). – Sinologica Coloniensis, Bd. 5. Ostasiatische Beiträge der Universität zu Köln. Wiesbaden 1977.
Kuhn, D.: *The Silk-Workshops of the Shang Dynasty (16th – 11th Century B.C.).* Aus dem Chinesischen. In: Explorations in the History of Science and Technology in China (Festschrift f. J. Needham zum 80. Geburtstag). Shanghai 1982.
Laufer, B.: *Jade. A Study in Chinese Archaeology and Religion.* In: Publication of Field Museum of Natural History, Anthropological Series, Vol. X, 1912.
Laufer, B.: *Archaic Chinese Jades.* Chicago 1927.
Laumann, M.M.: *The Secret of Excellence in Ancient Chinese Silks.* Taipei 1984.
Lienert, U.: *Das Imperium der Han.* – Taschenbücher d. Mus. f. Ostasiat. Kunst der Stadt Köln. Köln 1980.
Linder, A.: *Spinnen und Weben. Einst und Jetzt.* Luzern u. Frankfurt a. M. 1967.
Liu Gaines K.C.: *The Silkworm and Chinese Culture.* In: Zs. Osiris, Jg. 10, 1952.
Liu Mau-tsai: *Kutscha und seine Beziehungen zu China vom 2. Jh. vor bis zum 6. Jh. n. Chr.* In: Asiat. Forsch., Vol. 27, S. 100ff. u. 201ff.; Wiesbaden 1969.
Loeber jun., I.A.: *Das Batiken.* Oldenburg 1926.
Löffler, L.: *Das Webermädchen.* In: Sinologica III, 1958.
Lorentz, H.A.: *Chinesische Teppiche.* Geschichte, Ästhetik, Symbolik. München 1975.
Lowry, I.: *Frühe chinesische Seiden.* In: Ciba Rundschau 1963/2.
Luzzatto-Bilitz, O.: *Antike Jaden.* Aus dem Italienischen. Reihe: Elite Bibliothek, Schätze der Jahrhunderte. München 1974.

Markowski, B.: *Europäische Seidengewebe des 13.–18. Jahrhunderts*, Köln 1976.
Myrdal, I.: *The Silk Road. A Journey from the High Pamirs and Ili through Sinkiang and Kansu.* Aus dem Schwedischen. London 1980.
Natschläger, H.: *Zu einigen in Turfan Astana ausgegrabenen polychromen Seidengeweben des 3. bis 8. Jahrhunderts n. Chr.* (Diss.). Wien 1984.
Needham, J.: *Wissenschaft und Zivilisation in China.* Aus dem Englischen. Bd. 1 der von C. A. Roman bearbeiteten Ausgabe. Frankfurt 1984.
Parlasca, K.: *Griechisches und Römisches im Alten China.* In: Allgem. u. vergl. Archäologie, Beiträge, Bd. 2, 1980.
Pfeiffer, M.: *Zucht und Haltung chinesischer Haustiere.* In: Berliner tierärztliche Wochenschrift, Nr. 9, 1906.
Prunner, G.: *Kunsthandwerk aus Guizhou (China).* Hamburgisches Museum für Völkerkunde. Hamburg 1983.
Rebel, H.: *China als Ursprungsland der Edelseide.* Wiener Beiträge zur Kunst- und Kulturgeschichte Asiens, Bd. 2. Wien 1927.
Riboud, K.: *A Study of two Central-Asian Silk Specimens from the Han Dynasty.* In: Bulletin National Museum New Delhi, Nr. 2, 1970.
Rondot, N.: *Account of the Cultivation of Hemp, and the Manufacture of Grasscloth.* In: Chinese Repository, Vol. XVIII, S. 209–216, 1949.
Rottauscher, A. von: *Nur wer den Gipfel des Berges erstiegen, vermag in die weiteste Ferne zu sehen. Chinesische Weisheiten und Geschichten.* 3. Aufl., Wien 1954.
Rübesamen, H. E. (Herausg.): *Neue Übers. u. Herausg. d. vollständigen Ausgabe. Die Reisen des Venezianers Marco Polo.* München 1969.
Schindler, B.: *Die Entwicklung der chinesischen Schrift aus ihren Grundelementen.* In: Ostasiat. Zs. 1914/15, S. 451–469.
Schmidt, H. J.: *Alte Seidenstoffe.* Braunschweig 1958.
Schmitthenner, H.: *Chinesische Landschaften und Städte.* Stuttgart 1925.
Schneider, H. Ch.: *Altstraßenforschung.* Erträge der Forschung, Bd. 170. Darmstadt 1982.

Schrader, W.: *Alte Seidenstoffe Asiens.* Braunschweig 1961.
Schuhmacher, St. (Herausgeber): *Han Shan, 150 Gedichte vom Kalten Berg.* Diederichs Gelbe Reihe. Düsseldorf – Köln 1974.
Silbermann, H.: *Die Seide.* 2 Bde. Dresden 1897.
Simmons, P.: *Chinese Patterned Silks.* New York 1948.
Speiser, W.: *China. Geist und Gesellschaft, ihre geschichtlichen, soziologischen und religiösen Grundlagen.* Reihe »Kunst der Welt. Die außereuropäischen Kulturen«. 3. Aufl. Baden-Baden 1979.
Stein, Sir A.: *Ancient Khotan. Detailed Report of Archaeological Explorations in Chinese Turkestan.* 2 Bde. Oxford 1907.
Stein, Sir A.: *Textile Remains and Manuscripts from Ch'ien-Fo-Tung.* In: Serinda, 1921, Vol. II, Text.
Stein, Sir A.: *Innermost Asia. Detailed Report of Explorations in Central Asia, Kan-su and Eastern Iran.* Vol. I, Text. Oxford 1928.
Sylwan, V.: *Eine Chinesische Seide mit spätgriechischem Muster a. d. 5. und 6. Jh. o. O., 1935.*
Timmermann, I.: *Seide, Purpur, Gold – Eine Untersuchung zu den Gewebefragmenten aus dem Schrein der Heiligen Drei Könige im Dom zu Köln.* In: Katalog zur Ausstellung »Die Heiligen Drei Könige«, S. 115–125. Köln 1982.
Varron, A.: *Aus den Frühzeiten der Seide.* In: Ciba Rundschau, Nr. 11, 1937, S. 362 ff.
Vollmer, J. E.: *In the Presence of the Dragon Throne Ch'ing Dynasty Costume (1644–1911) in the Royal Ontario Museum.* Toronto 1975.
Wada, H.: *Prokops Rätselwort Serinda und die Verpflanzung des Seidenbaus von China nach dem oströmischen Reich* (Diss.). Köln 1971.
Wagner, W.: *Die Chinesische Landwirtschaft.* Berlin 1926.
Waley, A.: *The Real Tripitaka.* New York 1952.
Wang, Y. C.: *The Research and Examination of Chinese Women's Gown in Successive Dynasties.* Taipei o. J. (vor 1980).
Wang Zichun: *Serlculture.* In: Anceient China's Technology ..., 1983, S. 305–314.
Wegener, G.: *Das Chinesische Reich.* In: Handb. d. Geogr. Wiss., Bd. Nordasien, Zentralasien und Ostasien in Natur, Kultur und Wirtschaft, 1937, S. 245–417.
Wei Chu-hsien: *How to recognize Chinese Characters.* Erstausgabe

1923. Unveränderte Neuausgabe v.V. 1953. Ausgabe 1968 mit Einführung von H. Vetsch, chines. mit engl. Erläuterungen, o.O., 1968.

Werner, E.T.C.: *A Dictionary of Chinese Mythology*, with Introduction by Prof. H. Kublin, 1931. Neudruck 1961.

Wilhelm, H.: *Gesellschaft und Staat in China. Zur Geschichte eines Weltreiches*. Neuausgabe. Hamburg 1960.

Wilhelm, H.: *Sinn des I Ging*. Diederichs Gelbe Reihe. Köln 1985.

Wilhelm, R.: *Ostasien. Werden und Wandel des chinesischen Kulturkreises* (»Das Weltbild«). Potsdam 1928.

Wilhelm, R.: *Li Gi. Das Buch der Riten, Sitten und Gebräuche*. Aus dem Chinesischen. Diederichs Gelbe Reihe. Düsseldorf – Köln, Neuausgabe 1981.

Willets, W.: *Chinese Art*. Bd. I. Harmondsworth 1958.

Williams, C.A.S.: *Outlines of Chinese Symbolism and Art Motives*. Third revised Edition. New York 1976.

Wu Ch'eng-en: *Monkeys Pilgerfahrt. Eine chinesische Legende*. Zürich 1947.

Yü Ying-shih: *Trade and Expansion in Han China. A Study in the Structure of Sino-Barbarian Economic Relations*. Berkeley and Los Angeles 1967.

Zhao Chengze: *Silk and Silk Textile Technology*. In: Ancient China' Technology ... 1983, S. 520–533.

ohne Verf.: *Memorandum on Wild Silkworm. Culture in Southeastern Manschuria*. In: The Maritime Customs II, Special Series Nr. 30, Shanghai 1908.

Seide. Ihre Gewinnung und Verarbeitung. Hrsg. Fachgr. Textileinzelhandel, Fachreihe II, B I, 2. verb. Aufl. Berlin 1936.

Zs.: *Ancient China's Technology and Science*. In: China Knowledge Series. Foreign Languages Press, Peking 1983.

Cultural Relics (Ausgrabungsfunde). *The City of Daqing*. In: Zs. Wen Wu, Nr. 10, Peking 1984.

Amt für Statistik der Volksrepublik China: *China 1984*. Volkswirtschaftliche und gesellschaftliche Entwicklung. In: Beijing Rundschau 21/12 vom 26. 3. 1985 (mitgeteilt durch Dt. China-Ges. e.V. Köln).

Kataloge

Chinese Textiles. Ausstellungskatalog: *Chinese Court Robes and Accessoires.* New York 1931. Verf. Priest, A. und P. Simmons.

Ausstellung von Ausgrabungsobjekten in der Volksrepublik China, Peking 1974 (chinesisch).

Kunstschätze aus China. 5000 v. Chr. bis 900 n. Chr. Neuere archäologische Funde aus der Volksrepublik China. Ausstellungskatalog 1981/82: Zürich, Berlin, Hildesheim, Köln. Zürich 1980. Verf. Brinker, H. und R. Goepper.

China 7000 Years of Discovery. Ausstellungskatalog Toronto. Peking, Toronto 1982. Verf. Longley, R.

Along the Ancient Silk Routes. Central Asian Art. Ausstellungskatalog New York 1982. Verf. Waetzoldt, St. und M. Lerner.

Geld aus China. Ausstellungskatalog 1982: Rhein. Landesmuseum Bonn. Köln 1982. Verf.Hellenkemper-Salies, G. u. a.

Seidenmalerei Handbuch. Hrsg. R. G. Smend. Köln 1983.

Silk Roads, China Ships. Ausstellungskatalog: Royal Ontario Museum in Toronto. Toronto 1983/84. Verf. Vollmer, E. u. a.

Europa und die Kaiser von China 1240–1860. Katalog: Berliner Festspiele. Frankfurt 1985. Verf. Budde, H. u. a.

Im Schatten hoher Bäume. Malerei der Ming- und Qing-Dynastien aus der Volksrepublik China. Ausstellungskatalog Köln. Stuttgart 1985. Verf. Ledderose, L. u. a.

Palastmuseum Peking. Schätze aus der Verbotenen Stadt. Ausstellungskatalog Berlin. Frankfurt 1985. Verf. Ledderose, L. u. a.

Zwischen Gandhara und den Seidenstraßen. Felsbilder am Karakorum Highway. Entdeckungen deutsch-pakistanischer Expeditionen 1979–84. Ausstellungskatalog Mainz 1985. Verf. Jettmar, K. u. a.

Seide. Zur Geschichte eines edlen Gewebes. Ausstellungskatalog. Zürich 1985. Verf. Messerli, E. u. a.